JUAA選書 …… 19
［大学基準協会監修］

21世紀型
リベラルアーツと
大学・社会の対話

山田礼子 編著

YAMADA, Reiko

東信堂

はしがき

　本書は、1995 年に第 1 巻を刊行して以来 30 年余りとなる JUAA 選書シリーズの 19 巻として発刊されることになった。大学評価研究所が 2021 年度から 2022 年度にかけて行った「学士課程教育における現代社会で求められている課題に対応する能力育成に関する調査研究」の研究成果として公表した報告書がもととなっているが、報告書では、新しい能力育成という課題を大学がどう受け止め、取り組んでいるかを明らかにした。また同時に、大学と社会とが、継続的にコミュニケーションを重ねる重要性も浮き彫りにした。その過程のなかでは、さらに 21 世紀型リベラルアーツ教育が世界および社会においての変容という背景のなかで、求められていること、あるいは問い直されていることなどを踏まえて、調査研究のなかで議論されてきたこと、調査されてきたこと、そしてそれらをもとに、さらに座談会などで大学側と社会側のコミュニケーションを図るべく行ってきたことを社会に広く発信してはどうかということになり、大学と企業、各種の団体等の間で継続的な議論等を促す大学評価研究所の取り組みの一環として、本 19 巻の刊行に至った次第である。それゆえ、上記報告書に収められている各論文に加筆・修正した章は、第 1 部第 1 章、第 2 章、第 2 部第 1 章、第 3 章、第 4 章であることを申し添えておきたい。

　大学評価研究所は、名称に「大学評価」が入っているが、必ずしも「評価」にだけ関心を絞っているのではなく、調査研究を「評価」に関連して行っているのでもない。本協会は創設以来の活動に鑑みれば「評価機関」ではなく「大学団体」というべきであり、それが、本 19 巻のような必ずしも評価に直結するわけではないテーマについて、大学評価研究所が調査研究し、出版をする所以である。この点においても、大学評価研究所の多様な調査研究とその成果を社会に発信し、理解してもらうことは、私共の調査研究で明らかになった。大学と社会との相互理解に加えて研究所と社会との相互理解を促進

するためにも、意味のある活動ではないかと企画者一同考えている。

2023 年 12 月 14 日

山田礼子

目次／21世紀型リベラルアーツと大学・社会の対話

第3部　大学・社会の今 147

第1章　大阪大学における新しい時代の能力育成を目指した
　　　全学共通教育カリキュラム改革 …………………… 村上正行 148

第2章　静岡大学における学士課程教育の共通性と学生の
　　　主体的能動的学びへの取り組み ……………………… 杉山康司 162

第4部　「ブラックボックス化」を超えて ……………………… 207
──大学教育と社会を巡る座談会記録──

長谷川知子・妹背正雄・杉本義行・佐野充・武田誠・
出口良太・鶴見直城・小林浩・（司会）山田礼子

第5部　資料編　　　　　　　　　　　　　　　　　　　　　　　239

21 世紀型リベラルアーツと大学・社会の対話

第1部　教養教育・リベラルアーツを巡って

第1章　教養教育を巡る議論の流れ
──論点と課題──

生和秀敏

はじめに

　21世紀型の教養教育はどうあるべきなのだろうか。21世紀をグローバル化と多様性が重視される世紀と考えれば、それに適合した教養教育を考えることが必要になってきている。とりわけ、グローバル化を牽引する情報技術の進展は、それに対応できる人材の養成が大学に求められる時代になっている。

　教養とは、学問・知識によって養われる品性を表す用語で、大学教育における教養教育は、人文・社会・自然分野の幅広い分野の知識を習得させることが主な目標と考えられてきた。外国語の習得も教育目標として掲げられてきたが、グローバル化を強く意識した実践的技能の習得にまで踏み込んだ大学は少なかった。まして、知識や技術を学ぶことで自己を形成し、自主的・自律的な人格形成を目的とした修養教育的側面は、必ずしも満足のいくものではなかった。知識は、それ自体重要なものであるが、それが自己実現と結びつき、日常生活や社会生活において生かされ実践されてこそ意味を持っていると理解すべきであろう。

　21世紀型の教養教育では、幅広い知識の習得から一歩抜け出し、習得した知識を時代と社会の要請に合わせて有効に活用できる能力と、未来を切り開く技術や方法を身につけた自主的・自律的な人材の養成を目指すリベラルアーツ教育への転換が求められていると言える。王陽明の言葉である「知行合一」は、知ることと行うことは一体であり、両者は不可分であることを意味しているが、知ることの意味と価値を21世紀が抱えている問題解決に

どのように繋げるかが重要であり、問題解決に向けてどう振る舞えば良いか
を考えることが、大学教育の大きな課題として突きつけられている。外国語
と情報技術の習得を、現代版の読み書きそろばんと揶揄する声も聞かれるが、
大衆化が進む大学においては、かつて市井の教育目標であった実践的技能の
習得にも意を払う必要性が次第に高まってきている。

　ガラパゴス化と言われてきた日本の大学は、それをどう脱却するかが大き
な課題となっている。国際的通用性のある大学にどう再生するのか、社会の
期待にどう向き合うのか、大学の自治のみを声高に主張するだけでは、新た
な時代に対応することは難しい。自主的・自律的であるためには、それに相
応しい技法の習得が必要である。時代や社会的要請に比較的敏感な専門教育
分野での教育内容の変化に比べ、教養教育の教育目標は必ずしも明確ではな
い。大学の規模や大学が有する人的資源の違いによって、整備が可能な教育
内容・教育方法は一律である必要はない。各大学は、教養教育の系譜を辿り
ながら、社会的動勢に意を払い、未来を見据えながら、独自性のあるリベラ
ルアーツ教育を展開することが、21世紀の教養教育の実質化にとって重要
な課題であろう。

1. 大学教育における教養教育の位置づけ

1.1 教養教育の系譜

　教養教育のルーツは中世の自由7科に源を発しているとされ、神学・医
学・法学の各専門教育を学ぶ前提条件として、自主的・自律的で有能な自由
人として学ぶべき内容が定められた。近世においてもこの考え方は引き継が
れ、J.S. ミルが行ったセントアンドリュース大学の名誉学長就任の際の講演
は、大学教育における教養教育の重要性を述べたもので、教養教育のバイブ
ルとも言えるものである（ミル，1867=2012）。彼は、大学は職業教育の場では
ないと言い切った上で、大学の目的は、有能で教養のある人間を育成するこ
とにあると述べている。もちろん、各専門職を養成する公的機関があること
は望ましいとしてはいるが、大学教育の本質的意味は、将来いかなる分野で
活動するにせよ、それらを支えている知識を体系化することであり、知識の

全領域の地図を作り上げることだと述べている。彼は人間の啓発には、文学教育、科学教育、道徳科学、道徳教育と宗教教育、美学・芸術教育の5つの分野を学ぶ必要があり、これを一般教養教育（General Culture Education）と考えている。このような人文・自然・社会の各分野を構成する学問分野を学ぶことの重要性は、その後、自由で責任のある市民を育成することを目的としたアメリカの大学のリベラルアーツ教育へと受け継がれてきたことは疑いのないところであろう。

　新制大学の設置に際し、アメリカ教育使節団の報告書では、日本の高等教育機関のカリキュラムの問題点として、「一般教育に接する機会があまりにも少なく、専門化があまりにも早く、あまりにも狭く、そして、職業教育にあまりにも力を入れすぎている」と指摘した。そして、「自由な考え方のバックグラウンドと職業的訓練の下地としての、より良い基礎を与えるためにも、もっと広い人文主義的態度が養われなければならない」と述べている（アメリカ教育使節団，1946=1981）。さらに加えて同報告書では、国際理解を促すための国際的コミュニケーションの基礎となる外国語教育の重要性や保健体育について授業の必要性を提言している。

　新制大学は、アメリカのリベラルアーツ教育をモデルに制度化されたものだが、我が国では入学の段階から専門分野を決めているのに対し、リベラルアーツ型大学では、2学年の修了段階で専攻（メジャー）を選択するという仕組みになっている。2年次までの教育は、人文科学・自然科学・社会科学の諸分野から様々な授業の履修を促すもので、3年次以降の専攻決定に影響を与えることになる。この点、専攻と無関係に2年間の教養教育を義務づけてきた我が国とは大きく異なっている。したがって、我が国の場合、教養教育の意味と価値を伝える教育が不可欠であったが、入学段階でのオリエンテーションも各学部の専門教育に関するものが大半で、教養教育については、履修基準を示すだけの大学も少なくなかった。そのため、大学とは専門分野を学ぶところであり、専門分野とは異なる独自の理念と目標を持った教育活動の場という認識は希薄であった。リベラルアーツ型大学と我が国の大学の根本的な違いは、リベラルアーツ型大学には大学院がなく、卒業後、研究大学

と呼ばれている専門分野の大学院に進学することが進路として開かれている。しかし我が国では、多くの大学で大学院が設置されたこともあり、大学全体として専門重視・教養軽視の風潮が強くなってきたことは否定できない。大学設置基準の大綱化は、教養教育の重要性は謳っているものの、制度的保証がなくなり、各大学は改めて教養教育の意味と価値を考える契機になった。

1.2 我が国における教養教育

　新制大学では、教養教育の実施主体として教養部が設置され、人文・自然・社会の 3 分野を広く学び、外国語と保健体育の授業を行うなど、教育使節団の提案どおりの教育が行われてきた。教養教育重視は、新制大学の大きな特徴であると考えられたが、学部・学科を受け入れ単位とする専攻別の入試制度によって、学生の専門分野指向が強く、教養教育を学ぶことへの違和感を抱く学生も少なくなかった。そのため、教養教育の授業科目は、初習外国語を除くと、専門分野の概論的内容を組み込まざるを得なくなった。しかも、教養部教員の人事は、分野によっては、関連する学部教授会の合意を得る必要があり、およそ、自主的・自律的な教育組織とは言えない状況が続いてきた。そもそも新制大学は、旧制度下における高等教育機関であった大学・高等学校・各種専門学校・師範学校など、設置目的の異なる学校を一括して大学としたもので、そのため、異なったルーツを持つ学部の自律性が強く、「大学の自治は学部自治である」と考える傾向が学部の教員集団には強かった。このような状況にあって、教養教育の理念を全学的な合意にまで止揚することは至難のことであったように思える。

　教養教育の見直しが迫られたのは、昭和 40 年代半ばから始まった学生紛争である。この紛争の原因は定かではないが、大学の管理運営に対する学生の異議申し立てが最初であり、やがて大学のあり方をも問い直す大学紛争へと拡大した。特に、過激派集団の学内拠点が所属学生のない教養部であったことから、教養部の授業のあり方や教育組織としての存否についての議論が学内的に広がってきた。パンキョーと揶揄される魅力のない授業内容や大人数の授業形態は、少人数でディスカッションを中心とした授業形態をとるア

メリカのリベラルアーツ大学とは似て非なるものであった。チューター制度が導入されていたとしても、全寮制で学生と生活を共にするイギリスのチューター制とは全く異なっていた。つまり、我が国の教養教育は、制度的には整備されていたとしても、リベラルアーツ教育を標榜できる内容ではなく、専門分野の下請け教育機関に過ぎなかった。もちろん、本来の教養教育とは何かを真剣に考え、表面的な知識を越えた根源的な問いかけを行い、批判的思考力の育成に努力している教員も少なくはなかったが、全教員が教養教育の理念と授業方法を共有するまでには至らなかった。

　教養教育の問題の一つに、教育を担当する教員の資質と意識が挙げられる。教養部設置の初期段階では、哲学と数学と外国語を中心に学んできた旧制高等学校の出身教員が少なくなかった。彼らは専門分野に関連した授業を担当しても、表面的な知識ではなく、より根源的な思考方法の重要性を学生に伝えようとしていた。しかし、第一世代の教員が少なくなると、専門分野の入門的授業が目立つようになり、しかも、分野によっては非常勤講師に安易に授業を依頼するケースも増えてきた。自分の専門分野を関連する他の分野の進展と照らし合わせながら、総合的視野から語れる教員は、それ相応の力量が求められる。UCバークレーのビッグネームの教授が「やっと一般教育の担当になれたよ」と喜んでいたが、アメリカでは一般教育の担当を依頼されることは名誉なことであるらしい。我が国でも教養教育の担当者には、それ相応のインセンティブを用意するなどの工夫が必要であろう。

1.3 教養教育の光と影

　高度経済成長に伴う大学の大衆化は、昭和40年代から急速に進み、大学教育に期待する内容も多様化が見られるようになり、その一方で、大学教育の質についての懸念や疑問が広がってきた。これを受けて昭和46年に示された中央教育審議会答申「今後における学校教育の総合的な拡充のための基本的施策について」では、大学の種別化、教育機能の重視、教育組織と研究組織の分離、管理運営体制の強化、公教育機関としての私立大学への公的助成が盛り込まれた。このうち、教育機能の重視では、学生の不満の原因であっ

た教養部制度を見直し、一般教育と専門教育との区分の撤廃が提案されている。さらに、1998 年の大学審議会答申「21 世紀の大学像と今後の改革方策について― 競争的環境の中で個性が輝く大学―」では、大学の多様化が全面的に打ち出され、高等教育機関の多様化、設置形態による大学の多様化、教育内容の多様化、学部教育と大学院教育の役割分化などが言及され、多様な学習需要に対応する教育システムの柔構造化とそれを可能にする自律的な管理運営体制の確立を求めている。

　このような流れの中で、大規模な国立大学では、大学院の充実が図られ、アメリカのリベラルアーツ型大学から研究大学型大学への志向性が顕著となってきた。一方、地方の国立大学では、地域のニーズや特徴を加味した新たな教育課程編成に期待が掛けられるようになっている。これら暗黙のうちに進められている大学の種別化は、必ずしも大学自身の自由意思によるものではなく、46 答申に端を発した中教審答申を基礎にした国の文教政策とそれに連動した予算措置が大きく関わってきたことは否定できない。開かれた大学とは、知的エリートの教育機関として閉じられた感のあった大学が、一般大衆を念頭に置いた高度普通教育機関となったというだけではなく、公的な教育機関として自己点検・評価と情報公開、認証評価機関による第三者評価が義務づけられるなど、大学が社会全体の管理下に置かれるようになってきたことを意味している。このような状況の中で教養教育を大学教育の中でどう位置づけるかは、多くの大学にとって難しい課題として残されている。

　教養教育は、知的エリートを育成するためのイギリスにおける大学教育であったが、産業革命以後のイギリスでは、人文主義的色彩の濃い教養教育から、新たな技術開発を目指す科学教育に主流が移り、ドイツでも、ドイツ観念論を中心としたフンボルト型大学から、科学技術を重視する新たな大学像がマックス・プランクを中心に進められ、我が国でも、これからの大学教育を考える上で大きな流れになってきた。この傾向は、現在でも続いており、人文主義的教養主義は、科学技術の影に追いやられた感があり、大学関係者の中でさえ文系不要論が取り沙汰されたことは記憶に新しい。このように科学技術教育が高等教育の中心となりつつある背景には、政府が徹底して推進

している産業の振興と社会経済的な発展と深く結びついているからであろう。パパンやワットの蒸気機関の発明によって、産業革命が進み、科学技術が一挙に歴史の表舞台に躍り出たことで、間違いなく我々の生活様式や社会経済構造を変化させたが、人格の完成という基本的な命題とは次元の異なる無縁の出来事であったように思われる。かつて、国立大学協会の会長が会議の席で、これからの大学は文化創造立国の旗を掲げるべきだと述べたことを思い出す。些か唐突な印象を持ったが、これからの大学には、人文主義的教養に光を当て、大衆化された若者に文化的素養を育成するという重要な役割がある。教養教育には、そのような期待があることを忘れてはならない。

2. 大学設置基準大綱化後の教養教育の動向

2.1 教養部の解体と編成主体の変化

　大学設置基準の大綱化による大きな教育組織の変化は、一部の大学を除くと、国立大学における教養部の解体とそれに伴う教養部所属教員の関連する学部への分属である。その結果、教養教育の編成と実施主体となっていた責任部局がなくなり、私立大学においてみられるように、全学で教養教育の編成と実施を行うという新たな事態が生まれた。このことは、二つの意味で重要な変化と言える。第一は、これまで教養部任せであった教養教育を、学士課程教育における教養教育と専門教育の関連を全学で問い直す契機になったという点である。教養教育の担当教員を中心に構成されていた「一般教育学会」が「大学教育学会」と名称を変更したのは、これからの教養教育は、既存の枠を越え、大学教育の中で大きな役割を担うことへの意思表示と思える。しかし、大綱化以前と比べると、教養教育に相当する単位数は総じて減少しており、その分、専門基礎教育へ振り向けられている印象がある。とりわけ、積み上げ型の教育システムを採用している理系諸学部では、その傾向が強い。同じ哲学に源を発しているとはいえ、人文主義をベースにしてきた教養教育と科学論や技術論に立脚した理系の専門教育とでは、基本的な教育理念が異なっているのかもしれない。しかし、学士課程教育においては、両者の融合は必要不可欠であり、そのための努力は大学全体で担わなければならない。

2.2 教養教育を内包した新学部・新学科の設置

　大学設置基準の大綱化後の大きな動きの一つは、専門分野ごとに編成され
ていた伝統的な教育課程の見直しが行われてきたことである。その背景には、
国連が 21 世紀の人類の共通課題として、自然との共生 (ナチュラリズム)、国
際社会との共存 (グローバリズム)、人間性の回復 (ヒューマニズム) を掲げたこ
とと無縁ではない。学問の継承を一義的な使命と考えてきた大学は、専門分
野単位での教育課程を見直すことに抵抗があったことは事実である。しかし、
大学に期待されているのは、学問分野の継承よりも、時代や社会が求めてい
る人材の要請という側面が中教審の答申等で強調されようになるにつれ、大
学教育、とりわけ学士課程教育においては、総合的・学際的な性格の教育課
程の編成が見られるようになってきた。学問の高度化・複合化に対応する大
学院が整備・充実されるにつれ、この傾向が強くなっている。とりわけ、既
存の枠に捕らわれない多様な分野で構成されていた旧教養部を構成していた
教員集団に中心的な役割を果たすことが期待されている。我々が体験する事
象は、本質的に総合的・学際的なものであり、それを一定の対象・条件・方
法を限定することで成立しているのが専門分野である。その意味でも、教養
教育の精神を内包した新学部・新学科の設置は、教養教育の新たな方向性を
示している。

　特に目立つのは、環境、国際、人間、情報を冠した新学部・新学科の創設
である。いずれも、複数の専門分野で構成された学部で、これまでの専門分
野を越えた学際的・総合的な性質を持つ学部として注目されている。しかし、
その内実を見ると、必ずしも期待に添った成果が上がっている大学ばかりで
はない。学問分野の細分化は研究の高度化によって比較的容易に行われるが、
学問分野の複合化・総合化は、ややもすれば、モザイク型の教育組織になり
がちである。この点を克服するためには、問題意識の共有と、異なる分野に
対する関心を構成員が共有することが必須条件である。情報化に対応する学
部の新設も見られるが、一部の大学を別とすると、情報関連科目を新設・充
実はされているものの、学士課程教育の中核にまで位置づけられてはいな

い。日進月歩の著しいこの分野に関しては、教えることのできる教員の絶対
数が少なく、情報分野で活躍している外部の人材に依存せざるを得ないのが
現状である。2000年以降、アメリカでは、STEM教育（科学・技術・工学・数学）
が、高等教育から初等教育まで幅広く展開されようとしている。ドイツでも、
MINT教育（Mathematik, Informatik, Naturwissenschaft und Technik：数学・情報学・自
然科学・工学）が教育の基本方針として掲げられている。この動きは、情報科
学を含む多様な科学的基礎を学ぶことが、将来を見越したときに必要である
という判断に基づくものであろう。グローバリズムやヒューマニズムに比べ、
科学・技術の分野の教育は、具体的な課題解決と繋がる可能性が高く、未来
社会を見据えた教育として注目されている。

3.　新たなリベラルアーツ教育に向けて

3.1 批判的思考力の育成

　批判的思考については、様々な定義や説明がなされているが、我々が経験
する事象や見解について、その証拠や論拠を適切に評価し、他の選択肢の可
能性を検討し、より確かな判断や結論に導くための思考過程を意味している
点では共通している。この思考が成立するためには、物事を鵜呑みにせず、「疑
問を抱く」というプロセスが必要であるため「批判的」という用語が用いられ
ている。

　批判的思考については、創造的思考が求められる研究活動では必須要件で
あるが、一般市民にとっても、的確で合理的な状況判断を行い、適切な意見
や態度・行動形成を行う上でも必要であることから、市民リテラシーと考え
る識者もいる。教育活動において批判的思考の重要性が指摘され始めたのは、
論理的に物事を考え、偏見や先入観にとらわれない態度形成と責任のある行
動を求める自律的な人材養成に繋がると考えられているからであろう。

　批判的思考には、3つの側面があると考えられる。第一は、合理的・論理
的に物事を考えるという論理的思考であり、第二は、自分自身の考えや行動
を見つめ直す内省的思考、第三は、他者の意見に謙虚に耳を傾ける共感的思
考である。論理的思考とは、収束的思考であれ拡散的思考であれ、論理の組

み立てが理にかなっているかどうか、確かな証拠に基づいているかどうかといった観点から物事を考える思考様式である。内省的思考とは、自らが行っている判断や結論が先入観や偏見に左右されていないか、感情的・主観的に偏していないかなど、絶えず自己省察を行う思考様式である。共感的思考とは、様々な意見や考え方の違いがあることを認め、それを尊重し、他者の考え方の背景にある思想や立場の違いを共感的に理解する対人的・社会的な思考様式である。

　これらの思考様式が機能するためには、視野を広げ、様々な情報を手掛かりに課題や問題点を発見すること、問題解決に繋がる確かな情報をロジックツリー等を作成して構造化すること、それらを通じて自分の考えを纏めること、他者との意見交換を積極的に行うこと、それを受けて自分の考え方を修正できることなどが求められる。

3.2 SDGs とリベラルアーツ教育

　持続可能な開発目標（SDGs）は、2015年の国連サミットで採択された2030年までの15年間で達成すべき17の目標と、それを実現するための169の具体的なターゲットで構成されている。これは世界が抱えている矛盾や課題について国連に参加している全ての国が真剣に取り組むべき課題であり、人類と世界の未来を確かなものにするための共通目標である。我が国でも242の達成指標を掲げ、官民一体となって17の目標を達成すべく努力が続けられている。17の目標は、「推進する」「促進する」「確保する」「拡充を図る」「是正する」「構築する」「活性化する」など、達成目標は示されているが、どのような手段で達成するかについての合意があるわけではない。特に先進国と開発途上国の間では、達成のための手順や方法を巡っての利害対立が認められ、総論賛成・各論反対の域を出ない目標もある。我が国でも、目標の達成度は必ずしも十分であるとはいえず、開発途上国並みのものも少なくない。

　これからのリベラルアーツ教育では、これら17の目標を学習テーマとして取り上げ、目標の達成度を客観的なデータをもとに評価し、目標達成の妨害となっている要因や条件を洗い出し、目標達成のための具体的な道筋を探

ることを教育目標として掲げるのも一つの方法である。各専門分野に精通した人材が集まっている大学では、政府や企業とは異なった先端的な研究をベースに、新たな視点から問題を捉え、解決の方向を探ることが可能であろう。専門分野中心の学習からテーマ中心の学習への転換は、学生の関心を喚起しやすく、学習への動機づけを高める効果がある。さらに加えるならば、テーマ中心の授業では、各テーマに関連する専門分野の教員によるチーム・ティーチングとディスカッション中心の授業方法が望ましい。リアリティのあるテーマを多面的・多角的な視点から捉え直すことができれば、大学の特長を最大限生かすことになると思う。

　リベラルアーツとは、自由であるための技法という意味であるが、何事にも捕らわれない自由な発想と批判的思考力と自主的・自律的な行動様式を身につけることと理解されている。もちろん、真に自由であるためには、自分自身の自由のみならず、他者の自由をも尊重する寛容な精神が重要であることは言うまでもない。リベラルアーツ教育は、専門教育の入門教育ではなく、専門教育の成果を踏まえつつ、それを当面する課題解決にどう結びつけるか、近未来の課題解決に向けた責任ある主体者の一人として、我々はどう振る舞えば良いのかを考えるための教育である。そのためにも、教える教員には、自分の専門分野のみならず、他の分野との関連を学際的・総合的な視野に立って教えることができる幅広い学識が求められる。

3.3 DX とリベラルアーツ教育

　ある企業が学長に対して行ったアンケート調査によると、大学で最も力を入れる分野としては、文系・理系を問わず、情報関連分野の充実とデジタル化に対応できる人材の育成と答える割合が圧倒的に多かったようだ。デジタル化とは、デジタル技術やデータをもとに新しい価値を創造するという意味が含まれている。そのため、政府はもとより、今や各企業は生き残りのための必要不可欠なものとしてデジタル化を推進していることは周知のとおりである。デジタル・トランスフォーメーション（DX）を意味するデジタル化は、業務の効率化はもとより、新たな事業展開を可能にし、多様な働き方の実現

や安定した事業の継続性を担保し、企業価値の向上を高めるための切り札と見なされている。この点は、営利を目的とした企業のみならず、公益的な性格を持つ各種の事業体においても同様である。しかし、DX が真に有効に機能するためには、的確な現状分析による必要性の検討が不可欠であり、とりわけ、セキュリティ対策には格段に意を払う必要がある。効率化と利便性の追求には、それなりのリスクが伴うことは、程度の差こそあれ誰しもが感じるところである。

　経済産業省が公表したデジタル・ビジネス・トランスフォーメーションの定義では「企業がビジネス環境の激しい変化に対応し、データとデジタル技術を活用して、顧客や社会のニーズをもとに、製品やサービス、ビジネスモデルを変革するとともに、業務そのものや、組織・プロセス・企業文化・風土を変革し、競争上の優位性を確立すること」と示されているが、いかにも産業創成を目指す経済産業省らしい意図が現れている。しかし、リベラルアーツ教育としての DX 教育は、競争上の優位性を確立するためではなく、進化した IT 技術を浸透させることで、人々の生活をより良いものへと変革することを目的として掲げる必要がある。プログラミングなど情報処理の基礎的な知識や技術は必要ではあるが、先端的技術の習得を全ての学生に期待するのではなく、DX の正しい利用法の習得を教育目標とすることが望ましい。DX が現代社会の課題や改善を図るべき事柄と不可分に結びついているとしても、情報科学を専門とする学部・学科は別として、DX は、あくまでも生活改善のための手段であって、それ自体を目的化するのは適切ではない。DX が社会に大きなインパクトを与えている点は疑いのない事実であるが、インパクトが大きければ大きいほど、その技術を適切に制御する仕組みが考えられなければならない。特に、情報モラルの確立は、開発者のみならず、利用者の側においても強く求められる。リベラルアーツ教育としての DX 教育は、DX の効用と限界を見極め、倫理や法律と照らし合わせ、批判的思考力を発揮して情報化社会の動向を理解する力を養うべきであろう。

3.4 データサイエンスへの対応

　情報化社会に対応する基本的技術を取得させる目的で、広島大学総合科学部で全ての新入生に、「現代思想」に加え「プログラミング通論」を必修化したのが 1974 年であった。開講当初は、不慣れなコンピュータ言語に苦労している学生を見て、先走りすぎたかなと思うことも少なくはなかった。それから 50 年、この間における情報コミュニケーション技術（ICT）の進歩はめざましいものがあり、PC やタブレットなどの端末機器は、あらゆる職場や家庭にも普及し、スマートフォンに至っては数え切れないほどの人々が生活必需品として利用している。さらに、その利便性を高めるために、新しいソフトウエアが次々と開発され、社会のあらゆる活動を反映した多種多様なデータが蓄積され、意識するしないにかかわらず、我々は膨大なデータの中にどっぷりと浸かった生活を送っている。しかし、情報化の仕組みやデータ処理の方法について、ユーザーとして、どれだけ知っているのだろうか。全てプロバイダーや専門的技術者任せというわけにはいかない。

　2021 年、文科省は、内閣府や経済産業省と連携して、数理・データサイエンス・AI 教育プログラム認定制度を定め、大学等の正規の課程において、学生の数理・データサイエンス・AI への関心を高め、それらを適切に理解し、活用する能力を育成するための教育プログラム認定制度を導入している。これからの大学教育の重要な柱として、データサイエンスについての基礎的な能力の向上を図ることが求められるようになっている。すでに 70 校あまりの大学がリテラシーレベルの認定を受けているのは、現代社会が求める人材としては、データサイエンスに一定の知識と技術を有した学生であろうという認識によるものであり、今後ますます認定を申請するための教育プログラムが大学教育の中で定着していく可能性がある。

　多くの大学では統計学の授業が開講され、ある程度以上の数のデータの性質を調べたり、大きなデータから一部をサンプルとして抜き取り、そのデータの性質を調べることで、もとの大きなデータの性質を推測する方法について学ぶ機会は用意されてきた。自然科学分野や医科学分野ではもちろん、多数の経済指標を用いる近代経済学やマーケット分析などで常用されている社

会調査法、教育学や心理学など、エビデンスをもとに事象を理解する必要性の高い分野では、データを利用する機会は非常に多い。また、量刑の決定に過去の判例をデータ化して利用したり、古文書の分析や作家の文章の特徴をデータ化するなど、データサイエンスを利用する分野の範囲は非常に広くなっている。この傾向は、定量的な範囲を超え、定性的な現象や画像処理など我々の日常生活における思考や意思決定にデータの果たす役割は大きく、データをもとにした確率論的な思考は、その重要性が高まってきている。AIやディープラーニングは、膨大なデータを目的に合わせて効率的に活用する技術で、認知科学と情報科学とが結合した一つの到達点として理解できる。

3.5 現代思想の再考

　自由と競争を骨格とした新自由主義に陰りが見え始め、政府は新しい資本主義社会の達成を目指している。具体的なイメージは明確ではないが、企業活動によって得られた利益の公正な分配を目指す政策の実現に舵を切ろうとしているように思える。政府の新しい状況認識は、自国の富と利益の拡大を第一に考えるアメリカを中心とした国際戦略が行き詰まり、アジアの再興に代表される力の移行や力の拡散によるパワーシフトが現実のものとなってきたことと無縁ではない。資本主義と社会主義の対峙を前提とした 20 世紀型の伝統的な価値観・世界観から、対立軸の多元化した国際社会の変化を的確に理解し、それに対応する 21 世紀型の価値観・世界観の構築が求められている。現代思想とは、現代社会を支配している力の源泉を知ることであり、政治的・経済的活動の背景となっている思想を知る必要がある。

　例えば、情報革命、国際金融市場、地球環境問題、伝染病、テロなどは、軍事的・経済的な優位性を手段として国際社会を管理するハードパワーだけで対応することは難しく、新たな戦略が求められるようになってきている。J.S. ナイ (2011) が提唱するスマートパワーと呼ばれている新たな力は、文化的な価値と魅力をもとにした求心力と説得によるリーダーシップを意味するソフトパワーを加味した影響力こそが、新しい時代の力となるという考え方である。競争と協調、敵対と協力など、相対立するものを適切に調整し、共

存する方策と新たな関係を構築するスマートパワーが重視されることが期待されている。伝統的な価値観や宗教の違い、政治体制の違いや貧富の格差など、解消の難しい対立軸は多いが、グローバルな視座に立つことによって対立の解消は可能になると考えられる。インターナショナルとは、どのような政治社会体制であれ、その国の主権を無条件に尊重した上で国家間の協力と調整を目指すものである。一方、グローバルとは、地球規模の課題について、いかなる国であっても共有できる視座を意味しており、これが世界の共通認識として定着するようになれば、スマートパワーが大きな役割を果たす可能性はある。

　しかし、将来の展望は別として、現実の政治的・経済的状況を見ると楽観はできない。市場の自由化を推進しようとする新自由主義の勢力は依然として力を持っているし、個人的利害に敏感な大衆に迎合するポピュリズムや反グローバル化を旗印としたナショナリズム勢力の台頭などが目立つようになってきている。最も危惧されるのは、政治的な混乱によって、民主主義の根幹であるはずの個人的自由が抑圧されている国々が少なくない点である。グローバル化は、同じ価値観を有する国同士の理解に留まらず、基本的人権と個人的自由が脅かされている国々と、地球規模の問題をどのような理念と方法で共存を図るかという重要な課題を内包している。このような状況を考えると、J.S. ミルに代表される伝統的な教養教育を越えた現代という時代精神を反映させた新たなリベラルアーツ教育の哲学と思想が必要になってきているように思える。

4.　これからのリベラルアーツ教育を考える

4.1 教授学習過程への転換

　情報通信技術の開発とその加速的展開によって、社会や我々の生活が大きく変化している現在、自主的・自律的な生活上の技術手段の習得は、あらゆる教育機関に共通して求められ、簡単なプログラミングや情報端末の適正使用に関する情報リテラシー教育は、初等教育の段階から始められている。国際化が問題になると英語教育が導入され、情報化が進むと情報教育が授業科

目として位置づけられるなど、小学校の授業科目編成は大きく変化しようとしている。初等中等教育の教育課程が国によって一律に定められている以上、この流れが変わることは当分考えられない。しかし、教育課程の編成権を持っている大学は、この流れにどのように対応すべきだろうか。大学の大衆化が進んでいる現在、英語教育や情報教育重視の流れは、大学教育にとっても重要な課題であることは否定できない。企業が大学に求める新たな教育として、情報関連分野の充実とデジタル化に対応できる人材の育成を挙げているのは、現在の社会的状況を考えると十分理解ができる。確かに情報化は、瞬時にして時空を越え、我々の生活の末端にまで大きな影響を及ぼしており、大学教育もこの流れと無縁ではない。しかし、だからといって、情報教育を新たなリベラルアーツ教育の中心に位置づけることには、少なからず違和感を覚える。

　現代の情報産業を牽引してきたシリコンバレーの創業者たちの多くは、社会科学や人文科学を学んだ経験を持っており、自分たちが学んだ文系の知識を自らの成功要因として挙げている。個人や社会が何を求めているかを知らなければ、そして、その背後にある適切な人間観や社会観を身につけなければ、新たな技術開発は不可能であったであろうと述べている点は傾聴すべきである。STEM教育こそ、未来を切り開く人材に必要不可欠な教育と考える欧米諸国の流れは否定できないが、曖昧で捉えどころのない人文主義的教養を無意味だと考える風潮が仮にあるとすれば、それはあまりにも近視眼的と言わざるを得ない。近年、よく耳にするリベラルアーツの意味は、個人が社会の中で倫理的・知的能力を最大限に発揮し、良き市民として自由に社会に参加する機会を得るための技法と考えられる。豊かな知識をもとに品性のある自己形成を目指した教養よりも、遙かに能動的で社会的な意味合いを持っている。しかし、このリベラルアーツの意味と価値を大衆化された学生にどう伝え、実感を持って納得させるかは、大学にとって難しい課題である。グローバリズムに対抗するかのようなナショナリズムの勃興、一般大衆の利害に迎合するポピュリズムの広がり、自らの欲求を制御できない人間性への疑問、富めるものとそうでないものの格差が増大している社会的状況などを目

の当たりにすると、ヒューマニズムやグローバリズムの重要性を単に指摘するだけでは、学生にインパクトを与えることは難しい。

　これからのリベラルアーツ教育は、我々が直面している諸課題について、自主的・自律的に考える力を育成することを目的とした教育でなければならない。とりわけ、批判的思考能力の習得が重要であると考えられる。そのためには、授業内容や授業方法の抜本的な見直しが必要であろう。これからの授業内容は、テーマ中心に編成されるべきであり、○○学概論、入門○○学といった授業科目は、必ずしもリベラルアーツ教育の目的に合致するものではない。テーマの設定は、教員が行うのが一般的であるが、学生に選ばせるやり方でもよい。留意すべきことは、多様な意見があり、見解が分かれているような課題を選ぶべきで、ステレオタイプな見方や考え方が支配的であるような課題であっても、その真偽に疑問の余地があるものも、テーマ設定としては適切であろう。要は、学生の自由な発想と批判的な思考力を刺激するようなテーマ、未解決な課題や不確実な未来を展望できるテーマを選ぶことが必要であろう。そのような授業での教員の役割は、非常に重要で、専門性を超えたかなりの力量が求められるが、授業場面では問題提起と議論の展開を促すファシリテーターに徹するべきで、基本は学生による討論中心の授業方法が採用されることが望ましい。学習者である学生の積極的参加を促すことに主眼を置いた教授学習過程への転換が必要である。

4.2 人材育成を超えた人格形成への寄与

　新しいリベラルアーツ教育は、我々が直面している課題を俯瞰し、その解決に向かう道筋を考える知的訓練である批判的思考力の育成だけに留まるものではない。多くの矛盾を内包しながら急速に拡大し続けている情報化社会も、宇宙のように無限に拡大していくわけではない。多くの科学技術がそうであったように、やがて新たな科学技術に取って代わられ、陳腐化する可能性はある。しかも、陳腐化するだけならともかく、優れた科学技術であればあるほど、社会の中で自己増殖し、時に、取り返しのつかない危機的事態を生みだす可能性を秘めている。宇宙ビジネスへの参入を急ぐ民間主導のロ

ケット開発や、無秩序な SNS の拡散などは、新たな社会不安の兆しかもしれない。チャップリンの『モダン・タイムス』は、合理化されたオートメーション・システムによって、人間が機械に管理されている姿を描いているが、AI と人間との近い将来の関係を予感させる映画である。原爆の父といわれたオッペンハイマーは、自らが開発に関わった原爆が、その後の国際的戦略の中で利用され、核拡散という新たな脅威を世界にもたらしたことに苦悩した。しかし、ことの重大さを考えると、いかに時の権力者の圧力に抗しきれなかったとはいえ、述懐される後悔と反省は、後世に生きる我々には自己弁護にしか映らない。

　勿論、科学技術は自らの力で、開発を止める制御系を持たないと考えるのは、科学技術に対する偏った評価である。太陽エネルギーや風力エネルギーに着目し、原子力依存から脱却しようとしているのは、誰よりも、核爆発の恐ろしさを知っている研究者たちである。制御系を持たないのは、研究者たちではなく、むしろ、科学技術の有効性と有用性に目を奪われ、便利さと豊かさを追い求めている我々自身であるように思える。科学技術の進歩に対する適切な制御を行うためには、幅広い視点から現状を見つめ、人間のあり方や社会のあり方を考え、人類の将来を自分の力で展望できる能力を身につけなければならない。人文科学や社会科学は、自らの学問的進化を図るだけではなく、科学技術の進歩による加速系に拮抗する制御系として機能しなければならない。人間や社会のあるべき姿を探し求め、それを誰もが共有できる思想に高めなければならない。超情報化社会の到来が予見される今日、我々は、情報技術の恩恵を享受し、利用者として、消費者として、振舞い続けていれば良いわけではない。人間性が疎外されてきた歴史から謙虚に学び、人間の存在価値を再確認し、未来を展望するという大きな課題が、リベラルアーツ教育には課せられている。

　ビル・ゲイツを知らなくても、ジョン・レノンを知らない人は少ない。批判的思考力を構成する論理的思考や内省的思考や共感的思考は、自分を見つめ直し、他者の意見や考え方を尊重することの重要性を示す概念であるが、それはあくまで思考のレベルであり、感動や勇気といった全人的な反応

の次元とは異なっている。人間が社会的繋がりの中で自らの存在価値を実感し、明日に生きる勇気を奮い立たせ、自己実現に向けて努力できるのは、多くの場合、豊かな感受性を基礎とした感性の力によるところが大きい。文学の有用性に疑問を感じていたロンドン留学中の漱石が、セント・ポール大聖堂の大伽藍を仰ぎ見たときの驚きを、優れた芸術作品に触れたときと同じ心の動きであると述べている。以後の漱石の著作活動を動機づけたのは、この感動体験であり、これこそが人間の成長にとって何よりも有用であると考えたのではないだろうか。ミルは、大学教育の中心に、文学教育、科学教育と並んで道徳教育、美学・芸術教育を挙げているが、人間の形成には、知的訓練と同等に、あるいはそれ以上に、感受性を磨く感性教育が重要であることを示唆している。初等教育では正課として位置づけられている音楽や図画工作や体育は、学齢が進むにつれて、主要教科から外され、大学教育においては、それを専門とする大学や学部は別として、正課ではなく課外活動として位置づけられている。豊かな感性や人格がどのように育まれるかは明確ではないが、仮に学生の興味や関心によって触発された自主的な活動や仲間との共同体験を通じて獲得されるとするならば、リベラルアーツ教育は、課外活動をも包摂した裾野の広い教育システムであることが望まれる。

まとめ

　リベラルアーツとは、自由な発想と批判的思考力と自主的・自律的な行動様式を身につけることであるが、科学技術の進展、大学を取り囲む社会的状況の変化、大学の大衆化、大学教育への期待の多様化などを考えると、リベラルアーツについての考え方も見直しが必要になってきている。大学生活を振り返り、何が最も印象に残ったかを問われると、時間と空間と活動の自由が保証されたことであると答える人も少なくないであろう。確かに自由度の高い大学生活は、初等・中等教育や卒業後の企業等における生活では実感することの少ない貴重な体験であり、何を学び、何を考え、何を行動するかは、個人個人の意思に委ねられている度合いが高い。しかし、大学を取り囲む環境の変化は、個人的な成長に加え、社会的な視野と確かな将来展望を持つこ

との必要性を改めて感じさせる。大学を取り巻く場の力が変化すれば、開かれた大学としての役割や期待が変化するのは当然のことかもしれない。

　自主的・自律的な行動様式を身につけるためには、社会的に通用性の高い知識や技術を習得することは不可欠な条件であり、好むと好まざるとに関わらず、国際的通用性の高い英語の運用能力を高めること、国連が提起している諸課題をエビデンスをもとに適切に理解すること、さらには、インターネットなど情報ネットワークの普及に対応できる情報通信技術の習得は、今や自主的・自律的であるための必要不可欠な要件になっている。しかし、目の前の課題に対応することで十分かと言われれば決してそうではない。効率性・有効性・利便性を追求することが、果たして普遍的な価値を有しているかどうか、大学教育、とりわけ教養教育においては、そのことを冷静に考える力を養うことが必要であろう。普遍性を意味するユニバーサリティと大学を意味するユニバーシティは、決して偶然の一致ではない。自然科学であれ、人文科学であれ、社会科学であれ、今も昔も、そして将来も、大学は普遍性を追求する場であり、そのことが、今日まで大学が存続してきた最大の存在理由でもある。教養教育を普遍教育と呼ぶことにした千葉大学は慧眼であると言わざるを得ない。

　従来の教養教育の反省点の一つは、教える側が自分の狭い専門領域と関連づけることが多いため、専門基礎的な授業が多く、各分野の全体像を俯瞰できる授業が少なかった点である。ノーベル物理学賞を受賞した S. ワインバーグの『科学の発見』は、テキサス大学での教養教育のテキストをもとにしたもので、予備知識を持たない学生に古代ギリシャ時代から科学革命までの科学史をわかりやすく述べたものである。また、ピューリッツァー受賞作家で自由勲章を受章した W. デューランドの『誰が文明を創ったか』は、人類の歴史を概観した大作として歴史的評価の高いものである。彼は、現代の諸問題を理解するための最善の策は、過去を学ぶことだと考えている。現代の社会的状況に目を向け、それに対応するだけではなく、滔々と流れる知の系譜を辿ることもリベラルアーツ教育の重要な役割である。そのこともあって広島大学では、教養教育の水準を示すと同時に学生の自主的な学習を促す目的で

『大学新入生に薦める 101 冊の本』を解説付きで編集・刊行し、新入生全員に配布した。

　教養教育に対する期待は多様であるが、その期待に全て応えようとすることには自ずと限界がある。大学は自らの特長を生かし、保有する人的資源を最大限生かすことで、個性的で独自性のある教育活動を展開することが必要であろう。外国語教育に力を入れている大学、情報教育に焦点を当てている大学、環境教育を積極的に展開している大学、地域社会との連携に新たな存在価値を探している大学など、教養教育もそれぞれの大学の特徴に合わせ多様であって良いと思う。新たなリベラルアーツ教育とは、科学技術の変化に目を配り、公共性を念頭に置いて、人間としてのあり方や生き方に関する深い洞察力を高めることを目的に、大学が自らの意思と責任において創造する自己表現のための自由でユニークな教育であることが望まれる。この点は、日本学術会議が「日本の展望―学術からの提言」(2010) の中で、21 世紀の教養と教育について述べた内容と基本的には軌を一にするものである。

参考文献

青木孝夫他編 (2008)『知の根源を問う』21 世紀の教養シリーズ 5　培風館

アメリカ教育使節団 (村井実訳) (1979)『アメリカ教育使節団報告書』講談社学術文庫 (原典は、1946)

大崎仁 (1999)『大学改革』有斐閣選書

楠見孝・子安増生・道田泰司 (2011)『批判的思考力を育む―学士力と社会人基礎力の基盤形成―』有斐閣

生和秀敏 (2023)「教養教育を巡る議論の流れ」『学士課程教育における現代社会で求められている課題に対応する能力育成に関する調査研究報告書』大学基準協会、大学評価研究所、pp. 6-18.（https://www.juaa.or.jp/research/document/）

大学基準協会 (2016)『大学評価の体系化』JUAA 選書 15　東信堂

大学教育学会 30 周年記念誌編集委員会 (2010)『大学教育　研究と改革の 30 年』東信堂

大学審議会 (1998)「21 世紀の大学像と今後の改革方策について」(答申)

中央教育審議会 (1971)「今後における学校教育の総合的な拡充整備のための基本的施策について」(答申)

筒井清忠 (2009)『日本型「教養」の運命』岩波書店

デューラント, W.　高田亜樹訳 (2004)『誰が文明を創ったか』PHP 選書

ナイ, J.S.　山岡洋一・藤島京子訳 (2011)『スマートパワー』日本経済新聞出版社

永井道雄 (1994)『日本の大学』中公新書

日本学術会議 (2010)「日本の展望－学術からの提言 2010」

吉見俊哉 (2011)『大学とは何か』岩波新書

ミル, J.S.　竹内一誠訳 (2011)『大学教育について』岩波文庫 (原典は、1867)

ワインバーグ, S.　大栗博司解説・赤根洋子訳 (2016)『科学の発見』文藝春秋

東秀紀 (1991)『漱石の倫敦、ハワードのロンドン』中公新書

バード, K.・シャーウイン, M.　河邊俊彦訳 (2007)『オッペンハイマー（上下）』PHP
　研究所

田中拓道 (2020)「リベラルとは何か」中公新書

リンス, J.　横田正顕訳 (2021)『民主体制の崩壊』岩波文庫

フロム, E.　日高六郎訳 (1951)『自由からの逃走』東京創元社 (原典は、1941)

広島大学 101 冊の本プロジェクト (2005)『大学新入生に薦める 101 冊の本』岩波書店

広島大学 101 冊の本委員会 (2009)『大学新入生に薦める 101 冊の本・新版』岩波書店

第2章　21世紀型リベラルアーツ教育の現状と展望

石井洋二郎

はじめに──VUCAの時代

　現代はVUCAの時代であると言われる。VUCAとはVolatility（変動性）、Uncertainty（不確実性）、Complexity（複雑性）、Ambiguity（曖昧性）という4つの単語の頭文字をとった造語で、もとは1990年代後半に冷戦終結後の戦略が不透明になったことを表す軍事用語として使われていたものだが、2010年代頃から、先行きが予測困難で不確実な社会情勢一般を指す言葉として、ビジネスの世界を中心に広く普及した概念である。

　確かに21世紀もすでに4半世紀が過ぎようとしている現在、私たちを取り巻く状況はめまぐるしく変化しており、遠い未来のことはもちろん、近い未来のことも、いや明日のこと、今日のことさえ、はっきり見通すことはむずかしい。最近のできごとを振り返ってみても、新型コロナウィルスの感染拡大やロシアによるウクライナ侵攻、さらには中東ガザ地区でのハマスとイスラエルの戦闘など、数年前までは想像もできなかったような世界的危機が次々に起こっている。今や地球のどこで、いつ、何が起こるか、自信をもって予見することは誰にもできない。世はまさにvolatileで、uncertainで、complexで、ambiguousである。

　こうした状況を反映するかのように、インターネット空間には虚実とりまぜて膨大な情報があふれかえり、根拠のない憶測や無責任な断定が日々飛び交っている。次々に生産されては消費されていく断片的な言葉の氾濫の中で、私たちはもはや何を信じればいいのかまったくわからずにただうろたえ、戸惑うばかりだ。

　一方で AI は加速度的に進歩を遂げ、さまざまな場面で生活の利便性を格段に増大させつつある。ただしその反面、人間の仕事に取って代わる領域はますます拡大し、近い将来消滅するであろうと言われている職業も少なくない。とりわけ ChatGPT に代表される生成型 AI は、単純な事務作業を代替するだけではなく、人間固有の能力と信じられてきた思考や創造といった領分までも侵食し始めている。

　このような時代にあって、これからの大学教育——特に教養教育——は、いったいどのような人間の養成を目指せばいいのであろうか。

　この問いに明確な回答を与えることはもちろん容易ではないが、ひとつ確実に言えるのは、深刻化する地球温暖化や緊迫の度を増す国際情勢等々、次々に生起する人類規模の諸問題を前にして、もっぱら幅広い知識の伝達・教授を主たる目的としてきた従来型の教養教育ではもはや十分ではないということだ。単なる知識の蓄積や情報の処理であれば、AI に任せておいたほうがずっと簡単だし、よほど効率もいい。それよりもむしろ、獲得した知識や情報を主体的・能動的に活用し、諸分野の知見を連携させながら具体的な課題解決に結びつけていく能力を涵養する方向へと、教育の軸をシフトしていくことが必要である——こうした認識は、いまや大学人のみならず、企業関係者のあいだでも広く共有されつつあるように思われる。

　本章は以上のような観点から、現在の大学で実施されている教養教育の現状を踏まえつつ、新たな「21 世紀型リベラルアーツ教育」の構築に向けた展望を示すことを狙いとするものである[1]。

　以下では大きく 4 つの視点から議論を整理してみたい。1 番目は「何を教えるか」、すなわち教育の内容 (contents) の問題、2 番目は「どう教えるか」、すなわち教育の方法 (method) の問題、3 番目は「いつ教えるか」、すなわち教育の時期 (timing) の問題、そして 4 番目は「誰が教えるか」、すなわち教育の担い手 (educator) の問題である。

---

[1]　リベラルアーツについての筆者の詳細な主張については、石井洋二郎 (編)『21 世紀のリベラルアーツ』(水声社、2020 年) を参照していただきたい。

1. 何を教えるか

1.1 大学設置基準の大綱化

　戦後まもない 1947 年に制定された学校教育法に準拠して、1956 年には大学設置基準が公布された。大学の設置にあたって求められる最低基準を定めたこの文部省令によって、新制大学では「一般教育科目」「外国語科目」「保健体育科目」及び「専門教育科目」の区分を設けることが定められ、それぞれについて卒業に必要な単位数も厳密に規定されていた。このうち 4 番目の専門教育科目 (76 単位分) を除いた 3 科目 (一般教育科目 36 単位、外国語科目 8 単位、保健体育科目 4 単位の計 48 単位分) がいわゆる教養教育にあたる部分で、これを担う組織が教養部である。一般教育科目はさらに、人文・社会・自然の 3 分野にわたることが定められていた[2]。

　このように、教養課程において何を教えるかは法令によってアプリオリに決められていたため、大学が主体的に考える必要はなかったし、外部からあらためて問われることもなかった。基礎的な知識を広く浅く学生たちに授けるのが教養部の役割であるというのが、いわば自明の前提だったのである。

　だとすれば、分野を問わず、いわゆる「概論」的な講義科目が中心になるのは必然であろう。筆者自身の記憶でも、1・2 年生のあいだは「哲学概論」とか「生物学概論」といった名前の授業がずらりと並んでいたような印象がある。そして、中には専門知識を薄めただけの単調な講義が十年一日のように繰り返されるケースもなかったわけではない。それらが若干揶揄的なニュアンスでしばしば「パンキョー」などと呼ばれてきたことは、周知の通りである。

　この状況はじつに 40 年以上にわたって続いていたが、20 世紀も終盤にさしかかると、大学進学率が急速に向上して高等教育の規模が拡大する一方、知の在り方そのものにも大きな変容が生じ、大学教育にも社会の変化に応じた柔軟な改革が求められるようになってきた。そうした流れを受けて、1991 年 6 月にはようやく制度上の大幅な規制緩和政策が実施されることとなった。「大学設置基準の大綱化」と呼ばれるものがそれである。

2　改正前の大学設置基準、昭和 31 年 10 月 22 日文部省令第 28 号、第 32 条。

　大綱化というのは要するに「細かい縛りをなくして大雑把にする」ということだが、具体的には前述した「一般教育科目」「外国語科目」「保健体育科目」「専門教育科目」という区分が廃止され、各大学は「必要な授業科目を自ら開設し、体系的に教育課程を編成するものとする」とされた。そして教育課程の編成方法としては、「各授業科目を必修科目、選択科目及び自由科目に分け、これを各年次に配当して編成する」ことだけが定められた[3]。その結果、各大学はそれぞれの理念に沿って学士課程4年間のカリキュラムを自由にデザインすることが可能になったのである。

1.2 教養部の解体

　こうした変化は必然的に、大学の組織体制そのものに波及せずにはいなかった。その帰結が、教養部の解体である。改正後の大学設置基準には、大学は「学部等の専攻に係る専門の学芸を教授するとともに、幅広く深い教養及び総合的な判断力を培い、豊かな人間性を育成するよう適切に配慮しなければならない」と明記されていた[4]ので、大綱化が決して教養教育を軽視するものではなく、ましてや廃止を意図したものでもなかったことは明らかであったのだが、にもかかわらず、法的な存在根拠を失った全国の教養部が雪崩を打ったように消滅してしまったことは、高等教育の歴史に残る画期的なできごととして、今なお記憶に新しい。

　その結果、旧教養部に所属していた教員の一部は既存の専門学部に異動し、多くは大綱化を契機として設置された新学部に配属されたため、教養教育の中心的な担い手がどこにいるのかが見えにくくなってしまった。また国立大学の中には、大綱化と同時に推進された大学院重点化政策を受けて、この機会に教員の所属を「学部」ではなく「研究科」に移した例も少なくない。となると、これらの大学では教員の大部分が大学院教育にシフトすることが想定されるから、それでは教養教育が疎かになってしまうのではないか、誰がそ

3　改正後の大学設置基準（1991年7月1日施行）、第19条1項および第20条。
4　改正後の大学設置基準（同前）、第19条2項。

れを責任もって担当するのか、という問題がなおのこと大きくクローズアップされてくることになる。

　つまり大学設置基準の大綱化は、各大学が自らの特性や所有するリソースを最大限に活かすチャンスを得られたという意味ではポジティブな契機であったはずなのだが、その反面、新たな授業編成の中に教養教育をどう位置づければいいのかという重い課題を突き付けられたという意味では、甚だ悩ましい法改正でもあったと言わねばならない。そしてこの課題は必然的に、教養教育において「何を教えるか」という問いに正面から向き合うことを、多くの大学に迫ることとなったのである。

1.3「学際性」と組織の再編成

　「学際性」というコンセプトがクローズアップされるようになったのも、この頃からであったように思われる。政治学者の丸山眞男はすでに60年以上前、ギリシャから中世を経てルネサンスへという共通の文化的伝統の上に枝分かれしてきた西欧の学問と異なり、日本の学問は初めから細分化された形で西洋文化を移入したために、各分野が共通の根を持たぬままタコツボ化しているということを夙に指摘していたが[5]、この傾向が大学教育にも多かれ少なかれ影を落としてきたことは否めない。

　実際大綱化以前の大学では、一般教育科目を構成する人文・社会・自然という学問のカテゴリー分けが定着していて、3つの分野同士の相互関係はもとより、それぞれの枠内で教えられている科目同士の連関さえ、ほとんど意識されることはなかった。だが、それではめまぐるしい社会の変化に対応す

5　「日本がヨーロッパの学問を受け入れたときには、あたかもちょうど学問の専門化、個別化が非常にはっきりした形をとるようになった段階であった。従って大学制度などにおいては、そういう学問の細分され、専門化した形態が当然のこととして受け取られた。ところが、ヨーロッパではそういう個別科学の根はみんな共通なのです。つまりギリシャ─中世─ルネッサンスと長い共通の文化的伝統が根にあって末端がたくさんに分化している。〔……〕ここ〔日本〕では大学教授も含めまして、学問研究者が相互に共通のカルチュアやインテリジェンスでもって結ばれていない。おのおのの科学をほり下げて行くと共通の根にぶつからないで、各学科がみんなタコツボになっている」（丸山眞男『日本の思想』、岩波新書、1961年、132-3頁）。

ることはできない──そうした反省から、大綱化以降は分野横断型の教養教育を推進しなければならないという機運が高まり、各大学ではそれぞれの方針に従って、学際性の理念を具体的な教育課程として再編成する作業が進行した。

それまで教養部に所属していた教員たちの研究上の専門分野は、当然ながら文系・理系のさまざまな領域にまたがっている。だから彼らの受け皿となる新学部（あるいは研究科）は、その多様性を可能な限り損なうことなく包摂できるようなコンセプトで構想されなければならない。となれば、新組織にはどうしても分野横断的な性格が求められることになる。

改正前の大学設置基準では「学部の種類は、文学、法学、経済学、商学、理学、医学、歯学、工学及び農学の各学部、その他学部として適当な規模内容があるとみとめられるものとする」とされていて[6]、基本的には旧制大学を構成していた 1 文字（ないし 2 文字）の学部名称がほぼ踏襲されていた。これはあくまでも、既成の学問分野を前提とした規定である。ところが大綱化によってこの制限がなくなったので、各大学は新たな名称を自由に考案することができるようになった。こうして生まれたのが、「環境」「国際」「人間」「情報」「総合」「文化」「社会」「政策」等々、いくつかのキーワードの中から 2 つを組み合わせた 4 文字の名称を冠した学部である。

対応する学問分野が明確である「法学部」や「理学部」と違って、「環境情報学部」とか「総合人間学部」といった学部名は、一見しただけでは何を教えるところであるのかがすぐにはわからない。良くいえば広がりがあって選択の自由が大きいように思えるが、悪くいえば焦点が絞りにくく、何が学べるのかは曖昧模糊としているとも言える。実際時代の流れに乗って、いささか安易にこの種の名称を採用した例が皆無であったとは言い切れまい。

しかしながら大半の大学は、従来の学問分類の枠に収まりきらない新しい分野を開拓しようとする意欲をもって改革に取り組んだように思われる。20 世紀の終わりから 21 世紀初めにかけては、学際性を標榜するこの種の新た

6　改正前の大学設置基準、第 2 条。

な学部が次々に誕生し、それが今日まで継承されているというのが、大綱化以後の大きな潮流である。

　教養部を廃止した大学の多くは、このように新設ないし改組された学部を中心として、あるいは共通教育センターのような組織を新たに設置して、教養教育を全学体制で維持・発展させる努力を継続してきた。その過程において、従来型の概論的な授業とは異なる多様な科目を設け、より自由な発想で教養教育の刷新を推進した例は少なくない。

　リベラルアーツという言葉が広く用いられるようになったのも、主としてこうした文脈においてであった。「何を教えるか」という観点から見れば、これが日本の大学教育における第一の転換点であったと言うことができる。

1.4 大学基準協会の調査研究

　けれども大綱化からすでに30年以上が経過した現在、大学を取り巻く環境にはふたたび大きな変化の波が押し寄せている[7]。経済面でも文化面でもグローバル化が加速度的に進行する一方、30年前にはまだ普及していなかったインターネットが基礎的な社会インフラとして見る見るうちに定着し、政府筋や企業等では「Society 5.0」とか「DX」といった用語がしきりに口にされるようになった。大学に入学してくるのも、今やスマートフォンと共に育ったいわゆる「デジタル・ネイティブ」世代が中心である。

　こうした時代にあって、大学教育に求められる教養（あるいはリベラルアーツ）の中身が再定義を迫られるのは必然的な流れであろう。新世代の学生たちが身につけるべき知識やスキルは、もはや大綱化以前のそれと同じでないことはもちろん、おそらくは大綱化以後のそれと同じでもありえないからだ。

　かつてのキーコンセプトであった「学際性」はもちろんきわめて重要な理念であるが、これはあくまでも既存の「学」を前提とした上で、その境界を横断することを意味する概念であった。ところが現在は「学」そのものに、

7　このあいだの大きなできごととして2004年の国立大学法人化があったが、これは大学のガバナンスの在り方に深刻な影響を及ぼしたものの、教育内容そのものの大幅な変更を伴うものではなかったので、ここでは触れない。

根本的な地盤変化が起こっている。そしてその結果、横断すべき境界線自体もいつしか曖昧になり、目に見えにくくなっている。その意味で、大学で何を教えるかについては、今まさに第二の転換点を迎えていると言えるだろう。

こうした認識を背景に、2021年10月から2023年3月にかけて実施されたのが、大学基準協会の大学評価研究所による「学士課程教育における現代社会で求められている課題に対応する能力育成に関する調査研究」[8]である。筆者もその一員として作業に携わったので、以下では随時、その報告書を参照しながら記述していきたい。

この調査研究では、まず基礎資料として、現在の大学で多かれ少なかれ教養教育の内容として重視されていると思われる13のキーワードを設定して大規模なアンケートを実施した。本書の他の論考と重複するかもしれないが、そのリストを以下に掲げておく。（**表 1-2-1**）

表 1-2-1　大学基準協会のアンケート調査で提示されたキーワード一覧

データサイエンス
DX (Digital Transformation)
STEAM (Science, Technology, Engineering, Art, Mathematics)
文理融合
SDGs (Sustainable Development Goals)
ELSI (Ethical, Legal, and Social Issues/Implications)
異文化理解
批判的思考
公共性・社会性・市民性
行為主体性
システム思考
デザイン思考
起業家精神

（「報告書」106 頁）

8　その結果は「学士課程教育における現代社会で求められている課題に対応する能力育成に関する調査研究報告書」（公益財団法人大学基準協会　大学評価研究所、2023年5月）としてまとめられている。以下では単に「報告書」と略す。

　一見してわかるように、ここには「データサイエンス」「SDGs」のような具体的内容と、「批判的思考」「行為主体性」等々の抽象的な概念が混在している。また「DX」や「STEAM」のように、いずれとも言い難い項目もあるので、これらを並列することは必ずしも適切ではないかもしれない。しかし教育内容と教育理念は密接に関連していて切り離すことができないものであるから、ここで細かい議論に立ち入ることは差し控えておく。

　この中で「何を教えるか」という観点から特に目立ったのは、データサイエンスと SDGs である。調査結果を見ると、これらの2項目はだいたいどの大学も一致して重視していることがわかった。

1.5 データサイエンスと SDGs

　まずデータサイエンスについて言えば、2021 年から文部科学省が「数理・データサイエンス・AI 教育プログラム認定制度」[9] を発足させたこともあって、大半の大学はその重要性を十分認識し、教養教育（あるいは共通教育）の新たなコンテンツとして採り入れる努力をしている。これは必ずしも理系が主体の大学だけでなく、文系の学部しかない大学についても見られる傾向であった。のみならず、近年はこの言葉を冠した新学部や新学科を設置する大学が急増しており、それ自体が専門教育の新たな分野として定着しつつあることもうかがえる[10]。

　ここで注意すべきは、統計学の知識やプログラミングの技術を活用するこの分野が、従来の分類でいえば理系の学問として位置づけられる性格を持ちながら、文系・理系を問わず、これからの社会では必須の汎用的なスキルとしてとらえられていることである。すなわち、データサイエンスはもうひとつのキーワードである「文理融合」の理念と分かち難く結びついているのであり、今や「21 世紀型リベラルアーツ教育」の主要な柱となっていることが

9　数理・データサイエンス・ＡＩ教育プログラム認定制度（リテラシーレベル）：文部科学省（https://www.mext.go.jp）

10　早い段階で制度化した例としては、滋賀大学、横浜市立大学、武蔵野大学、立正大学、名古屋市立大学、京都女子大学、等々が挙げられる。

わかる。

　これに対して、SDGs は少し位置づけが異なっている。これはそもそも2015 年の国際連合「持続可能な開発に関するサミット」で採択されたアジェンダであるから、いわゆる学問分野ではないし、大学で教えられるべきスキルでもない。しかもこのアジェンダには 2030 年という期限が付いているので、その時期がくれば別の形で更新される可能性は高いものの、本来的には恒久的性格を持つものでもない。だからデータサイエンスのように、これを「学部」や「学科」として組織化することは考えにくい。

　しかし「報告書」を見ると、大半の大学は SDGs を教養教育の新たな要素として重視しており、何らかの形でカリキュラムに組み込んでいない大学はないと言っていいほどである。こうした傾向は、貧困や飢餓、気候変動や環境破壊など、現代世界が直面しているさまざまな問題が今や人類共通の課題として認識されていることの表れであり、データサイエンス同様、これもまた未来の社会を担う学生たちにとっては必須の教養とみなされていることがわかる。

　アンケート調査からはこのように、「何を教えるか」については近年、明らかな変化が見られることが確認できた。ただしだからといって、人間が長い年月をかけて築いてきた知の伝統を教授するという、教養教育本来の基本的な役割が軽視されてはならないということは、あらためて強調しておかねばなるまい。専門性の狭隘な枠に閉じこもることはもちろん望ましくないが、世の中にどのような学問分野があり、それぞれがどのような歴史をもち、どのような役割を果たしてきたのか、そしてどのような経緯を経て現在はどのような状況にあるのか、そうした最低限の知識がなければ、データサイエンスや SDGs を大学で学ぶことの意義を理解することもできないからである。

　したがって、必ずしも従来と同じ形ではないにせよ、既存の学問体系を概括的に講じる科目をカリキュラムの中に組み込んでおくことはやはり必要だろう。けっきょくのところ肝要なのは、多様な学問分野を俯瞰しつつ、その緊密な相互連関の中に新しい教養の中身を位置づけ、体系化していくことである。

2. どう教えるか

2.1 講義形式からアクティブ・ラーニングへ

　教育内容に変化が生じれば、教育方法も当然ながらそれに応じて変化していかなければならない。戦後の伝統的な教養教育はどうしても大教室での講義形式が中心であったが、大綱化以後は学際化の進行にともなって、一方通行的な講義とは異なる形の授業が明らかに増加した。そして現在もその傾向は続いている。その典型が「アクティブ・ラーニング」と呼ばれる授業方法である。

　これについては中央教育審議会が、公式の文書で以下のような定義を示している。

　　　　教員による一方向的な講義形式の教育とは異なり、学修者の能動的な学修への参加を取り入れた教授・学習法の総称。学修者が能動的に学修することによって、認知的、倫理的、社会的能力、教養、知識、経験を含めた汎用的能力の育成を図る。発見学習、問題解決学習、体験学習、調査学習等が含まれるが、教室内でのグループ・ディスカッション、ディベート、グループ・ワーク等も有効なアクティブ・ラーニングの方法である[11]。

　ここで「発見学習」とか「問題解決学習」と言われているのは、いわゆるPBL（Project Based Learning あるいは Problem Based Learning、課題解決型学習）のことだと思われるが、こうした教育手法はすでに小学校・中学校・高等学校でも広く採り入れられており、その点で大学は遅れをとっていると言えるかもしれない。これはおそらく、旧来の教養教育のコンテンツとアクティブ・ラーニングという新しいメソッドのあいだには親和性が成立しにくいという事情

11　中央教育審議会「新たな未来を築くための大学教育の質的転換に向けて〜生涯学び続け、主体的に考える力を育成する大学へ〜（答申）」、2018年8月28日、用語集。

によるものと思われる。比較的少人数のクラス規模で授業が行われることが一般的である小・中・高と違って、いわゆる大学の教養科目は、依然として大人数講義を前提としているケースが多いからである。

　しかしながら、インターネットの普及によってたいていの情報が手軽に入手できるようになった現在、教授が教壇に立って学生たちに知識を授けるという授業方式が以前ほどの必要性を持たなくなったことは否定できない。他方、折しもコロナ禍を奇貨としてオンライン授業が急速に広まった結果、ネットを利用すれば教室の収容人員を気にすることなく大人数講義を実施できることが経験的にわかってきた。この際、中規模の講義科目は思い切って統合してオンライン形式に切り替え、教室の対面授業では比較的少人数の討論授業や実践的な科目を数多く採り入れたほうが教育効果も高まるのではないか、という認識が全国の大学で急速に広まりつつあるように思われる。

　じっさい、学科やコースごとに実施される専門課程でのゼミナールとは別に、分野横断的な「教養ゼミ」とか「自由研究ゼミ」といった授業を1・2年生向けに設けている大学は、現時点でも相当数にのぼるのではなかろうか。そしてこの傾向は、今後もさらに拡大していくものと予想される。

2.2「教える」ことの意味

　ここで少し原則論的な話をすれば、そもそも現在の大学に求められているのは、まさに「教える」ということの意味そのものを問い直すことであり、内容面だけでなく、方法論も含めた形でリベラルアーツ教育を再構築することである。

　振り返ってみれば、1960年代の終わりに吹き荒れた大学紛争の嵐も、つまるところは優越的な立場に安住する教授（文字通りに「教え授ける」者）が学生たちに既成の知識を与えるという、伝統的な教育の構造そのものに対する異議申し立てという側面を持っていた。その意味では、日本の大学教育も半世紀以上の紆余曲折を経た上で、ようやくこの固定的な図式を見直す段階に到達したと言えるのかもしれない。

　先のキーワード一覧に含まれていた「批判的思考」「公共性・社会性・市民

性」「ELSI」などの項目は、学生たちが教室で直接意見を交換し、対話を重ねることで初めて養われるものである。つまりこれらは「教えるべき内容」と言うよりも「培うべき資質」なのであって、「何を教えるか」よりも「どう教えるか」（あるいは教師が一方的に学生を教えるという図式そのものを問い直すという意味では、むしろ「どう教え・・・・ないか」）に関わる項目であると言える。実際、多くの大学は何らかの形で討論型の授業をカリキュラムに組み込み、これらの資質の涵養に取り組んでいる。こうした流れを見ても、双方向的なアクティブ・ラーニングが「21世紀型リベラルアーツ」の主要なツールであることは異論の余地のないところであろう。

　ただし、これが万能薬ではないことにも注意しておく必要がある。この授業方法は定義上、基本的に「アクティブ」であることを良しとする思想に基づいているので、積極的に発言すること、主体的に活動することのみが高く評価され、人前で発言することの苦手な学生や自分から行動を起こすことのできない学生は、おのずと否定的に評価されてしまう結果になるからである。

　今回のキーワードの中には「行為主体性」という項目があり、大学も企業等もこれをかなり重視していることがうかがえるし、2007年に改正された学校教育法が提示している「学力の3要素」でも、「基礎的な知識・技能」「思考力・判断力・表現力等の能力」と並んで「主体的に学習に取り組む態度」が挙げられている[12]。この方向性自体の妥当性を否定するつもりはないが、それが自明の前提とされるあまり、必ずしも主体的になれない（あるいは何らかの理由で主体的に振舞うことができない）学生に劣等感を抱かせたり集団から排除したりすることのないよう配慮することも、やはり教育の重要な使命であることを忘れてはならないと思う。

2.3 語学教育と異文化理解

　ここで、英語教育をめぐる問題についてもひとこと述べておく。

　企業等のインタビュー調査で興味深かったのは、「リベラルアーツという

12　学校教育法（平成19年6月改正）第30条2項。

のは、歴史やシェイクスピアなどの古典文学、または、それらの教科自体を指すのではない」(日本経済団体連合)、「教養というと、どうしてもシェイクスピアとか哲学と言う話に偏ってしまう傾向がある」(三菱みらい育成財団)というように、2 つの団体から期せずしてシェイクスピアという同じ固有名詞が出てきたことである [13]。大学で教育を受けたある年齢以上の人間にとって、この作家がいわゆる教養教育の代名詞として象徴的な意味を担っており、個人的記憶の中に強烈に刷り込まれていることがうかがえる。

　確かに大綱化以前の大学において、旧制高校的教養教育の伝統が長年保持されてきたことは事実である。けれども大綱化以後、あるいは少なくとも21 世紀に入ってからは、事の良し悪しは別として、シェイクスピアに代表されるような古典文学の原典をひたすら訳読するといった授業はほとんど影をひそめたのではあるまいか。どの大学も、より実践的な英語教育に舵を切っており、それぞれに独自の教材や方法を開発して「使える英語」の教育に注力しているというのが実情であろう。

　つまり「どう教えるか」という観点からすれば、すでに 20 年前、あるいは30 年前から、英語教育に関してもアクティブ・ラーニングへの切り替えが着々と進んでいるのであって、いまだに大学の教室でシェイクスピアの訳読授業が行われているというイメージが抱かれているとすれば、それは実態から遊離した、いささか時代錯誤的な思い込みにすぎないように思われる。

　もっとも、教養英語から実用英語へという、日本の教育制度全体に浸透しつつある転換が無条件に肯定されるべきかどうかということは、やはり慎重に考えてみなければなるまい。英語教育に関しては、昔から教養主義と実用主義の対立が決まって話題になるが、両者は本来切り離すことのできないものであり、安易に「教養か実用か」という二者択一的な発想に走ることは不毛であるし、危険でもある。そもそも英語は英語であって、「教養英語」と「実用英語」の 2 種類が存在するわけではない。それは「教養日本語」と「実用日

13　「報告書」205 頁、210 頁。

本語」といった区別が無意味であるのと同じことである[14]。

　もちろん、現代社会における英語の重要性は否定すべくもないし、実践的な英語力が「21世紀型リベラルアーツ」の主たる構成要素であることも疑いを容れない。しかし大学における語学教育が実用英語一辺倒になってしまうことは、日本の将来にとってもけっして望ましいことではないということを、ここであらためて強調しておきたいと思う。

　「異文化理解」というキーワードが大学ではデータサイエンスに次いで重視され、企業等でも相応に評価されているというアンケート結果が得られたことは、この点で注目に値する[15]。これは単なる実用的な英会話力の向上にとどまらず、母語と異なる言語に触れることで思考を鍛え、世界の多様性に目を開かせるという語学教育本来の意義が、大学でも企業等でも広く共有されていることの表れであると思われるからだ。

　世界には私たちが想像する以上に多くの言語があり、さまざまな文化がある。当たり前のことだが、「異文化」イコール「英語圏文化」ではない。今回の調査からは、企業側が英語以外の外国語をほとんど重視していないという結果を読み取ることができるが、大学教育の目的は必ずしも将来の企業人を育成することだけではなく、より多様な場で活躍できる人材の養成にあるはずなのだから、各大学はできるだけ多くの言語を学べる機会を提供し、総合的な外国語教育に取り組むことがやはり必須なのではなかろうか。

3.　いつ教えるか

3.1 後期教養教育の理念

　3番目の論点は、「いつ教えるか」という問題である。

　もともと教養教育は専門教育の前段階として幅広い知識を授けるものという位置づけがなされていたため、多くの大学では学部1・2年生の間にこれを済ませ、3・4年生では専門教育に特化するというカリキュラム構成が主

14　2022年度から高校の学習指導要領に導入された「文学国語」と「論理国語」の区別も、本質的には同じ発想に基づくナンセンスな分類と言うほかない。

15　「報告書」20頁、53頁。

流であった。1991 年の大学設置基準大綱化によって教養科目と専門科目の枠が外れた後は、そうした慣習を墨守する必要はなくなったはずなのだが、それでも多くの大学でこの構造は基本的に維持されてきたように思われる。

しかしながらここ数年、教養教育は専門教育の準備段階ではなく、むしろこれと相互補完的に一体をなすものであるという認識が広まり、3・4 年生になってからも同時並行的に教養教育を実施する大学が増えてきた。いわゆる「後期教養教育」（あるいは「高度教養教育」）と呼ばれるものがそれである。

確かに AI のような先端科学技術が進めば進むほど、社会との関わりを視野に入れた倫理的側面の重要性は増大していくであろうから、学生たちの「公共性・社会性・市民性」を涵養するためにも、彼らに自己相対化のきっかけを与える後期教養教育の意義は今後ますます大きくなっていくと考えられる。その理念を示した一例として、東京大学が 2013 年に公表した「後期教養教育立ち上げ趣意書」という文書の一節を引いておく。

　　教養教育は 2 年間で終わるものではなく、専門課程にすすんだあとも続くべきものと考えられる。むしろある程度の専門教育を受けたあとでこそ、はじめて意味をもつ教養教育もある。自分の専門が今の社会でどのような位置づけにあり、どういう意味があり、ほかの分野とどう連携できるかを考えることなどである。自分とは異なる分野を専門とし、異なる価値観をもつ他者と出会うことによって、自らを相対化する力を養う。そのためには、古典を読む、別分野の最先端の研究に触れる、詩にふれる、比較をしてみる、などさまざまな形がありえるだろう[16]。

ここに示された考えに従えば、「いつ教えるか」という問いにたいしては「入学してから卒業するまで」、すなわち「学士課程の在学期間を通してずっと」という答えが自然に出てくることになる。もちろん、この問題は「何を教え

---

[16]　「後期教養教育立ち上げ趣意書」後期教養教育科目について：東京大学 (https://www.u-tokyo.ac.jp/jp/index.html)

るか」、あるいは「どう教えるか」という問いと切り離して考えることはできないので、実際のカリキュラムにどういう形で組み入れるかは大学の特色や方針によって異なってこようが、具体的な実施形態はともかく、後期教養教育が21世紀型リベラルアーツの中心的な要素となるであろうことはまちがいない。その意味で、この文章の趣旨はおそらく多くの他大学にも共有されうるのではなかろうか。

3.2 大学院レベルでの教養教育

　以上の理念を徹底するならば、大学院に進んだ学生にも（というより、そうした学生にこそ）教養教育をおこなうことが効果的である、という結論に達するのは必然であろう。専門分野を掘り下げれば掘り下げるほど、学生たちはどうしても視野が狭くなり、目先の勉強や研究に没頭しがちだからである。
　こうした認識の上に立って、東京大学は大学院レベルでの後期教養教育についても「立ち上げ趣意書」を公表している。

　　大学院レベルでは高度な専門性が要求されるだけに、なおのことその専門性を相対化し、自由な人格として他分野の専門家や市民に接する必要性も増大する。したがって、卓越した専門性をそなえると同時に、多様な視点から自らの位置づけや役割を相対化することができ、謙虚でありながらも毅然として誇りに満ちた人間を育成することが、高度リベラルアーツ教育の役割である。より具体的には、自分の専門が今の社会でどのような位置づけにあり、どういう意味があり、ほかの分野とどう連携できるかを考えることなどである[17]。

　ここでは学部段階の後期教養教育と区別するために「高度リベラルアーツ教育」というタームが用いられているが、他分野との関係において自らの専門分野を相対化するという発想は基本的に同じである。そして、実際にそう

17　「後期教養教育（大学院レベル）立ち上げ趣意書」(https://www.u-tokyo.ac.jp/content/400112235.pdf)

した試みを採り入れている大学院も少なくない。たとえば、大学基準協会の調査でインタビュー対象となった立教大学では、大学院の人工知能科学研究科・人工知能科学専攻で「AI にかかわる ELSI を重点分野と捉え、人工知能の倫理を専門とする教員を配置し、博士課程前期課程では AI － ELSI を学ぶ科目を必修」にしているという[18]。

　このように、「いつ教えるか」、すなわち教養教育をどのタイミングでおこなうべきかという問いに対しては、全般的に時期を後ろ倒しにシフトする傾向が見られる。そこで前に掲げた 13 のキーワード（表 1-2-1 参照）をあらためて眺めてみると、その多くが学部 4 年間を通して、さらには大学院でも継続的に培われるべき要素であることがわかる。すでに何度か言及してきた「公共性・社会性・市民性」や「ELSI」などは成熟した市民としての基本姿勢を醸成する理念であるし、これまで触れてこなかった「システム思考」「デザイン思考」「起業家精神」なども、1・2 年生の段階で簡単に身につけることができるものではなく、それぞれの専門分野を深めていく中でじっくり時間をかけて涵養されるべき資質であろう。

　となると、こうした学びは大学や大学院だけでなく、社会に出てからもさらに継続されることが望ましいということになる。リベラルアーツとはその意味で「生涯教育」の重要な一形式なのであり、大学はそのような機会を求める社会人の要請にたいしても、広く門戸を開いていかなければならない。

4.　誰が教えるか

4.1 教材としての教員

　ここまで「何を教えるか」「どう教えるか」「いつ教えるか」という 3 つの問いに即して教養教育の現状と今後のあるべき姿について述べてきたが、これらの問いは最終的に 4 つ目の問い、すなわち「誰が教えるか」という問題と切り離すことができない。

　データサイエンスや SDGs などの具体的なコンテンツに関しては、基本的

18　「報告書」196 頁。

に一定の客観的知識が必要なので、その道に詳しい専門家が教えるべきであるし、その任にふさわしい人材も少なからずいるであろう。しかし「ELSI」とか「公共性・社会性・市民性」などはあくまでも人間の倫理的側面に関わる問題であるから、それ自体が「教える」ことのできる固有のディシプリンではない。

　リベラルアーツについても同様である。これはあくまでも抽象的な教育理念であり、一定の体系をそなえた学問分野ではないので、「リベラルアーツの専門家」なるものは定義からして存在しない。だから各教員はそれぞれの専門性を踏まえつつ、自らの知識と経験を活用して体当たり的に授業に臨むしかないことになる。いわば、教員の存在そのものが教材になるということである。だから教師は学生と同じ平面に降り立って、彼らと対話しながら議論を深めていくことが求められる。

　もちろん教員にもそれぞれの適性や得手不得手があるので、議論をコーディネートするのが得意な者もいれば、討論型の授業はとても担当できないという者もいるであろう。だからすべての教員が同じ手法で授業をおこなう必要はないが、たとえ講義科目であっても、それが単なる一方通行的な知識の伝達にならないようにする工夫はいくらでもできるはずである。そうした努力がなされなければ、教養教育はいつまでも単なる「概論」の寄せ集めにとどまり、20世紀型の「パンキョー」と何ら択ぶところがなくなってしまうであろう。ゆえに「21世紀型リベラルアーツ」の構築にあたって克服すべき最も喫緊の課題は、教える側の意識改革であると言っても過言ではない。

4.2　批判的思考の鍛錬

　先にも述べたように、現在はほとんどあらゆる情報がインターネット経由で入手できるようになった。スマートフォンで検索しさえすれば、たいていの知識は簡単に獲得することができるし、学生たちにとってもそれが当たり前の習慣になっている。となると、これからの大学教育に求められるのは、すでに確立されている学問体系を一方的に教授することではなく、むしろこれを疑ってみること、世に通用しているさまざまな通念や既成概念を一度白

紙に戻し、自明とされていることをゼロから考え直してみる「批判的思考」(クリティカル・シンキング) を鍛えることであるだろう。

　たとえば、先に教養教育の新しいコンテンツとして言及したデータサイエンスは、確かに 21 世紀の教養として必須のスキルであることは否定できないとしても、果たしてどんな課題に対しても適切な答えを導くことのできる打ち出の小槌なのであろうか。また、意識的にせよ無意識的にせよ、それが「サイエンス」という名のもとに、サイエンスではない (とされる) ものを排除したり抑圧したりする手段として利用されてしまうリスクはないのだろうか。

　もうひとつの主要なコンテンツである SDGs についていえば、これは今や人類共通の課題を列挙した普遍的理念として無条件に公認されている感があるが、一見すると至極正当に思える 17 の目標は、本当にどれも異論の余地のないものなのだろうか。あるいは個々の目標は正当であっても、その細かい中身まで立ち入ってみると、それらのあいだに何か目に見えない齟齬や微妙な矛盾が含まれてはいないであろうか。

　同じことは、アンケート調査で提示した 13 のキーワードすべてについて該当するであろうし、政府筋や企業等でしばしば耳にする「Society 5.0」のような概念についても言えるであろう。私たちはともするとこれらの言葉を、すでにその意味や価値が広く共有されていることを前提としてつい口にしてしまいがちであるが、誰も疑問を持たず、誰も異論を唱えないような言葉や概念こそ、じつは最も危険なものであることを忘れてはならない。

4.3 疑問の芽を育てること

　あたかも自明の真理であるかのように流通している言葉のひとつひとつにこだわって、その正当性を根本から疑い、問い直してみること、それこそがまさに批判的思考の本質であり、教養教育の目指すべきところである。というより、専門教育も含めた教育全般の主たる役割のひとつはここにあると言ってもいい。というのも、およそあらゆる学問は、自然現象であれ社会現象であれ、また人間固有の現象であれ、何かを「不思議だ」「おかしい」と思い、疑問を抱くことから発展してきたからである。

　こうした素朴な問いを躊躇なく発することのできる健全な批判精神を鍛えるためには、教える側が特定のイデオロギーや自分の個人的信条を普遍的な真理や正義として押しつけるのではなく、それも数ある意見や立場のひとつにすぎないことを十分に自覚しつつ、学生たちの素朴な疑問に耳を傾け、これを多様な角度から検討し、深く掘り下げるための助言・仲介役を果たすことが求められる。

　19世紀イギリスの政治哲学者であるジョン・スチュアート・ミルは、1867年、セント・アンドルーズ大学の名誉学長就任講演の中で、宗教が大学やパブリック・スクールで教えられるべきか否かという論争に触れ、次のように述べている。

　　私には、この論争のどちらの側に立つ人々も、教育とは教師が真であると思うことを権威に基づいて独断的に植えつけることであるという古い教育観から精神がまだ十分に解放されていないように思います[19]。

　150年以上も前の言葉であるが、これは現代の大学教育についてもあてはまる示唆に富んだ発言であろう。じつのところ、学生は未熟であり無知なのだから、彼らに正しいことを教えてやるのが教育の役割であって、自由に意見を言わせたり討論させたりすることなど無意味であると主張する教員は、筆者の周辺にも今なお少なからず存在する。しかし「古い教育観から精神がまだ十分に解放されていない」こうした頑迷な権威主義的姿勢こそが、学生たちのあいだに無気力な順応主義を蔓延させ、ひいては政治問題や社会情勢に対する若年層の無関心を多かれ少なかれ助長してきたのではあるまいか。いやしくも教育に携わる者であるならば、すべからくこの事実を直視し、わが身を謙虚に振り返ってみるべきであろう。

　「21世紀型リベラルアーツ」においては何よりもまず学生の疑問の芽を摘まないこと、むしろ彼らの想像力—創造力を刺激してこの芽を大きく育てる

19　J.S. ミル『大学教育について』、竹内一誠訳、岩波文庫、2011年、110頁。

ための触媒となることが、最も重要な教員側の使命であると私は考える。

おわりに――新しいVUCA

「21世紀型リベラルアーツ教育の現状と展望」と題しながら、本章では「リベラルアーツ」という言葉に必ずしも明確な定義を与えないまま、文脈に応じてさまざまなニュアンスで用いてきた。その点ではもしかすると、タイトルを裏切る結果になったかもしれない。しかしそもそもこの概念がもつ意味は大学の数だけ（と言うより、人の数だけ）あるはずだし、あっていいし、さらに言えば、なければならないものである。したがって、当然ながら本章は、単一の定義を標準ないし規範として提示する意図を有するものではまったくない。むしろ各大学が、また各個人が、自分なりの「21世紀型リベラルアーツ」を構築していくための参考にしていただければ、それで十分である。

　最後に、「はじめに」で触れたVUCAに話を戻して、「新しいVUCA」というコンセプトを提起しておきたい。

　冒頭でも述べた通り、VUCAという概念は変動性とか不確実性とか、あるいは複雑性とか曖昧性とか、いずれも人を不安に陥れるような、どちらかといえばネガティブなニュアンスの言葉で構成されていた。そこで私はこれらをポジティブなニュアンスの単語に置き換えて、21世紀に求められる人間像の標語として提示したいと思う。それは以下の通りである。

表1-2-2　筆者の考える「新しいVUCA」

V ＝ Vitality（不確実で不安な時代を生き抜く生命力） U ＝ Universality（全体像を俯瞰してあらゆる事態に適応できる総合力） C ＝ Citizenship（多様性を尊重しつつ他者と共生できる市民性） A ＝ Activity（知識や経験を活かして社会に働きかける能動性）

　これらの要素はいわば、これからの時代を生きるための、人間としての基本的なリテラシーであると言ってもいい。21世紀型リベラルアーツ教育が目指すべきは、この「新しいVUCA」に集約される人間リテラシーの涵養で

あるということをとりあえずの結論として、本章を閉じることにする。

参考文献 (本文での言及順)

石井洋二郎 (編)『21 世紀のリベラルアーツ』、水声社、2020 年

大学設置基準 (改正前)、1956 年 10 月 22 日文部省令第 28 号

大学設置基準 (改正後)、1991 年 7 月 1 日施行

丸山眞男『日本の思想』、岩波新書、1961 年

石井洋二郎 (2023)．「『21 世紀リベラルアーツ教育』の構築に向けて」『学士課程教育における現代社会で求められている課題に対応する能力育成に関する調査研究報告書』大学基準協会、大学評価研究所、pp. 67-76.（https://www.juaa.or.jp/research/document/）

中央教育審議会「新たな未来を築くための大学教育の質的転換に向けて～生涯学び続け、主体的に考える力を育成する大学へ～（答申）」、2018 年 8 月 28 日

学校教育法 (2007 年 6 月改正)

東京大学「後期教養教育立ち上げ趣意書」、2014 年 3 月策定

東京大学「後期教養教育 (大学院レベル) 立ち上げ趣意書」、2018 年 12 月策定

J.S. ミル『大学教育について』、竹内一誠訳、岩波文庫、2011 年

第3章　一般教育の意義と大学に求められる教育

田代　守

はじめに

「学術の中心として、広く知識を授けるとともに、深く専門の学芸を教授研究し、知的、道徳的及び応用的能力を展開させること」

これは、学校教育法がその第83条第1項に定める大学の目的である。同法は1947年に制定されて以降現在に至るまで、この目的をいささかも変更していない。しかしながら、この70有余年の間に大学の数は12倍以上に増え、そこに学ぶ学生数も20倍以上に増えている[1]。マーチン・トロウが掲示するユニバーサル段階を迎えた大学像を意識するまでもなく、終戦直後と現在とでは、当然のことながら大学の社会的位置づけは変容し、そこで学ぶ学生や卒業生も変化してきている。そのような大学や学生・卒業生の変化を踏まえれば、大学に求められる教育内容が変容するのも当然である。大学は、その目的自体は変えぬまま、時代の変遷に合わせて、そこで実施される教育内容を変化させてきたのである。

本章は、大学の普遍的な目的やそれに対応する教育のあり方、とりわけ大学基準協会（以下、「本協会」という。）が創設以来重視してきた「一般教育」の意義について、『大學に於ける一般教育』をはじめとする本協会の各種資料を参照しつつ確認したうえで、筆者が大学に期待することを提示した、いわば随想的な論述である。その中では本協会が策定する「『大学基準』及びその解

---

[1] 文部科学省「明治6年以降教育累年統計」では1948年に64大学、学生数128,013人だったのが、2023年度「学校基本調査」では810大学、学生数2,945,599人に増加している（1948年のデータは旧制大学のもの）。

説」の特性についても触れている。執筆にあたっては可能な限り論拠を示すよう努めてはいるものの、基本的には筆者の個人的な所感に基づく記述であることをあらかじめご承知おき願いたい。

1.　平成期以降における大学の変容

　わが国の大学教育が実際に大きく変容した契機のひとつとして、1991 年の大学設置基準大綱化が上げられるが、それ以降も、文部省 (後に文部科学省) の大学審議会や中央教育審議会、あるいは内閣が直々に設置した各種会議 (教育再生会議、教育再生実行会議、教育未来創造会議等) が矢継ぎ早に繰り出す諸提言により、この 30 年間、わが国の大学は常に改革の嵐に晒されてきた。その中でもとりわけ平成の中盤以降、設置基準準則化 (2003 年) の影響を受けてか、あるいは予想以上に急激な進行を見せる少子化の影響を受けてか、多くの大学がますます改革に邁進するようになってきたように感じられる。学部数をとってみても、少子化の進展下にありながら 2002 年に 1,926 学部だったのが 2022 年 には 2,676 学部へと、この 20 年で急増している。単純に学部数の増加をもって大学改革の活性化を断言するわけにはいかないが、それだけ新しいプログラムが誕生したことは事実であり、新しい教育が模索されている一つの証左であるともいえる。この間、新たに増設された分野としては、学科レベルでみると看護・リハビリテーション・医療技術などの保健・医療系の領域に関連するものが目につくようである (鹿島、2022 年)。時代のトレンドを汲み取ろうという、生き残りをかけた大学の意識がうかがえる。

　このように近年の大学においては、主として実学分野での拡大が注目されるところであるが、それに加えて、多くの大学で VUCA と称される不確実な現代社会に対応しようとする姿勢が認められる。現代社会を生き抜くためには、それが抱える「Volatility (変動性)」「Uncertainty (不確実性)」「Complexity (複雑性)」「Ambiguity (曖昧性)」にしなやかに対応できる能力・態度等を身に付けなければならない。そうした問題意識のもと、各大学においてもそれらに対応できる人材育成に力を入れてきているのである。その実相の一端は、本協会の大学評価研究所が行った「学士課程教育における現代社会で求められ

ている課題に対応する能力育成に関する調査研究」（以下、「学士課程研究」という。）によってもうかがうことができる。

2.　21 世紀型リベラルアーツ教育の進展

　「学士課程研究」では、近年、高等教育において、「21 世紀において持続可能な社会の実現を目指す人類共通の諸課題への積極的な取り組みを展開する上で、重要な役割を果たすと思われる能力や資質の向上を目指した教育への関心が高まっている」旨を提起している。「学士課程研究」は、これらの教育を「21 世紀型リベラルアーツ教育」と定義した上で、2022 年に実施したアンケートにおいて、そのことに関連するキーワードとして「データサイエンス」「STEAM」「文理融合」「DX」など 13 項目を選抜し、各大学がそれらキーワードをどれくらい重視しているかを尋ねている。

　それによると、「とても重要」とした回答が多かったキーワードとして、「データサイエンス」（246 件、65.8％）、「異文化理解」（210 件、56.1％）、「SDGs」（185 件、49.5％）、「批判的思考」（164 件、43.9％）、「DX」（160 件、42.8％）、「公共性・社会性・市民性」（154 件、41.2％）を列記している。加えて同研究は、これらのキーワードに関連する授業科目の開設（予定も含む）状況を確認している。それによると、「データサイエンス」（323 件、86.4％）、「異文化理解」（330 件、88.2％）、「SDGs」（277 件、74.1％）、「批判的思考」（255 件、68.2％）、「公共性・社会性・市民性」（262 件、70.1％）など、実際に多くの大学がこれらキーワードに関連する授業科目を開設している状況が明らかになっている。これらの傾向は、例えばデータサイエンスについては、2017 年に滋賀大学がデータサイエンス学部を開設したのを皮切りに、関連する学部・学科の設置が相次いでいることなどからも、関係者の実感に照らして違和感はないものと推察する。

　「学士課程研究」では、これらのことをはじめとして、多くの大学が、いわゆる「21 世紀型リベラルアーツ教育」に積極的に対応する様子を紹介している（詳細は本書の他論考を参照のこと）。

3. 21世紀型リベラルアーツ教育の取り組み体制

　前項において、現在の大学が、社会的な要請に応じて、いわゆる「21世紀型リベラルアーツ教育」に注力していることを紹介した。このことは即ち、「学術の中心として、広く知識を授けるとともに、深く専門の学芸を教授研究し、知的、道徳的及び応用的能力を展開させる」という普遍的な目的を与えられながらも、大学がその時々の社会状況に照らして教育内容をアレンジしていることを説明するものである。それでは各大学は、「21世紀型リベラルアーツ教育」に対応するために具体的にどのような取り組みを行っているのだろうか。「学士課程研究」では、「学生に21世紀型リベラルアーツ教育を提供するために実施している具体的な取り組みがあれば、その有無を教えてください。」との問いを設定し、そのことを問うている。

　複数選択を可能とする選択肢のうち、「専門教育カリキュラムの見直し」(43.0%)、「教育課程の編成・実施方針(CP)の見直し」(39.6%)らを抑えて、圧倒的に多くの大学が選択したのが、「共通教育・教養教育カリキュラムの見直し」である(72.7%)。即ち、「21世紀型リベラルアーツ教育」の実施に取り組む大学の約3/4が、共通教育・教養教育カリキュラムを見直すことで対応していることが明らかになったのである。

4. 大学改革での一般教育の扱い

　このように、現代的な課題への対応という重要な役回りが、いわゆる一般教育を祖に持つ共通教育・教養教育において担われているということは、興味深いものがある。なぜなら一般教育は、1991年の大学設置基準大綱化を契機に、大学教育において縮小を余儀なくされる方向にあったものであるからである。

　本協会が1993〜96年に実施した「大学改革の実施状況に関する調査研究」では、大綱化を契機とした大学改革の実態を把握するために、当時の全大学・学部を対象としたアンケート調査を行っている(回答497大学(全553大学の89.9%)、1,289学部(全1,443学部の89.3%))。1994年9月から10月にかけて

行われた同調査によると、「一般教養的教育の卒業要件単位数」を増加させた学部は 2.7％に留まる一方で、これを減少させた学部は 63.9％に上っている。外国語科目の卒業要件単位数についても、4.9％の学部が増加させた一方で 38.5％の学部がこれを減少させている（合計が 100％にならないのは、「学科によって異なる」や「変わらない」などと回答した学部が相当数存在したため）。

5. 創立期大学基準協会の姿勢にみる一般教育の意義・目的

　以上のように一般教育は、大学設置基準の大綱化を契機に、多くの大学で縮小されることになった。しかしながらよく知られるように、大学設置基準大綱化自体は、一般教育の理念を軽視したものでは全くなかった。人文、社会、自然に分けられた一般教育等と専門教育とで形成される硬直的な枠組み等が、自律的であるべき大学教育の可能性を妨げているのではないか、という問題意識があったが故の大綱化であり、「学生に学問を通じ、広い知識を身に付けさせるとともに、ものを見る目や自主的・総合的に考える力を養う」という一般教育の目的については、当時の大学審議会も、その実現を強く求めているものであった。「広い知識を身に付けさせる」「ものを見る目や自主的・総合的に考える力を養う」という表現は、大学審議会「大学教育の改善について（答申）」の文中にあるものだが、そもそも一般教育の目的とは何なのか。一度は縮小したものの、現在も重要な役割を果し続ける一般教育は、なぜ、新制大学の創設にあたり取り入れられることになったのか。本節ではこのことについて確認してみたい。

5.1 大学基準における一般教育の扱い

　1947 年 7 月 8 日、本協会の設立に先立ち成立した「大学基準」は、大学に対し、授業科目を以下に示す数で用意するよう、定めている。

　　大学は左に掲げる一般教養科目中各系列に亘つて夫々三科目以上、全体として文科系の大学又は学部では十五科目、理科系の大学又は学部では十二科目の授業を必ず用意しなければならない。

> 　人文科学関係　哲学（倫理学を含む）、心理学、教育学、歴史学、人文
> 　　　　　　　　地理学、文学、外国語
> 　社会科学関係　法学、政治学、経済学、社会学、統計学、家政学
> 　自然科学関係　数学、物理学、化学、地学、生物学、人類学、天文学
> 　必要の場合には前掲以外の科目を一般教養科目に加えることができる。

　その上で同基準は、学士号を付与する際の条件として120単位の修得を設定するとともに、文科系の学生は「一般教養科目中外国語一科目を含め」「三つの系列に亘って夫々二科目以上合計十科目以上、専門科目については十五科目以上を履修し、一般教養科目については四十単位以上、専門科目については八十単位以上を取得しなければならない」。理科系の学生は「一般教養科目中外国語一科目を含め」「三つの系列に亘って夫々二科目以上合計九科目以上を履修し、一般教養科目については三十六単位以上、専門科目については八十四単位以上を取得しなければならない」と定めている（同基準は、1950年7月の改定時まで「一般教育科目」ではなく「一般教養科目」を使用している）。

　以後、1948年2月には体育科目を講義・実技それぞれ2単位以上ずつ課すこと（これにより卒業所用総単位数が124単位となった）、1950年7月には、それまで文科系大学（学部）・理科系大学（学部）とで分けていた一般教育の必須開設科目数を全大学各系3科目以上、合計15科目以上に統一するとともに、同じく文科系学生・理科系学生とで分けていた必要履修一般教育科目数・単位数を、各系3科目12単位以上合計36単位以上に統一する等、数次の改定が行われたが、基本的には1947年の大学基準成立をもって、30有余年継続するカリキュラムの固定化が始まった。以後、一般教育は大学教育の欠くことのできぬ要素として、一律的な開設を各大学に要請され続けることになるのである。

　ちなみに、1956年の大学設置基準制定により、本協会の大学基準は、大学設置のための基準の役目を大学設置基準に譲ることになるが、同設置基準では、一般教育科目全体の必要開設科目数を15科目から12科目へと減じている。大学基準と大学設置基準とでは、一般教育の扱いに差が生じることに

なったのである。

5.2 一般教育の意義・目的——『大學に於ける一般教育』が訴えるもの

　新制大学のあるべき姿を規定する大学基準において、なぜ一般教育がこれほど重視されたのかについては緒論あるところであるが、以下では、大学基準を設定した本協会自身の考えを省察したい。

　本協会が1951年に刊行した『大學に於ける一般教育』では、その冒頭で一般教育のことを「新制大學の根本性格を基礎付ける」ものと規定した上で、その重要性を縷々説明している。同書は、まず戦前の旧制大学を「在來の大學」と称し、その性質を以下のように説明している。

　「在來の大學は、専門學術の研究と教授に重點を置き、最初から専門領域に分化して、いわば狭く深く進まんことにのみ主力を注ぎ、個人の自由と尊厳に根差す豊かな教養と生きた知性を身につけ、自主独立の識見ある人物の養成には餘り意を用いなかった。つまり在來の大學は、教育の面ではもっぱら専門教育乃至は職業教育を重視して、いわゆる一般教育の部面を閑却したのである。」

　つまり従来の大学（旧制大学）は、狭窄した専門性に特化するあまり、豊かな教養と生きた知性を身に付けるための一般教育を軽視していたと断じている。なぜそのようなことになったかというと、「従來の日本にあっては先進國の歐米文化に追従するのに急であって、特殊な専門知識や技能を有するものが社會に重寶がられるとともに、優れた専門知識を有する人は人間そのものまで秀でているかの様に自他ともに錯覺を起し、そのために、特に人間の完成という問題を深く掘り下げて考えるということを忘れてしまった」ためであると分析している。

　その上で、「かような機構の下で育成された人物は、特定の職業人としては有能であるかも知れないが、眞に教養に富み識見のある人物とは云えない。」と、旧制大学下で育成された人物への懸念を指摘しつつ、敗戦後の日本において必要な人材を以下のように提起した。

　「現在の我國は、敗戦を轉機として在來の不合理な傳統や因習を一切かな

ぐり捨てて、自由な民主社會を打ち建て、平和な文化日本を再建せねばならないものとすれば、かくの如く偏った人物では十分な指導的役割を果すことができるものではない。國家社會のあらゆる機構が變革され、價値は顚倒し、新たな見地から一切を判断評價し直さなければならぬ社會に於ては、専門家であると同時に、各方面の理解があり、いろいろな事柄について正しい判断と評價をなし得る自主的人物を必要とする。否、豊かな教養と知性とを備えているに止まらず、更に自由なる民主社會の建設に挺身協力する勇氣と實踐的能力を把持していなければならない。」「我々の理想たる眞に平和な自由社會の實現のためにはかくの如き人物は常に缺くべからざるものであって、かかる人物の養成こそまさに在るべき四年制大學の教育目標でなければならない。」

　つまり同書は、真に平和な自由社会を実現するために、いわゆる「専門馬鹿」ではなく、「いろいろな事柄について正しい判断と評價をなし得る自主的人物」「豊かな教養と知性とを備えているに止まらず、更に自由なる民主社會の建設に挺身協力する勇氣と實踐的能力を把持してい」る人物を養成することが新制4年制大学の教育目標であると宣言しているのである。

　ここで実現を目指す「平和な自由社会」とは、とりもなおさず戦前の軍国主義的な社会へのアンチテーゼのもとにあるものである。別の箇所で「人生の如何なる問題に直面しても常にその場合場合に應じて調和適合した正しい認識判断を為し得て民主社會に積極的に貢献し得る人間～（中略）～を養成することが一般教育の目的であり使命である」「要するに新制大學に於ける一般教育の根本目的は、正しき思考をなす良き市民の養成ということに歸着する」とあるように、新制大学が一般教育を必要不可欠なものと位置づけたのは、正しい認識判断、正しい思考をなす——ひいては、わが国及び世界の平和に貢献できる自立的な教養人を養成するためであったのである。新制大学教育を基礎づける一般教育に、世界平和に貢献できる人材養成を託したという事実は、70有余年後の現在においても重要な意味を持つものと考える。

5.3 大学基準協会の活動にみる一般教育の扱い

　以上のように、『大學に於ける一般教育』では、一般教育の必要性・重要性について言葉を尽くして訴えた。もとより同書に先立ち「大学基準」において、一般教育科目の開設、実施を厳密に規定したのは前述のとおりである。また、1951 年より開始された、正会員資格の適格性を判定する「会員資格審査」においても、本協会は大学基準に基づいて、申請大学が一般教育の要件を充足しているかどうかについて、厳格な審査を行った。当時の具体的な審査内容を詳細にはうかがい知ることはできなかったが、「昭和 26 年度会員資格審査概況報告」によると、第 1 回目の会員資格審査では、そのプロセスのなかに法学、文学経商、理学、工学、農学、医薬学の専門委員会に加え、一般教育の専門委員会での審査作業を含めるなど、一般教育の適切性確認に配慮した手続きによって行われたことが理解できる。以降、同審査においては、1996 年度の大学評価開始により終了を迎えるまで、申請学部に応じた分野に関わる専門分科会に加え、必ず一般教育の専門分科会を設置して審査作業に当たることになる。本協会にとって、一般教育は大学教育のなかでも特別な意味のある存在だったことが推測できる。

6.　現在の大学基準に表象される一般教育

　その後、1991 年の大学設置基準大綱化をもって、一般教育科目の開設・履修義務は消除されることになったが、現在本協会が適用する大学基準において、同教育はどのように扱われているのだろうか。本協会が 2023 年 9 月に改定した「『大学基準』及びその解説」（認証評価 4 期目の大学評価で適用される評価基準）冒頭に以下の文章がある。

　「大学は、学問の自由を尊重し、高度の教育及び学術研究の中心機関として、豊かな人間性を備えた有為な人材の育成、新たな知識と技術の創造及び活用、学術文化の継承と発展等を通して、学問の進歩と社会の発展に貢献するという使命を担っている。大学は、この使命を自覚し、大学として適切な水準を維持すると同時に、自ら掲げる理念・目的の実現に向けて組織及び活動を不断に検証し、その充実・向上に取り組むことが必要である。」（「大学基準」「趣

旨」)」

　また、「大学基準の解説」の「趣旨」でも、「大学は、高度の教育及び学術研究の中心機関として、豊かな人間性の涵養に留意しつつ真理の探究と人材育成に努め、不断に大学と社会の活動全般を検証し、大学としてふさわしい教育研究水準の維持・向上と、社会の発展に資する責務を負っている。」と、大学の責務を謳う文章がある。

　「『大学基準』及びその解説」は全編を通じて、大学を大所高所から論じる「大学とはかくあるべし」という論調が強い傾向にあるが、とりわけ大学のあり方と大学基準の意義を説明するこの「趣旨」部分は、大学のあるべき姿を、文圧を強めた表現で提示している。就中「豊かな人間性を備えた有為な人材の育成」「豊かな人間性の涵養に留意しつつ」という箇所は、前述の『大學に於ける一般教育』が強調した「豊かな教養と知性とを備えているに止まらず、更に自由なる民主社會の建設に挺身協力する勇氣と實踐的能力を把持してい」る人物を養成するという、一般教育の目標と同調するものであり、興味深い。

　ただし、これら「豊かな人間性」の育成については、現在の大学設置基準でも、教育課程の編成について定めた第19条第2項に「幅広く深い教養及び総合的な判断力を培い、豊かな人間性を涵養するよう適切に配慮しなければならない」とあるように「一般教育」的な教育は、法令上、大学にとって必要不可欠な要件となっている。本協会が新制大学の中心に据え、重視し続けてきた「一般教育」の理念は、現在の大学にも欠くことのできないものとして引き継がれている。

7. 「『大学基準』及びその解説」の特徴

　さて、少し脇道にそれるが、「『大学基準』及びその解説」の内容に触れたので、以下では同基準の特徴について、若干の説明を行いたい。

7.1「『大学基準』及びその解説」の構造的特徴

　現行の「『大学基準』及びその解説」は、そのタイトル通り、「大学基準」と「大

学基準の解説」とで成り立っている。「大学基準」はさらに大学のあり方及び
基準の意義を記述した「趣旨」と全 10 条からなる「基準」で成り立ち、「大学
基準の解説」は「趣旨」と「基準」10 条に対応してそれぞれの解説を行っている。

図 1-3-1　「『大学基準』及びその解説」構成

　実際の評価基準に該当するのは、「大学基準」の「基準」10 条とそれらを説
明する「基準」ごとの解説部分であり、「趣旨」の記述及び解説は、いわゆる
評価基準とは異なる性格を有している。それはどういうことであろうか。

　前述の「大学は、学問の自由を尊重し、〜（中略）〜使命を担っている。」
との文章は、「大学基準」の「趣旨」に記述されるものである。「『大学基準』及
びその解説」は大学の向上指針であるとともに、大学評価のための基準でも
あるが、現在の大学評価において、「趣旨」に示されるこれら大学の使命に
照らして、申請大学を直接的に評価しているわけではない。すなわち、申
請大学が「高度の教育及び学術研究の中心機関」であるか否か、「豊かな人間
性を備えた有為な人材の育成」を行っているか否か、「新たな知識と技術の
創造及び活用」を行っているかどうか、「学術文化の継承と発展等を通して、
学問の進歩と社会の発展に貢献」しているかどうかを、大学評価で個別対応
式に直接的に評価するわけではない。ここでは、大学にはそれらの重要な使
命が課されているということを自覚した上で、「大学として適切な水準を維
持すると同時に、自ら掲げる理念・目的の実現に向けて組織及び活動を不断
に検証し、その充実・向上に取り組むことが必要である」という、大学に求
められる姿勢を説いているのである。また、それら大学に求められる使命が、
各大学固有の理念・目的と整合していることを確認した上で、以降に示され

る10の基準項目がそれぞれの理念・目的に適合していることを説明・評価し、その結果として、各大学は「趣旨」に提示された大学の使命を全うする必要がある。そのことを示す構造になっているのである。

7.2「『大学基準』及びその解説」の表現的特徴

このように、「趣旨」に示された大学の使命は、直接的な評価基準というわけではないものの、「『大学基準』及びその解説」にとっては必要不可欠な部分である。個人的な見解が多分に含まれるが、以下にその理由について考察する。

「大学基準」の「趣旨」に示される大学の使命は、表現上の変遷はあるものの、「大学評価」開始時の大学基準（1994年改定）から引き継がれているものである。一方で、他の認証評価機関が設定する評価基準においてはあまり明確には認められないものでもある。

本章を執筆する2023年10月の時点で、文部科学省の認証を受ける機関別認証評価機関は、本協会を含めて5機関存在する。それぞれの評価基準は、例えば「学位授与方針が具体的かつ明確であること」（大学改革支援・学位授与機構 大学機関別認証評価大学評価基準（2020年3月改訂）基準6－1）であるとか、「ディプロマ・ポリシーを踏まえた単位認定基準、進級基準、卒業認定基準、修了認定基準などの策定と周知、厳正な適用」（日本高等教育評価機構 大学機関別認証評価 評価基準（2025年4月1日施行）基準4. 教育課程4－1②）などのように、いかにも「評価項目」的な様態をとっていることがほとんどであり、大学の使命であるとか「大学はかくあるべし」という哲学的要素はそれほど強調されていないようである。中には、日本高等教育評価機構の「大学機関別認証評価 評価基準」に提示される「大学は、学術の中心として、広く知識を授けるとともに、深く専門の学芸を教授研究し、知的、道徳的及び応用的能力を展開させることを目的とした機関です。」（基準1. 使命・目的. 本基準の趣旨）との記述のように、大学の使命・目的に類する表現がないわけではない。しかしながらそれは、「使命・目的及び教育研究上の目的の反映」という「基準項目」の内容がどのようなことを意味しているのか、その趣旨を説明するための記

述であり、本協会「『大学基準』及びその解説」趣旨が喧伝するような大学の
使命を謳うものとは少々性格を異にするものである。

　換言すると、本協会以外の評価機関の評価基準は、まさに大学や評価者が
評価を行うための評価項目として平明な体をなしている一方で、本協会の
「『大学基準』及びその解説」は必ずしもそうではない、ということである。「『大
学基準』及びその解説」は「大学はかくあるべし」というある意味観念的な情
報を示す「趣旨」はもちろんのこと、それ以外の記述においても、評価基準
としての使い勝手という観点からみるといささかわかりづらい様式・表現を
採っている。無論、それは基準としてふさわしくないというわけではない。
例えば、「大学基準の解説」の「4 教育・学習について」冒頭に以下の記述がある。

> 　大学は、その理念・目的を実現するため、学生に達成を期待する学
> 習成果を設定するとともに、学生が社会において能力を発揮していけ
> るよう、教育を組織的かつ効果的に構築・展開する必要がある。その
> ため、まず、授与する学位ごとに、修得すべき知識、技能、態度など
> 当該学位にふさわしい学習成果を示した学位授与方針を定め、公表し
> なければならない。

　ここでは、"授与する学位ごとに、当該学位にふさわしい学習成果を示し
た学位授与方針を定め、公表しなければならない"という趣旨のことが記述
されており、それはとりもなおさず、大学の要件を示す基準であるといえる。

　一方で、評価基準であるためには、他の評価機関の基準のように、それを
利用して万人が共通に適否や良し悪し等の判断を下せるような、整理され
た「評価項目」的様態であることが適当であると思われるが、「『大学基準』及
びその解説」の内容や様式にはそういった要素は不足しているように思える。
そのため、本協会はそれらを補うために、大学基準の下に「評価項目」や「評
価の視点」を設定しているのである。「『大学基準』及びその解説」に記される
大学としての要件を、10 の基準ごとに読みくだき、評価のための確認事項
を「評価項目」及び「評価の視点」に整理しているのである。

　例えば、先ほどの「授与する学位ごとに、修得すべき知識、技能、態度など当該学位にふさわしい学習成果を示した学位授与方針を定め、公表しなければならない。」という「大学基準の解説」本文に対しても、以下のような「評価項目」や「評価の視点」を設定することで、大学評価をより円滑に執行できるように配慮しているのである。

評価項目①「達成すべき学習成果を明確にし、教育・学習の基本的
　　　　　　なあり方を示していること。」
〈評価の視点〉
- 学位授与方針において、学生が修得すべき知識、技能、態度等の学習成果を明らかにしているか。また、教育課程の編成・実施方針において、学習成果を達成するために必要な教育課程及び教育・学習の方法を明確にしているか。
- 上記の学習成果は授与する学位にふさわしいか。

　一方で「評価項目」や「評価の視点」だけで評価を進めようとしても、それはそれでその意図を読み取るには不十分である。「『大学基準』及びその解説」のとりわけ「大学基準の解説」部分は、「評価項目」や「評価の視点」を解釈する上での説明文の役割を担っており、その意味では、「『大学基準』及びその解説」と「評価項目」「評価の視点」とが相乗して、評価基準の任を果しているのである。

7.3「『大学基準』及びその解説」が大学の使命を提示する理由

　前項では、本協会の「『大学基準』及びその解説」と他の認証評価機関の評価基準との差異について説明した。なぜこのように、本協会の大学基準と他機関の評価基準との間に相違が生じたかというと、これも筆者の個人的な見解であるが、他の機関は認証評価のために設置（もしくは改編）された組織である一方で、本協会はそうではないからである、と考える。本協会は終戦直後、GHQからの影響を受けつつも、大学関係者が集い、戦前大学の弊を反

省するとともに戦後の新しい大学のあるべき姿を模索する中で成立した大学団体である。その団体が文章化した「大学のあるべき姿」こそ「大学基準」なのであり、2023 年 9 月 26 日に改定された現在の『『大学基準』及びその解説」も、1947 年 7 月 8 日に設定された「『大学基準』及びその解説」を 17 度の改定を繰り返しつつ引き継いできたものである。内容的な変化・変容はあるかもしれないが、両者が纏う本質に根本的な変わりはない。そうであれば、現行の『『大学基準』及びその解説」が「大学の使命」を喧伝し、「大学はかくあるべし」との哲学を主張する形態をとっているのも当然のことである。他の認証評価機関は、「大学の使命」、「大学はかくあるべし」という部分を、学校教育法や大学設置基準等、認証評価制度が典拠とする法令に依拠している。本協会の「『大学基準』及びその解説」ももちろんそれらに依拠しているが、それ以前に、自身が大学のあるべき姿を希求して成立したという由来を有するがゆえに、今のような内容になっているのである。「『大学基準』及びその解説」中の「大学基準の解説」において、「大学基準の各項目は、〜（中略）〜大学のあるべき姿を追求するための留意点を明らかにすることに主眼をおいている。」とあるように、同基準は、大学のあるべき姿を追究するために存在しているのである。

8.　大学の使命・目的と教育内容——変わらぬものと変わらざるをえないもの

　前項まで、本協会の「『大学基準』及びその解説」の特質とともに、そこで大学の使命を掲示する意味について説明した。こうした大学のあるべき姿は、時代により大きく変容しているようにみえる。本章冒頭に記したように、新制大学発足後、社会の変化や進学率の上昇、大学数の増加等々それに伴う学生の変化等の影響により、大学に求められる教育内容も変容してきた経緯が認められる。ここで気をつけなければならないのは、大学のあるべき姿といっても、大学に求められる教育内容と大学の使命・目的とを混同してはならない、ということである。先述したとおり、学校教育法に定められる大学の目的は、70 有余年にわたりまったく変わっていない。「『大学基準』及びその解説」が示す大学の使命も認証評価開始以来、若干の加筆はあるものの大幅な

変更はしていない。一方で、大学に求められる教育の中身は、時代によって変わり続けている。

　そのことは決して矛盾ではない。むしろ、大学に求められる使命・目的（「学術の中心として、高い教養と専門的能力を培うとともに、深く真理を探究して新たな知見を創造し、これらの成果を広く社会に提供することにより、社会の発展に寄与する」（「教育基本法」）、「学術の中心として、広く知識を授けるとともに、深く専門の学芸を教授研究し、知的、道徳的及び応用的能力を展開させる」（「学校教育法」）、「豊かな人間性を備えた有為な人材の育成、新たな知識と技術の創造及び活用、学術文化の継承と発展等を通して、学問の進歩と社会の発展に貢献する」（「『大学基準』及びその解説」））を達成せんがために、大学は社会の変動に対応して教育内容を工夫し変容させる必要があるのである。

　例えば、専門職大学院や専門職大学の成立（それぞれ2003年度、2019年度）にみるように、近年の高等教育界では専門教育や職業教育の意義も積極的に認める方向にある。一見、こうした動きはこれらを悪者扱いした『大學に於ける一般教育』と相反する動向に見える。しかし『大學に於ける一般教育』が否定したのは、大学教育がもっぱら「専門教育乃至は職業教育」のみに傾倒することであり、肝心なのは「専門家であると同時に、各方面の理解があり、いろいろな事柄について正しい判断と評價をなし得る自主的人物」の養成なのである。それは専門職大学院や専門職大学の目標とも何ら矛盾するものではない。

　また、先に紹介したVUCAの時代への対応としての「21世紀型 リベラルアーツ」にしても、「データサイエンス」や「STEAM」「DX」等、これらを説明する用語は最近のものであり新しいテクノロジーを基盤とするものなのかもしれないが、そこで究極的に目指される人材は、『大學に於ける一般教育』に記述される「いろいろな事柄について正しい判断と評價をなし得る自主的人物」と決して異なるものではない。教育のかたち、内容は変わってもそこに求められる目的は変わらないのである。換言すれば、普遍的な目的を達成する必要があるがゆえに、変動する社会からの要請に応えて教育内容を柔軟に変遷させることになったということかもしれない。そして、大学教育に普

遍的に求められる使命・目的のなかでも、専門教育と並んでもっとも重要な位置を占めるものこそ一般教育なのである。

　教育現場において、「一般教育」的教育が重視されていることは、本協会「大学評価研究所」が 2020 年度に実施した「達成度評価のあり方に関する調査研究」（以下、「達成度評価研究」という。）の結果からも理解される。

　「達成度評価研究」では、各大学の学士課程において、学位授与方針に示されている学習成果に具体的にどのような内容が記載されているかを尋ねている。それによると、「記載している」と「一部に記載している」を足した件数で瞥見すると、もっとも多くの大学で設定されているコンピテンシーが「当該分野における専門知識等」（94.1％）であり、3 位が「当該分野における基本的な知識等」（92.6％）である一方で、2 位が「コミュニケーション・スキル」（93.8％）、4 位が「問題解決力」（92.5％）、5 位が「幅広く豊かな教養」（89.2％）、6 位が「協調・協働力」（88.7％）であった。つまり、9 割前後の大学は、専門教育と並んで、幅広い「教養」をはじめとする、いわゆる「人間力」を育むためのコンピテンシー、言い換えれば「一般教育」が中心となって担うコンピテンシーを重視していることが判明したのである。

　ここに見るように、大学に求められている「幅広く深い教養及び総合的な判断力を培い、豊かな人間性を涵養するよう適切に配慮しなければならない。」（大学設置基準第 19 条第 2 項）との定めを俟つまでもなく、多くの大学にとって一般教育は重要な位置づけにあるものである。ましてや、不幸な紛争が世界各地で頻発する現在において、あるいは格差や分断が拡大し貧困に苦しむ人々が蔓延する現世界において、「眞に平和な自由社會の實現」を目指す人材の育成こそ、極めて重要で喫緊、世界共通の課題であるといえる。その意味でも一般教育が果たす役割は大きい。しかも、現在の一般教育は、かつてのように硬直化した 3 系の枠にはめられたお仕着せのものではない。それぞれの大学が自らの理念・目的や教育資源に即して自由に設計できるものである。

　前項で、「『大学基準』及びその解説」が「大学のあるべき姿を追究する」ために存在していると述べたが、「大学のあるべき姿を追究する」という文章

の主語は「大学」である。各大学には、「『大学基準』及びその解説」という道具を使い、他の誰でもない自らあるべき姿を追究していくことが望まれる。その際、自大学固有の理念・目的を最優先しつつも、それが大学に求められる普遍的な使命・目的と整合したものであることを確認する必要がある。その際には、一般教育には「眞に平和な自由社會の實現」の思いが託されていることを、心に留めおいていただければ幸いである。

　また、そうした理念・目的を柱に据えたうえでそれを達成するために、大学は、学生のニーズや社会の変化に即した教育内容・教育方法を、自らのちからで模索し続けていく必要がある。そして、そういう大学の努力に応えこれを支えるために、本協会も草創期メンバーの願いに思いをはせながら、常に基準の改善やその適切な運用、その他さまざまな事業の改善に取り組み続けなくてはならない。

参考資料

「学校教育法」https://elaws.e-gov.go.jp/document?lawid=322AC0000000026

文部科学省「明治 6 年以降教育累年統計」https://www.mext.go.jp/b_menu/hakusho/html/others/detail/1318190.htm

学校基本調査 https://www.mext.go.jp/b_menu/toukei/chousa01/kihon/1267995.htm

鹿島梓「学部・学科トレンドデータ集」(『リクルートカレッジマネジメント』232 号 2022年) https://souken.shingakunet.com/publication/college_m/2022_RCM232/2022_RCM232_091.pdf

大学基準協会『学士課程教育における現代社会で求められている課題に対応する能力育成に関する調査研究報告書』(2023 年) https://www.juaa.or.jp/research/document/

青木宗也、示村悦二郎編 JUAA 選書 5『大学改革を探る―大学改革に関する全国調査の結果から―』(1996 年) エイデル研究所

大学審議会「大学教育の改善について (答申)」(1991 年 2 月 8 日)

大學基準協會「『大學基準』及びその解説」(1947 年)

大學基準協會「『大學基準』及びその解説」(1948 年)

大學基準協會「『大學基準』及びその解説」(1950 年)

「大学設置基準」(1956 年 10 月 22 日公布)

大学基準協会『大学に於ける一般教育――一般教育研究委員会報告― (復刻版)』(1987 年)

大學基準協會『會報』第 13 号 (1952 年)

大学基準協会「『大学基準』及びその解説」(1971 年)

早田幸政「大学基準協会の活動の航跡を振り返って ―協会成立から認証評価制度の始動前までの時期を対象に 政策的視点を踏まえた検証―」『大学評価研究』第 16号 (2017 年)

大学基準協会事務局高等教育研究部門編 JUAA 選書 7『資料にみる 大学基準協会五十年の歩み』(1997 年) エイデル研究所

「大学設置基準」(2023 年 9 月 1 日) https://elaws.e-gov.go.jp/document?lawid=331M50000080028

大学基準協会「『大学基準』及びその解説」(2023 年 9 月 26 日改定) https://www.juaa.or.jp/upload/files/accreditation/institution/standard/2023%2009.26/%E3%80%8C%E5%A4%A7%E5%AD%A6%E5%9F%BA%E6%BA%96%E3%80%8D%E5%8F%8A%E3%81%B3%E3%81%9D%E3%81%AE%E8%A7%A3%E8%AA%AC.pdf

大学基準協会「評価項目・評価の視点 (大学)」(2023 年 9 月 26 日)　https://www.juaa.or.jp/upload/files/accreditation/institution/standard/2023%2009.26/%E8%A9%95%E4%BE%A1%E9%A0%85%E7%9B%AE%E3%83%BB%E8%A9%95%E4%BE%A1%E3%81%AE%E8%A6%96%E7%82%B9%EF%BC%88%E5%A4%A7%E5%AD%A6%EF%BC%89.pdf

大学改革支援・学位授与機構「大学機関別認証評価大学評価基準」(2020 年 3 月改訂) https://www.niad.ac.jp/storage/006/202311/no6_1_1_daigakukijunR2.pdf

公益財団法人日本高等教育評価機構「大学機関別認証評価 評価基準」(2025 年 4 月 1日施行) https://www.jihee.or.jp/news/pdf/230829/06.pdf

大学基準協会『達成度評価のあり方に関する調査研究報告書』(2021 年) https://www.juaa.or.jp/common/docs/research/lab_achieve_report_01.pdf

「教育基本法」https://www.mext.go.jp/b_menu/kihon/about/mext_00003.html

第2部　調査研究の結果から

第1章 アンケート調査（大学）の結果から見えてきたもの

堀井祐介

　近年、高等教育において、21世紀において持続可能な社会の実現を目指す人類共通の諸課題への積極的な取り組みを展開する上で、重要な役割を果たすと思われる能力や資質の向上を目指した教育（本調査研究では、それを「21世紀型リベラルアーツ教育」と定義）への関心が高まっており、関連して、「データサイエンス」「STEAM」「文理融合」「DX」など従来とは異なる概念が注目されている。

　本章では、2022年度に大学基準協会大学評価研究所「学士課程教育における現代社会で求められている課題に対応する能力育成に関する調査研究部会」において実施した大学向けアンケート結果から見えてきたものについて論じてみたい。同調査研究では、これからの学士課程教育では、これらに関連する諸能力をどう育成するか、教育課程にどのように組み込むのかについて、各大学の学士課程における新しい能力育成への取り組み状況を調べ、成果の上がっている事例、留意点等を明らかにすることで、今後の教育改善に資することを目指した。

　アンケートの構成は、21世紀型リベラルアーツ教育に関するキーワードについて（Q1）、学生に21世紀型リベラルアーツ教育を提供するためにどのような取り組みが必要か（Q2）、実施している具体的取り組み（Q3）、取り組みの検討組織（Q4）、その具体例（Q5）、その取り組みに着手するに至った理由（Q6）、取り組みの開始時期（Q7）、取り組みに関するFD等の学内意識形成支援の実施（Q8）、取り組みに関する組織改革（Q9）、成果の上がっている取り組み（Q10）、取り組みにおいて苦労した点（Q11）となっている。以下に

各設問への回答毎の分析結果を述べる[1]。

1. 21 世紀型リベラルアーツ教育に関するキーワード

Q1-1. 貴大学において重要視する度合いを選択肢より選んで回答してください（回答数 374 件）。

　設定したキーワードは、A) データサイエンス、B) DX、C) STEAM、D) 文理融合、E) SDGs、F) ELSI（Ethical, Legal and Social Issues、倫理的・法的・社会的課題）、G) 異文化理解、H) 批判的思考（クリティカル・シンキング）、I) 公共性・社会性・市民性（シチズンシップ）、J) 行為主体性（エージェンシー）、K) システム思考、L) デザイン思考、M) 起業家精神（アントレプレナーシップ）の 13 項目であり、これらそれぞれについて「とても重要」、「重要」、「あまり重要でない」、「重要でない」の四件法で回答を求めた。

　全体的に見ると 13 のキーワード全てにおいて「とても重要」、「重要」の合計が 70％以上となっており、これらキーワード全般への大学の関心の高さがうかがえる結果となっている。この後、「とても重要」、「重要」、「あまり重要でない」、「重要でない」の回答別に見てみる。

「とても重要」、「重要」

　「とても重要」、「重要」と回答したデータについて具体的に見てみると、全体では、全 13 項目あるキーワードの中で、「とても重要」との回答が 50％を越えているのは A) データサイエンス（246件, 65.8%）、G) 異文化理解（210件, 56.1%）であった。続いて E) SDGs（185件, 49.5%）、H) 批判的思考（164件, 43.9%）、B) DX（160件, 42.8%）、I) 公共性・社会性・市民性（154件, 41.2%）の 6 項目が 40％を超えている。

　「重要」との回答で見てみても、M) 起業家精神（196件, 52.4%）と 50％を超えており、K) システム思考（183件, 48.9%）、C) STEAM（180件, 48.1%）、L) デザイン思考（180件, 48.1%）、F) ELSI（179件, 47.9%）、J) 行為主体性（179件, 47.9%）、I)

公共性・社会性・市民性（176件, 47.1%）もほぼ 50% 近い数値となっている。

　さらに、「とても重要」と「重要」の合計で見ると、A) データサイエンス（350件, 93.6%）、G) 異文化理解（349件, 93.3%）、E) SDGs（338件, 90.4%）が 90% を超えており、H) 批判的思考（332件, 88.8%）、I) 公共性・社会性・市民性（330件, 88.2%）、B) DX（326件, 87.2%）が続いている。残りの項目についても全て 70% 以上とこれらのキーワードが 21 世紀型リベラルアーツ教育に関連していると認識されていることがわかる。

　次に、設置形態別（回答数：国立大学法人 52 件、公立・公立大学法人 47 件、私立大学 275 件）で見てみると[2]、「とても重要」において A) データサイエンスが一番重視されている点は国公私同じであるが、国立では 45件, 86.5% と際だって高い比率（公立 25件, 53.2%、私立 176件, 64.0%）となっている。公立で 1 位タイ（25件, 53.2%）、私立で 2 位（152件, 55.3%）となっている G) 異文化理解が国立では 33件, 63.5% で 6 位であるが率としては公私より高い。公私では 50％以上なのは上位 2 位の A) データサイエンス、G) 異文化理解までであるが、国立では 9 位の F) ELSI までが 50％以上となっており、国立におけるキーワード全体への関心の高さがうかがえる。このことは、国立大学への政策誘導が公私より早く強く効いていることを示唆しているのかもしれない。当然ながら「とても重要」で上位のものは「重要」では下位に回り、下位のものが上位になっている場合が多く見られる。国立では「とても重要」との回答が高い率で見られたため、「重要」との率は比較的低くなっている。一方、公立ではその逆の傾向となっている。「とても重要」と「重要」の合計で見ると、国公私全てにおいて A) データサイエンス（国立 50件, 96.2%、公立 46件, 97.9%、私立 254件, 92.4%）、G) 異文化理解（国立 50件, 96.2%、公立 45件, 95.8%、私立 254件, 92.4%）が 90％以上の回答を集め 1 位、2 位となっている。そのほかに、国立では I) 公共性・社会性・市民性（49件, 94.2％）、E) SDGs（48件, 92.3%）、H) 批判的思考（48件, 92.3%）、B) DX（47件, 90.4%）までが 90％以上、C) STEAM（45件, 86.5%）、D)

2　設置形態別、規模別の集計については、『学士課程教育における現代社会で求められている課題に対応する能力育成に関する調査研究報告書』pp.106-159 参照のこと。なお同報告書は、大学基準協会ウェブサイトにも掲載されている。

文理融合（45件, 86.5%）と 80%台後半となっている。公立では H）批判的思考（44件, 93.6%）、E）SDGs（43件, 91.5%）が 90% 以上、C）STEAM（42件, 89.4%）、B）DX（41件, 87.2%）、F）ELSI（41件, 87.2%）、I）公共性・社会性・市民性（41件, 87.2%）が 80%台後半となっている。私立でも E）SDGs（247件, 89.8%）、H）批判的思考（240件, 87.3%）、I）公共性・社会性・市民性（240件, 87.3%）、B）DX（238件, 86.5%）までが 80% 台後半の数値を示している。

　さらに、学部数別（回答数：1 学部 103 件、2 ～ 4 学部 150 件、5 学部以上 121 件）で見てみると、「とても重要」との回答では学部数にかかわらず A）データサイエンスは上位に来ている（1 学部 2 位 47件, 45.6%、2 ～ 4 学部 1 位 97件, 64.7%、5 学部以上 1 位 102件, 84.3%）。G）異文化理解は 1 学部での回答で 1 位 58件, 56.3% と唯一 50%を超えている。その他、1 学部では 40％を超える回答があったものが 3 つと、2 ～ 4 学部で 6 つ、5 学部以上で 7 つとあるのに比べると少なく、学部数により対応出来る資源の違いが見て取れる。「重要」との回答では、2 ～ 4 学部、5 学部以上での回答順が全く同じとなっており、1 学部との違いが際立っている。「とても重要」と「重要」の合計で見ると、「とても重要」とそれほど優先順位の変更はない。1 学部では合計した比率が全体的に低く（最高 88.3%、最低 60.2%）、SDGs が複数学部に比べて若干低いこと（1 学部 86件, 83.5%、2 ～ 4 学部 139件, 92.7%、5 学部以上 113件, 93.4%）が特徴的である。ここからも 1 学部では対応出来る範囲が限られることがうかがえる。D）文理融合でみると 1 学部、2 ～ 4 学部と 5 学部以上で認識に差があることがわかる（1 学部 69件, 67%、2 ～ 4 学部 115件, 76.7%、5 学部以上 104件, 86%）。これらの結果だけでは一概には言えないが複数学部の場合、文系学部、理系学部を備えている可能性が高いことがこの要因として考えられる。

　学生数別（回答数：1-499 名 35 件、500-999 名 49 件、1000-1999 名 69 件、2000-2999 名 46 件、3000-4999 名 54 件、5000-9999 名 70 件、10000 名以上 43 件）に見てみると、「とても重要」において 4999 名以下の 5 区分では、G）異文化理解が 1 位または 2 位に入っているが、5000 名以上の 2 区分では 3 位となっている。A）データサイエンスについては 500 名以上の 6 区分で 1 位または 2 位となっている。同様に E）SDGs も 500 名以上の 5 区分で 2 位または 3 位、2000-2999 名

で4位と上位に入っている。1-499名はほかの6区分と異なり「とても重要」との回答率が全て50%以下であり、B) DX が2位で A) データサイエンス、E) SDGs は中位以下となっている。「重要」においては1-499名で E) SDGs が1位、M) 起業家精神が3区分で1位、システム思考が2区分で1位など、「とても重要」と比べて順位が異なる印象がある。「とても重要」と「重要」の合算で見ても1-499名だけが異なる傾向を示しており学生数500名のところに壁があることがうかがえる。

「あまり重要でない」、「重要でない」

　「あまり重要でない」、「重要でない」と回答したデータについても具体的に見てみると、全体での「あまり重要でない」との回答は、L) デザイン思考 (75件, 20.1%)、M) 起業家精神 (72件, 19.3%)、K) システム思考 (69件, 18.5%) と20%前後となっているが、全体としてそれほど高くない。「重要でない」との回答は全ての項目で4%以下であり、また、「あまり重要でない」、「重要でない」の合計でみても、数値はそれほど高くなく (最高値で86件, 23%)、13項目全てのキーワードについて一定の認識があることがうかがえる。

　設置形態別に分けると「重要でない」、「あまり重要でない」は絶対的な数値が低いためそれほど特徴を見いだしにくいが、両者を合算したもので見ると、全体での合算で3位までの M) 起業家精神 (全体1位86件, 23%、国立2位8件, 15.4%、公立2位タイ9件, 19.1%、私立1位69件, 25.1%)、L) デザイン思考 (全体2位84件, 22.5%、国立5位6件, 11.5%、公立1位10件, 21.3%、私立2位68件, 24.7%)、K) システム思考 (全体3位77件, 20.6%、国立1位9件, 17.3%、公立2位タイ9件, 19.1%、私立4位59件, 21.5%) が国公私とも上位5番目までにはいっており全体と同様の傾向を示している。一方合算全体で4位74件, 19.8% の D) 文理融合は私立 (3位62件, 22.5%)、公立 (5位8件, 17.0%) であるが、国立 (7位4件, 7.7%) となっており違いが見られる。

　学部数別で見てみると、当然のことながら上記「とても重要」、「重要」での結果の裏返しとなっているが、「あまり重要でない」、「重要でない」の合計では、1学部および2〜4学部では D) 文理融合 (1学部2位30件, 29.1%、2

～ 4 学部 3 位タイ 31 件, 20.7%）、K) システム思考（1 学部 4 位 25 件, 24.3%、2 ～ 4 学部 3 位タイ 31 件, 20.7%）、L) デザイン思考（1 学部 3 位 29 件, 28.2%、2 ～ 4 学部 33 件, 1 位 22%）、M) 起業家精神（1 学部 1 位 37 件, 35.9%、2 ～ 4 学部 1 位タイ 33 件, 22%）が上位に入っている。5 学部以上でも K) システム思考（2 位 21 件, 17.4%）、L) デザイン思考（1 位 22 件, 18.2%）は上位に来ている。この 2 つはそれほど学部の専門性との親和性が問題となるキーワードではないので、キーワードとしての認知度の低さが影響している可能性が考えられる。また、学部数により回答した率が異なる点（1 学部 9.7% ～ 35.9%、2 ～ 4 学部 2% ～ 22%、5 学部以上 1.7% ～ 18.2%）は学部数による専門分野の広がりの違いを示しているものと考えられる。

　学生数別に見てみると、「あまり重要でない」において M) 起業家精神が 6 区分で、K) システム試行、L) デザイン思考が 4 区分で上位 4 位までに入っている。「重要でない」においても 1-499 名で M) 起業家精神が突出して高い。学生数が多い区分ほど「重要でない」の比率は高くなり、10000 名以上では全ての区分で 0 となっている。「あまり重要でない」、「重要でない」合算においても同様の傾向が見られる。

　これらのことから、21 世紀型リベラルアーツ教育に関するキーワードとして、A) データサイエンス、G) 異文化理解、E) SDGs、H) 批判的思考、I) 公共性・社会性・市民性、B) DX の 6 項目はエース級として喫緊の対応が必要と認識されている一方、M) 起業家精神、K) システム思考、C) STEAM、L) デザイン思考、F) ELSI、J) 行為主体性、D) 文理融合の 7 項目は一軍ではあるが準エース級として認識されていることがうかがえる。この違いは、キーワードと政策誘導の関係、キーワード自体の出現時期、新聞、インターネット等での登場回数、大学教育との親和性などに影響されているものと考えられる。

Q1-2. 提示されているキーワードに関する科目があるか教えてください（開講検討中を含む）。

　ここでは、Q1-1 で 21 世紀型リベラルアーツ教育に関するキーワード 13

項目についての重要性を確認したことを前提に、それらに関連する科目を開設しているかについて聞いている。全ての項目についてかなりの数の関連科目が開設されていることがわかった。Q1-1 で「とても重要」との回答で 40% 以上となっている項目のうち、B) DX (198 件) を除く A) データサイエンス (323 件)、G) 異文化理解 (330 件)、E) SDGs (277 件)、H) 批判的思考 (255 件)、I) 公共性・社会性・市民性 (262 件) の 5 項目が開設科目回答上位 5 項目となっている。続いて M) 起業家精神 (216 件)、F) ELSI (200 件) など Q1-1 で準エース級とした項目が並び、重要度の認識と科目開設数に関連があることがうかがえる。エース級の重要度が認識されていながら B) DX の科目開設数が M)、F) より少ないのは、担当教員等の資源の問題があるのかもしれない。

　ちなみに開設授業数を「とても重要」と「重要」の合計で割ってみると、おおむね重要度と開設数は一致しているが、M) 起業家精神 (開設授業数 216 件 / 「とても重要」+「重要」272件, 79.4%、以下同様)、L) デザイン思考 (187 件 /272件, 68.8%) は重要度に比べて開設数が多く、逆に B) DX (198 件 /326件, 60.7%)、F) ELSI (200 件 /304件, 65.8%) は重要度に比して開設数が少なく担当者確保に苦労している可能性がうかがえる。

　また、設置形態別で見ると、順位等は全体とそう違いは見られないが、国立での授業開設率が高く (98.1%～ 53.8%)、次いで私立 (87.3%～ 39.3%)、公立 (83.0%～ 29.8%) の順となっており、国立大学における人的教育資源の豊富さを示していると思われる。また、公立、私立では、デザイン思考 (公立 19件, 40.4%、私立 130件, 47.3%) とシステム思考 (公立 20件, 42.6%、私立 114件, 41.5%) が 40% 台であるのに対して、国立ではデザイン思考 (38件, 73.1%)、システム思考 (30件, 57.7%) と率で見ると高くなっている点も特徴と言える。

　学部数別で見ると、学部の数にかかわらず、G) 異文化理解、A) データサイエンス、E) SDGs、I) 公共性・社会性・市民性、H) 批判的思考が上位 5 位までに揃っている。M) 起業家精神は 1 学部 (37件, 35.9%) では低いが、2 ～ 4 学部 (90件, 60%)、5 学部以上 (89件, 73.6%) と高い数値を示している。また、こちらでも 1 学部 (33%～ 79.6%)、2 ～ 4 学部 (32%～ 90%)、5 学部以上 (47.9%～ 95.9%) と回答比率の差がことなり、特に 5 学部以上での開設率が高いことが

見て取れる。

　学生数別で見ても Q1-1 の重要度とおおむね一致しており、学生数が多いほど多くの科目が開講されている傾向が見られるが、B) DX と C) STEAM、および 2000-2999 名の区分の一部では異なる傾向が見られた。

Q1-3.　Q1-2 の科目に関し、差し支えなければ科目名を教えてください。

　ここでは、それぞれのキーワード毎に関連科目名についての回答を求めた。その科目名で用いられている頻出単語について調べてみた結果は以下のとおりである。

　A) データサイエンスでは当然ながらデータサイエンス、数理・データサイエンス、統計学、AI が多く使われているが、情報、情報リテラシー、情報処理もかなりの数あり、従来の情報関連授業の内容をデータサイエンスよりに変更している可能性がうかがえる。B) DX でも情報関連、データサイエンス、AI が多く使われているが、社会、科学、技術も上位に入っており幅広い分野を対象としていることがわかる。C) STEAM については、概念が幅広いため社会、科学、芸術、倫理など多様な分野の用語が並んでいる。D) 文理融合も同様である。E) SDGs でも明示的な環境、社会、SDGs の他に国際、地域、グローバル、ジェンダーと多岐にわたっている。F) ELSI では当然ながら医療、生命も含めた倫理関連が上位を占めている。G) 異文化理解では異文化関連、交際関連に続いて文化人類学も上位となっている。H) 批判的思考ではこちらも明示的なクリティカル・シンキングに加えて哲学が上位に入っている点は、実践だけでなく理論的にも批判的思考を扱っている可能性がうかがえる。I) 公共性等については社会、市民、地域、ボランティアが上位にきている。J) 行為主体性ではキャリア、プロジェクト、ボランティア、社会、地域が並んでおり、地域と絡んで具体的な活動となっている科目が多いことがうかがえる。K) システム思考では、社会、システム、科学が、L) デザイン思考では、地域、デザイン思考、プロジェクトが、M) 起業家精神では、明示的なアントレプレナーシップ、企業、ビジネスが上位となっている。

2.　21 世紀型リベラルアーツ教育のために必要と考える取り組み

　Q2 については、選択肢として、A) 教育研究上の目的の見直し、B) 学位授与方針 (DP) の見直し、C) 教育課程の編成・実施方針 (CP) の見直し、D) 専門教育カリキュラムの見直し、E) 共通教育・教養教育カリキュラムの見直し、F) 副専攻制度の導入・修正、G) 学科、コース等の教育単位の見直し (新設、改組を含む)、H) 既存の科目シラバスの学習成果に Q1 でキーワードとしてあげられている項目や能力に関する記述を追加、I) Q1 でキーワードとしてあげられている項目に関する、または Q1 でキーワードとしてあげられている能力獲得を主眼とした新規科目の開講、J) その他、K) 新たな取り組みが必要とは考えていない、の 11 項目である。

　大学として学生に 21 世紀型リベラルアーツ教育を提供するために必要とされるものとしては、E) 共通教育・教養教育 (334 件) と断トツに多くなっており、21 世紀型リベラルアーツ教育の担い手としては全学共通で提供されている共通教育・教養教育が重視されていることがわかる。続いて C) 教育課程の編成・実施方針 (239 件)、D) 専門教育 (222 件)、I) 新規科目の開講 (208 件) となり、ここまでが 200 件以上の回答を獲得している。これら C)、D)、I) はかなり抜本的なカリキュラム改革が必要な事項であり、全回答 374 件のうち 200 件を超えていることは各大学が本気で 21 世紀型リベラルアーツ教育について考えていることを示唆していると思われる。アンケートの回答数からだけでは、個々の大学の考え方はわからないが、まずは共通教育・教養教育で幅広く全学の学生に提供し、その後、全体の教育課程の編成・実施方針を見直し、新規科目開設まで含めた専門科目のカリキュラム改革まで考えている可能性があるのかもしれない。もちろん、新規科目開設は共通教育・教養教育でもあり得る。また、H) シラバス記述追加 (190 件)、B) 学位授与方針の見直し (180 件) もほぼ半数から回答があがっており、B) について言えば、学生に獲得させる能力が変更されるのであれば学位授与方針も見直さざるを得ないとする考え方がうかがえる。先に述べた教育課程の編成・実施方針見直しと併せて学位授与方針見直しへの関心の高さは、いわゆる 3 つのポリシーが浸透していることを示しているのかもしれない。H) については、

既存科目であっても授業内容は時代に合わせて恒常的に改定されているため、そのシラバスに21世紀型リベラルアーツ教育キーワードに関する記述を組み込むことはそれほど難しくない状況を表していると思われる。一方で、G) 教育単位（149件）、A) 教育研究上の目的（147件）、F) 副専攻制度（124件）に対してははそれほど関心が高くない結果となっている。A) については、教育研究上の目的は、建学の精神や大学の社会における立ち位置を踏まえて作成されているため、時代の流れでそう簡単に変えるものではないのかもしれない。G)、F) については、人の移動、大幅な時間割の組み替えなどかなり大がかりな改革となるためこの程度の数値となっているものと思われる。

　その他での記述としては、独自に作成した指標をDPと関連づけシラバスに明記する、免許・資格関連の科目の縛りがあり新たな科目を増やすことが難しい、文理の枠を超えたリベラルアーツ教育の必要性、教員の確保、DP、CPの見直しによるカリキュラム改革、教員の意識改革などが回答としてあげられている。

　設置形態別に見てみると、国公私にそれほど違いは見られないが、I) 新規科目の開講（国立31件, 59.6%、公立16件, 34.0%、私立161件, 58.5%）、H) シラバス記述追加（国立26件, 50%、公立16件, 34.0%、私立148件, 53.8%）、F) 副専攻制度（国立18件, 34.6%、公立10件, 21.3%、私立96件, 34.9%）が、公立で国私に比べて大幅に低い点は公立大学の人的資源不足を表しているのかもしれない。

　学部数別に見てみると、学部数にかかわらず全体結果でも1位のE) 共通教育・教養教育（1学部88件, 85.4%、2〜4学部133件, 88.7%、5学部以上113件, 93.4%）と非常に高い数値で1位となっているが、2位以下は60％台となり全体との傾向の差はあまり見られない。

　学生数別に見てみても、区分にかかわらずE) 共通教育・教養教育が1位となっている。2999名以下の4区分および10000名以上ではC) 教育課程の編成・実施方針が2位、3000-9999名ではD) 専門教育が2位となっている。また1-499名ではF) 副専攻制度が極端に低く、学生数に応じた教員資源の限界がここでも見られた。

　また、自由記述においては、カリキュラム全体についてしっかりと検討し

ているからこそ出てくる意見であると考えられる以下のような意見も見られた。

- 資格系カリキュラムの縛りとその中で工夫する必要性
- 教育人材確保が課題
- 教育課程全体において21世紀型課題を取り上げることが必要
- 共通教育・教養教育と専門教育の連携が課題

3. 21世紀型リベラルアーツ教育のための具体的な取り組み

　実際に行っている具体的な取り組みを聞くQ3の選択肢は、Q2でのK）新たな取り組みが必要とは考えていない、を除いた10項目である。Q2で必要性を確認した後に、具体的な取り組みについて聞いてみたところ、やはりこちらでもE）共通教育・教養教育（272件, 73%）が断トツの一位となった。その後に、D）専門教育（161件, 43%）、C）教育課程の編成・実施方針（148件, 40%）が続き、Q2での順位とは異なるが、必要性の認識が具体的取り組みにつながっていることが確認できた。Q2での回答数を超えてはいないがB）学位授与方針も122件, 33%と3割を超える大学で実施されている。さらに、I）新規科目の開講（119件, 32%）が続く。H）シラバス記述追加は87件, 23%と、それほど多くなく、個々の授業に紐付くシラバスへの反映が進んでいないことは教員の理解が進んでいない可能性がうかがえる。ただ、新規科目開講とシラバスへの記述追加を合わせると206件, 49%とかなり大きな数値となり、ゆるやかに新陳代謝を進めるという大学における具体的なカリキュラム改革の実態を示す数字として意味を持っていると考えられる。G）教育単位（109件, 29%）、F）副専攻制度（84件, 22%）、A）教育研究上の目的（74件, 20%）とQ2で改革の度合いが大きいため必要性を積極的に認めていないとコメントした3つの項目については、数値的には下位に位置し、割合で見ても3割以下となるが、それでも実施している大学がここまであることは注目に値する。

　Q2で確認した必要性がQ3の回答でどの程度実現されているかについて見てみると、個々の回答をつきあわせて調べたわけではないので、あくまでも傾向としか言えないが、E）共通教育・教養教育（実施272件 / 必要性334件,

81.4%、以下同様）、G）教育単位（109 件 /149件, 73.2%）、D）専門教育（161 件 /222件, 72.5%）、B）学位授与方針（122 件 /180件, 67.8%）、F）副専攻制度（84 件 /124件, 67.7%）、C）教育課程の編成・実施方針（148 件 /239件, 61.9%）、I）新規科目の開講（119 件 /208件, 57.2%）、A）教育研究上の目的（74 件 /147件, 50.3%）と必要性を感じている項目についてかなりの割合で実現されていることがわかる。ここでも、H）シラバス記述追加（87 件 /190件, 45.8%）は唯一 50% を下回っており、実現が難しいことがうかがえる。

　J）その他での記述としては、検討する委員会の新設、教養教育の見直し、新しい学部組織の立ち上げ、文系・理系問わず全学生が受講する数理・データサイエンスや AI 科目の新設、新しい教養教育実践のためのセンターの立ち上げ、3 つのポリシーの見直し、メジャー・マイナー制度導入などが回答としてあげられている。

　これについても設置形態別に見てみると、E）共通教育・教養教育が国公私全てで 1 位なのは全体と同じとなっているが、国立に比べて公立、私立の方が D）専門教育、C）教育課程の編成・実施方針が高く、国公私における取り組み方の違いが見て取れる。

　学部数別に見てみても、学部数にかかわらず全体結果でも 1 位の E）共通教育・教養教育（1 学部 62件, 60.2%、2 〜 4 学部 110件, 73.3%、5 学部以上 100件, 82.6%）と非常に高い数値で 1 位となっているが、2 以下は 50％を下回っており、具体的な取り組みとして手をつけにくい現状がうかがえる。

　学生数別に見ても、全ての区分で E）共通教育・教養教育が 1 位、5 区分で D）専門教育が 2 位となっている。500-2999 名、3000-9999 名はそれぞれ同様の傾向を示しているが、1-499 名および 10000 名以上の区分ではそれらとは異なる傾向が見られる。

　また、自由記述からも以下のような特徴的な取り組みが見られた。

- 論理的思考・対話のスキルやプレゼン能力、データの分析と活用力を培う教養科目としての「学び方」科目の必修化
- 数理・データサイエンス科目、AI 関連科目開設
- 新カリキュラムによる学修成果を可視化し、経年的に評価

- 学部学科を問わず聴講できる「教養教育学内聴講制度」(単位取得はできない)を試行予定
- 人材育成目標「高度IT人材」の定義の明確化およびそれに基づくDP、科目編成の見直し
- 分野を超えた対話をとおして、その知識や技能を応用して発展的・創造的に思考・発想する力を養成する「総合・学際」科目群の設定
- 文理融合を目指した「文理クロス履修」(パッケージ制)、複数の学問領域に関わり、現代社会が定期する問題をグローバルな視点から総合的に考える力を身に付ける「Multidisciplinary Studies」等の科目群の導入
- 高年次教養教育と現代的なリベラルアーツを含めた分野横断型の新しいカリキュラムの導入
- 既存科目にデータサイエンスの要素を導入し、問いの立て方、仮説・検証の仕方を学ぶ機会を設ける
- DP・CPを整備したうえで「教養教育ポリシー」を策定し、「汎用基礎力」と「多様性理解」を柱として体系的に科目を整備

4. 取り組みの検討組織

　ここでは、Q3での回答にかかわる実施主体について、全学、学部横断的組織、教養教育・共通教育担当組織(センター等)、学部・学科、その他、で聞いている。

　21世紀型リベラルアーツ教育改革の検討母体について聞いた結果として組織別では、全学ではE)共通教育・教養教育(159件)が、学部横断的組織ではE)共通教育・教養教育(89件)が、教養教育・共通教育担当組織(センター等)ではE)共通教育・教養教育(140件)が、学部・学科ではD)専門教育(127件)がそれぞれ一位となっており、学内で共通教育・教養教育についての検討ルートと専門教育についての検討ルートが別であること(責任体制が異なること)が明確になっている。

　項目別では、A)教育研究上の目的では全学(58件)、B)学位授与方針では全学(89件)、C)教育課程の編成・実施方針では学部・学科(101件)、D)専門

教育では学部・学科（127 件）、E) 共通教育・教養教育では全学（159 件）、F) 副専攻では全学（50 件）、G) 教育単位では全学（69 件）、学部・学科（69 件）、H) シラバス記述追加では全学（53 件）、I) 新規科目の開講では全学（72 件）となっており、学部・学科が主体となる C)、D)、G) を除く項目では全学体制で検討されていることが見て取れる。今回の回答結果からは意思決定につながるガバナンスの仕組みについてもうかがい知ることができるものと考えられる。

　設置形態別で見てみると国公私共通して E) 共通教育・教養教育は全学が一番高く、次いで共通教育・教養教育担当組織となっている。D) 専門教育は公立ではほぼ学部・学科または全学であるが、公私では学部横断組織の関与も一定程度見られる。

　学部数別で見ると、1 学部と 2 〜 4 学部では傾向はそれほど異ならないが、5 学部以上になると D) 専門教育はほぼ学部・学科で行っていることがわかる。E) 共通教育・教養教育は全体および設置形態別の傾向とそう変わらない。

　学生数別で見ると、学生数が多くなると学部横断組織、学部・学科など全学以外の関与が増えている。E) 共通教育・教養教育は全学または教養教育担当組織である傾向は変わらない。

5.　検討組織の具体例

　学部改組・新設、副専攻制導入・拡大、カリキュラムについて全学レベル、学部レベルの教務委員会での検討、データサイエンス系科目開設などの回答が見られた。以下に特徴的な取り組みについてあげる。

- 従来の全学共通教養科目にデータサイエンス・リテラシーと STEAM 教育という二つの要素を取り入れ、専門科目との並行的教育科目としてリベラルアーツ教育を位置付けた。
- 教養教育センター主導で、今年度より、各分野のフロントランナーを講師として招聘しオムニバス形式の新規講義（異分野横断講義）を開設した。
- 副専攻制度を発展させた全学分野横断創生プログラムを開始した。
- 学生の生涯にわたり発展し続けるうえで必要な能力を修得させる科目として、クリティカル・シンキング、アカデミックスキル、キャリアデザ

イン論を開設した。

- 全学内部質保証推進組織主導によるディプロマ・ポリシーに基づいたカリキュラムマップの策定及び教育課程の検証等
- 全学組織である教育改革実行会議の下に将来構想タスクフォースおよび新学部設置準備 WG を置き、そこで検討した。
- 高学年次の STEAM 教育科目の設置検討、新規 DX 科目の設置検討、複数学部間での分野横断科目の設置検討
- 科目ごとに SDGs の該当する目標を記入
- 7 学類でコース制からコアエリア制、プログラム制へ移行

　回答から見る限り、各大学において具体的な検討が行われ、その結果に基づくカリキュラム改革、新規授業開講、組織再編などに結びついていることがわかる。

6.　取り組みに着手するに至った理由

　21 世紀型リベラルアーツ教育に向けて取り組みに至った理由は、大きく内発的なものと外圧 (社会の要請を含む) によるものの 2 つに分けられた。

　内発的：

- 令和時代の教育課題と教員に求められる資質・能力について適宜 PDCA を実践する必要があるため
- 理系的要素をもった教育課程を強化する必要を認識したこと
- 知識伝達型授業の比率が高く、思考力等の修練機会が少ない傾向にあり、また、資格取得を目的とする学科が多く、学生が自身の専門以外の学問分野に触れる機会も多くなかったという状況を打破するため
- 学生として共通に必要な知性を身に着けるための自校教育が必要となった
- 教育研究活動が、学生の学びの成果に着実に結びついているかを問い直すことが必要であるという認識から
- 様々な学問分野の中で自分の主たる専門分野の位置づけを説明できる広い視野を持つ人材を養成したい

- 各種アンケート結果により大学教育に対する学生満足度が低かったため、向上のためのカリキュラム策定が求められた
- 大学カリキュラムの魅力を高めるため
- データサイエンス教育の充実、一般教育科目の精選、学生の学際的な学びの充実のため
- 大学自己点検評価で CP に対して改善が求められていた　また、教育内容に関して、法改正等から再検討する必要があり、取り組んだ
- 基本理念の制定及び教育目標、CP の改正に伴い、それらを体現するカリキュラム編成が必要であったため
- カリキュラムアセスメントの結果を考慮し、数年ごとにカリキュラムの見直しを実施している

外圧（社会の要請を含む）：
- 文理を問わず全ての大学・高専生が、正規課程にて初級レベル（リテラシーレベル）の数理・データサイエンス・AI を習得することを目標とすることが、文科省等の方針として示されたことによるもの
- 変化の激しい昨今の社会情勢のなかで、正解のない社会課題に対し、ICT の革新技術を利活用しつつ何らかの解決法を見出すことができる課題解決力や、文理融合による異分野横断的な発想ができる総合的思考力、多様な価値観を有した他者の意見を尊重し建設的な議論を行うことのできるコラボレーション力等の育成が重要と考えているため
- 中教審答申等を踏まえ、社会のニーズに対応するための取り組みを開始した
- いわゆる「Society5.0」の実現に向けてのハードルを学生が把握し、今後の社会課題の解決に必要不可欠であると考えられる、数理・データサイエンス・AI に関して知見を有し、これを活用できる学生の育成に向けたカリキュラムの実施の強化を図るため
- 中長期計画において、Society5.0 に向けたデジタル社会に対応する基盤づくりをめざす政策動向を踏まえ、社会から求められる能力・スキルを

育成する教育プログラムのひとつとして、データサイエンス教育プログラムの設置を検討した

- 第四期中期目標中期計画の策定にあたり、新学習指導要領や各種答申で謳われた多彩な能力・意識を備える多様な学習者を入学させること、学習者本位でラーニングアウトカム重視の教育への転換が強く意識されたこと。加えて、新学習指導要領で学んだ高校生の入学時期 (2025年) が強く意識されたこと
- 地域の課題解決においてデータサイエンス、データシティズンシップが必須になりつつあるため
- 数理・データサイエンス・AI 教育プログラム認定制度への申請に向けて
- 従来からの共通教養教育のあり方の元になる基本方針をさらに時代や社会の変化に合わせていく必要を感じるため
- 時代の要請、時代の変化に伴う学生のニーズの多様化のため
- 国の AI 戦略 2019 への対応策として着手しました
- 学生募集状況の悪化を契機として、社会的ニーズの変化を感じた

7. 取り組みの開始時期

　ここでは、取り組みの開始時期を 1. 2010 年度以前、2. 2011 年度〜 2015 年度、3. 2016 年度〜 2021 年度、4. その他、の 4 つに分けて聞いている。その結果、「2016 年度〜 2021 年度」が 204 件と圧倒的に多く、ついで「2010 年度以前」(34 件)、「2011 年度〜 2015 年度」(26 件) となっている。その他として回答があった中には、「一部は 2011 年度〜 2015 年度、一部は 2016 年度〜 2021 年度」というように段階的な取り組みであったり、「2022 年度または 2023 年度開始、今後の課題」と言った回答が見られた。

　設置形態別に見ると、 国公私ともに「2016 年度〜 2021 年度」(国立 37 件, 71.2%、公立 21 件, 44.7%、私立 146 件, 53.1%) が一番多いのは全体の傾向と同じであるが、国立において、公私と比べてその比率が高く、国立大学が中教審答申その他政策動向を踏まえた上意下達型で改革を進めていることをうかがわ

せるものである。

　学部数別に見ても同様に「2016 年度〜 2021 年度」（1 学部 45件, 43.7%、2 〜 4 学部 85件, 56.7%、5 学部以上 74件, 61.2%）が一番高くなっており、学部数が増えるにつれてその数値が上昇している。

　学生数別に見ても同様に「2016 年度〜 2021 年度」（1-499 名 14件, 40.0%、500-999 名 23件, 46.9%、1000-1999 名 41件, 59.4%、2000-2999 名 23件, 54.3%、3000-4999 名 34件, 63.0%、5000-9999 名 35件, 50.0%、10000 名以上 25件, 58.1%）が一番高くなっている。また 1-499 名では 2016 年度以前は 2.9% と他と比べてかなり低いことも特徴的である。

　自由記述としては、以下のような回答があった。

- 全学展開は 2022 年度から
- 2022 年度に検討に着手したい
- 全学的に 2023 年度より着手できるよう現在検討を進めている
- 今後の課題
- 既存科目にエッセンスとして取り込まれている
- 開学以来、リベラルアーツ教育を強調している
- 取組により開始時期が異なる

8.　学内の意識形成

　21 世紀型リベラルアーツ教育に関する学内の意識形成のための FD 等の取り組みについては、実施が 142 件、実施していないが 188 件となっており、キーワードとしての重要性や必要性の認識に比べると 21 世紀型リベラルアーツ教育についての認識がまだまだ高まっていない現状を示している。実施しているところの具体的な内容としては、データサイエンス関連が 30 件、STEAM 関連が 7 件、SDGs 関連が 6 件などとなっている。

　学内の意識形成のための FD 等の取り組み実施の有無（Q8）と具体的取り組み（Q3）とのクロスで見てみると、FD 実施大学の方が具体的取り組み実施割合も高く、FD の効果がわかる結果となっている。

　設置形態別に見ると、関連する学内の意識形成のための FD 等の取り組み

（国立 30, 57.7%、公立 18, 38.3%、私立 94, 34.2%）については国立の方が公私より実施率が高いことがわかる。学部数別に見ると、1 学部（34, 33%）、2 〜 4 学部（44, 29.3%）、5 学部以上（64, 52.9%）となり、5 学部以上での FD 実施率の高さが目立っている。学生数別に見ても学生数が多くなると FD 実施率も高まる傾向が見られる。また、自由記述からは、通常の FD 活動に加えてリベラルアーツ、STEAM、データサイエンス、AI をテーマとした FD が多く開催されていることがわかった。

9.　学内組織改革

　21 世紀型リベラルアーツ教育実施に当たっての学内組織改革については、実施が 149 件、実施していないが 174 件となっている。

　学内組織改革実施の有無（Q9）と具体的取り組み（Q3）とのクロスで見てみると、全ての具体的取り組み項目で学内組織改革実施大学の方が高い数値となっている。これは目に見える形で組織を変えないと関連予算が付かない現在の仕組みにも問題があるかと思われるが、組織改革を行った方が教育改革に取り組みやすい現状を表していると考えられる。設置形態別に見てみると、Q8 同様、国立（28件, 53.8%）の方が公立（15件, 31.9%）、私立（106件, 38.5%）より高くなっている。学部数別でも Q8 同様で、1 学部（33 件, 32%）、2 〜 4 学部（55件, 36.7%）、5 学部以上（61件, 50.4%）となり、5 学部以上での実施率の高さが目立っている。学生数別でも学生数が多いほど組織改革の取り組みが活発となっている。

　また、自由記述においては、教育系センターやデータサイエンス・AI 関連センターの設置についての記述が多く見られた。

10.　成果のあがっている取り組み

　一部特徴的または類似回答の多かったものを以下にあげる。

- データサイエンス科目を必修化とし、文部科学省の数理・データサイエンス・AI 教育プログラム認定制度（リテラシーレベル）に申請
- 未来の産業や社会を工学技術によって変革する技術者・研究者を育成す

るため学部 4 年間と大学院博士前期課程 2 年間を接続した 6 年一貫の学
習を提供し、幅広い工学分野のセンスをもった総合的エンジニアを育成
- 本学独自の経験値教育を実質化して、コアカリキュラムを検討する中で、
つながりプロジェクト（大学共通科目・必修）で多様な PBL 型の取り組み
を実施
- コアカリキュラムを検討する中で、大学共通科目・必修で多様な PBL
型の取り組みを実施
- PC 等の情報技術を使って科学的・論理的な思考をするのに必要な基礎
的な事項を学修する「情報リテラシー科目」設置
-「教養科目」として、学際的なテーマを扱い、ひとつのテーマについて
多方面からのアプローチが存在することを示しながら、どのような社会
現象や自然現象にも複数の側面があり、それらの間に複雑な関係性があ
ることを理解させ、思考力に総合的な分析力や判断力を加えることを主
な目的とした「融合領域科目」を開設
- 21 世紀型リベラルアーツ教育で必要となる能力を包含する「学士課程教
育における学修成果を示す共通観点」を、三つの方針作成のガイドライ
ンとなる「三つの方針（DP・CP・AP）策定要領」に明示している
- 分野を横断して連携・融合を図る ESTEAM（英語、科学、技術、工学、芸術、
数学）教育推進のため、異分野融合のイノベーションを創出する人材育
成の場の新設し、学部の枠を超えた学際的な学びを展開し、授業や成果
発表の場として全学部で活用
- 教養教育を各自のゴールに向かって志を立てるプロジェクトととらえ、
そのための自己発見と動機付けを行う科目、これまでの教養教育で何を
学んだのか、またそれは自分の志の実現にどう活きてくるのか、をレポー
トにまとめる科目を開設
- 新聞社と連携し SDGs をテーマに高校生と大学生が課題解決に取組むプ
ロジェクト実施
- 多職種連携教育で多視点アプローチを重視したディスカッション形式を
取り入れた科目の開設

- 数理・データサイエンス・AI プログラムの全学必修化
- データサイエンスに関する副専攻制度の開始
- 共通教育科目として「キャリア開発教育科目」「学生プロジェクト科目」群を設置し、これらの科目を通じて、21 世紀型スキル (思考・能力・人材育成等) を育成
- 文理横断による知の統合、論理的思考力や課題発見・解決能力を身に付けるため、複数専攻の学修 (ダブルメジャー、メジャーマイナー等) の拡充
- 2022 年度からのカリキュラム変更による実施のため、今後検証を行う

11.　21 世紀型リベラルアーツ教育における苦労した点があれば教えてください。(自由記述)

苦労した点として大きく以下の 5 つに分けられる。

1.　合意・調整系

- 学内合意
- 全学的な調整に時間を要する
- 全学的取組への拡大、学部の理解

2.　科目内容および運営系

- 部局 (文系・理系) の特性を考慮してどのような共通内容を実施できるのか
- 複数キャンパスによるキャンパス間での共有 (共通開設) が難しい
- ティーチングアシスタント (TA) やスチューデントアシスタント (SA) の確保

3.　カリキュラム系

- 国家資格の養成課程における全学横断カリキュラム設定の困難さ
- 21 世紀型リベラルアーツ教育の科目と専門教育科目との整合性 (バランス)
- 多くの学生が教員免許取得を目指しているため、カリキュラム上の"ゆ

とり"が少ない
- 各学部における卒業要件等について

4.　教員および教育資源系
- 教員の理解および意識改革
- 教員確保、適切な教材・題材の確保（教育資源の確保）
- PBL を行う教員の確保、連携先（自治体や企業）の確保
- 科目設定や授業内容の設定、担当する教員の決定

5.　その他
- 学生が希望科目を履修できるようなシステム作り
- 学修成果を可視化し、アセスメントする点
- センター等開設に係る体制整備

　これらは全てが関連していて、従来からの大学における教育改革の課題であり、今回のアンケート結果から改めて浮かび上がったものである。それぞれの項目で苦労され、一つずつ課題をクリアした上で、新たな取り組みを実施されている大学には敬服するばかりである。

まとめ

　以下にこれまで見てきたアンケート結果分析をまとめてみる。

　キーワードの重要度を確認した Q1-1 では、13 個全てに対して関心の高さがうかがえたが、その中でもエース級 6 つと準エース級 7 つが存在している可能性を指摘した。その上で、実際の開講科目について聞いた Q1-2 では、重要度認識と実開講科目の間に少し乖離があること、国立および 5 学部以上の大学で実開講科目が多いことが明らかとなり、大学間での教員資源の差が見られる結果となった。実開講科目名を聞いた Q1-3 からは、関連する分野を出来るだけ幅広く抽出しキーワードにつなげた形での科目開講の実態が見えてきた。

　21 世紀型リベラルアーツ教育を提供するための必要な取り組みについての Q2 では、共通教育・教養教育カリキュラムの見直しが最多の回答となり、リベラルアーツ教育の担い手としての共通教育・教養教育の位置づけを再確認することとなった。さらに、全体の教育課程を見据えての教育課程の編成・実施方針 (CP) 見直し、専門教育にまで切り込んでの専門教育カリキュラムの見直し、キーワードに関連する能力獲得を主眼とした新規科目開講が上位に続き、大学が本気で 21 世紀型リベラルアーツ教育を考えていることもわかった。また、自由記述では人材確保、資格系カリキュラムにおける工夫の必要性、共通教育・教養教育と専門教育の連携などの具体的課題が示された。

　続く 21 世紀型リベラルアーツ教育を提供するため実施している取り組みについての Q3 でも Q2 同様の回答が並ぶが、既存科目のシラバスへのキーワード記述追加については必要性を問うた Q2 の回答に比べて実施についての Q3 ではそれほど高くなく、教員の理解があまり進んでいないことがうかがえる。また、具体的な取り組みとして、学部の新設、教養担当センターの新設、検討委員会の新設、新規科目開講、メジャー・マイナー制度の導入などに加えて、数理・データサイエンスなどの要素を既存科目に取り込む、分野を超えた対話を通してその知識や技能を応用して発展的・創造的に思考・発想する力を養成する科目群の設定、文理クロス履修のパッケージ化、教養教育科目の学内聴講制度、可視化した学習成果を経年的に評価する、DP・CP 整備の上に教養教育ポリシーを策定し体系的に科目を整備するなどの回答があった。

　これら具体的な取り組みの検討がどこで実施されたかについての Q4 では、共通教育・教養教育の見直しは共通教育・教養教育担当組織で、専門教育カリキュラムの見直しについては学部・学科でとなっており 2 つは別ルートでの検討が行われていることが確認出来た。この 2 つを含む全ての取り組み検討に全学または学部横断組織の関与が一定数見られることから、大学全体での取り組みと認識されていて学内での最終意思決定が単独組織では行えないことがうかがえる。具体例を聞いた Q5 からは、全学共通教養科目にデータサイエンス・リテラシーと STEAM 教育という二つの要素を取り入れ、専門

科目との並行的教育科目としてリベラルアーツ教育を位置づけた、教養教育センター主導で、今年度より、各分野のフロントランナーを講師として招聘しオムニバス形式の新規講義（異分野横断講義）を開設、副専攻制度を発展させた全学分野横断創生プログラムを開始、コース制からコアエリア制、プログラム制へ移行、など特徴的な取り組み例が浮かび上がった。

　具体的な取り組みの動機についてのQ6では、新しい教育課題と教員に求められる資質・能力について適宜PDCAを実践する必要があるため、理系的要素をもった教育課程を強化する必要を認識、大学カリキュラムの魅力を高めるため、大学自己点検評価でCPに対して改善が求められていた、などの内発的動機や、Society5.0を踏まえたAI戦略2019などの国・文科省等の方針、中教審答申等を踏まえ、社会のニーズに対応するため、教科「情報」など新学習指導要領で学んだ高校生の入学時期（2025年）を強く意識、数理・データサイエンス・AI教育プログラム認定制度への申請、学生募集状況の悪化、などの外発的動機が回答から明らかになった。

　取り組み開始時期についてのQ7では半数以上が2016年度〜2021年度と回答しており、関連するFDについてのQ8では、FD実施事態は半数に届かないが、FD実施大学の方が具体的取り組みにつなげている実態が明らかとなった。

　学内の組織改革または仕組みの変更についてのQ9では、4割程度が実施しているが、実施している大学の方が具体的取り組みを実施しているという点も確認出来た。

　取り組みの成果について聞いたQ10からは、学部4年間と大学院博士前期課程2年間を接続した6年一貫の学習体制、学際的なテーマを扱い、思考力に総合的な分析力や判断力を加えることを主な目的とした「融合領域科目」開設、21世紀型リベラルアーツ教育で必要となる能力を包含する「学士課程教育における学修成果を示す共通観点」を「三つの方針（DP・CP・AP）策定要領」に記載、分野を横断して連携・融合を図るESTEAM（英語、科学、技術、工学、芸術、数学）教育推進、多職種連携教育で多視点アプローチを重視したディスカッション形式を取り入れた科目の開設、文理横断による知の統合、論理的

思考力や課題発見・解決能力を身に付けるため、複数専攻の学修（ダブルメジャー、メジャーマイナー等）の拡充、など特徴的な成果があげられた。

　取り組みで苦労した点についての Q11 では、担当教員確保、カリキュラム設計、運営支援、学内合意形成など多くの課題があり、各大学において苦労してこれらの課題を解決し実施にこぎつけていることが明らかとなった。

　それでは続けてこのアンケート結果から、1. 現代社会で求められている課題に対応する能力育成の優れた取り組み事例、2. 教養教育、専門教育から構成されるとされる現在の学士課程教育のあり方を時代に応じて大学が自律的に新しい教育設計につなげる過程、は明らかになったのかについて述べてみたい。

　1. については、Q1 〜 Q3 を対象として考えてみると、キーワードの重要性の認識、関連する取り組み、具体的科目開設という流れが見えてくる。キーワードには、大きく分けて a）スキルとして既存科目に組み込めるもの、b）内容として既存科目に組み込めるもの、c）スキルも内容も既存科目ではカバーできないため新規科目（新規教員）で対応せざるを得ないもの、があると考えられるが、共通教育・教養教育を中心に専門教育も対象としてキーワードに関連する分野を教員等の手持ち資源から幅広く抽出し科目を提供するという形での改革が進められていることが明らかとなった。既存科目にキーワード関連要素を取り込む、既存科目を関連科目群として設定するなど既存の教員をもとに取り組みを始め、共通教育・教養教育と専門教育を連携させて 21 世紀型リベラルアーツ教育を実現する形が 1 つのモデルケースであると言えるかもしれない。

　2. については、1. での学内での検討をより詳しく見ると、21 世紀型リベラルアーツ教育改革については、全学として検討する場合と、実施母体となる組織で検討される場合が併用されていることがわかった。これは、実施母体組織での検討結果を踏まえ、全学で改めて周知・検討されているものと考えられる。具体的には、E）共通教育・教養教育カリキュラムの見直しにおいては、教養教育・共通教育担当組織での検討が、学部横断組織、学部・学科での検討を経た後、全学で決定されているように見える。専門教育中心と

なる C）教育課程の編成・実施方針の見直し、D）専門教育カリキュラムの見直し、G）学科、コース等教育単位の見直しについては、学部・学科が関与しての検討結果を全学で追認しているように見える。この流れは、決して新しいものではなく、大学における従来型の意思決定の流れと言え、今回のアンケート結果から、大学が自律的に新しい教育設計につなげる過程が機能していることが確認出来たとも言える。

　一方、自由記述等からは、上記の実施組織での検討優先とは少し異なり、全学主導で検討組織を立ち上げて進められた事例も見られた。これらは、文部科学省の方針、中央教育審議会答申、認証評価による指摘といった外圧、中長期計画策定、入学者の多様化への対応といった内発的動機による執行部主導での改革と言える。いずれにせよ、実施に当たっては、多くの課題に直面しそれらをクリアしていくことで実施につなげている点は共通しているように思われる。

参考文献

堀井祐介（2023）．「21 世紀リベラルアーツ教育に関する大学へのアンケート調査結果分析」『学士課程教育における現代社会で求められている課題に対応する能力育成に関する調査研究報告書』大学基準協会、大学評価研究所、pp. 19-44.　（https://www.juaa.or.jp/research/document/）

第2章 21世紀型リベラルアーツ教育をめぐる大学の取り組み、そのカリキュラムの開発・設計と支援の手立てをめぐって

杉森公一

1. 大学改革の動向と背景

　中央教育審議会「質的転換」答申を契機に、2010年代の大学教育改革はアクティブ・ラーニングと学習評価の刷新が叫ばれた。筆者が実際に所属大学でのプログラム開発にあたった範囲でも、大学間連携共同教育推進事業、産業界のニーズに対応した教育改善・充実体制整備事業、大学教育再生加速プログラム（AP）事業、知識集約型社会を支える人材育成事業など、外部補助事業としての政策誘導の影響で、特に授業レベルの教授法開発や全学レベルでのInstitutional Research（IR）の制度・組織整備が進んだ。カリキュラムレベルの取り組みにつながるものとしては、文部科学省「教学マネジメント指針」の下で、私立大学等総合改革事業に文理融合教育の推進や主専攻・副専攻制度の導入、高大接続の取り組みが求められている。

　大学基準協会「学士課程教育における現代社会で求められている課題に対応する能力育成に関する調査研究」は、カリキュラムレベルの取り組みを行う大学関係者へのインタビューにより、五大学のケーススタディを抽出した。本調査研究からは、自大学の置かれた状況に応じた必要性や長い議論のうえで取り組みが生まれていることが明らかとなった。大学設置基準の大綱化（成城大学）、学科改組（玉川大学）などで組織変更が直接の契機になったものもあれば、執行部や全学会議がイニシアティブを取る（中部大学、立教大学）ことによって教育改革の一環として行われたものもあった。また、学生の変化や社会の求めるニーズに俊敏に対応（静岡大学、中部大学）し、新しい実務組織を作る、あるいはセンターを発展させる取り組みも見られた。

　本章では、先進事例の表層的な模倣に留まらず、新しい取り組みを担う人的リソースの確保や、持続可能性に焦点を当て、大学教育におけるカリキュラムの再編成に向けた処方箋を考えたい。

2. 異分野融合と新しいカリキュラム

　時代の変化が新しいカリキュラムを要請するという視点から文理融合教育の必要性を主張するノースイースタン大学の第七代学長である Joseph Aoun は、著書『ROBOT-PROOF：AI 時代の大学教育』のなかで、AI 技術と自動化の台頭する新しい技術革命の世紀の到来にあって、大学教育の使命の変化を論じている。技術を理解するリテラシー、データを扱うリテラシー、ヒューマンリテラシーの 3 つのリテラシーを基盤として、新しい認知的能力を涵養する学問分野「ヒューマニクス」を提唱している。たとえば、デジタル技術と人文学や経済学を掛け合わせたデジタル・ヒューマニティーズ (Digital Humanities) や計算社会科学 (Computational Economics) の勃興をあげている。ほかにも多様性や持続性の取り組みである Diversity, Equity and Inclusion (DE&I)、SDGs への対応など、考慮すべき要素は枚挙に暇がない。医療の高度化に対応する多職種連携教育 (Interprofessinoal Education; IPE) のように、医歯薬・保健学・福祉・介護といった幅広い専門職の連携を学部教育段階で求める動きも活発である。

　しかし、そうした異分野融合教育の実践とその効果を測るのは、短いスパンでは困難であろう。学生の成長は、長期的な効果として、卒後から生涯にわたって現れる。仮に、卒業時点での中間的な成果を学習成果 (ラーニング・アウトカム) として測るとしても、様々な要因の影響を見据えた教育設計が重要である。簡易な見取り図として、Astin は、入学 (Input) から教育環境 (Environment) を経て成果 (Output ／ Outcome) が獲得される一連の過程を「I-E-O モデル」と定義している (**図 2-2-1**)。I-E-O モデルはシンプルなモデルだが、学生がどの範囲と水準まで獲得したかを把握するという学習成果測定の局面における強力な枠組みとして、米国の大学教育の場で機能している。E (教育環境) としてのカリキュラムが十分な影響を与えているか、卒後の生涯キャ

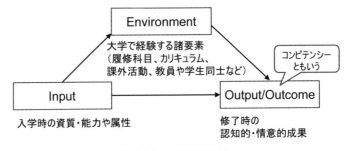

図 2-2-1　I-E-O モデル

（Astin 2012）

リアのなかで培われるコンピテンシーも念頭に置きたい。

3. 教育の質と持続可能性

3.1 新しいカリキュラムを開発・設計するには

　新しいカリキュラムを開発・設計するためには、既存の学部教育を越えた枠組みを想像し創造することが必要となる。しかし、すでに学問分野として成り立っている特定のディシプリン (discipline) から離れることには、教員にも学生にも一定の忍耐が求められてしまう。学際的な学問分野 (inter-discipline) としての科目群を再構成するならば、文理融合、文文融合、理理融合というように、すでにある科目同士を結合したり組み替えたりすることで、教養教育・共通教育の枠内あるいは複数学部を横断した副専攻科目の創設が考えられるだろう。

　では、新しい学問分野の萌芽あるいは急激な社会変化に対応して、カリキュラムを編み上げていくために、我々はどのように取り組んでいけばよいのであろうか。溝上慎一 (2006) は、大学教育におけるカリキュラムを見る視点として7つの構成要素を紹介している。

　　……最広義でいえば、学生の学習経験を考慮して編成されるカリキュ
　　ラムが学生を育てるカリキュラムであるのだから、そのカリキュラムを
　　見るということは、カリキュラムとしての教育計画のなかで、学生の学

習経験に影響を及ぼしている要素群は何かを見るということになる。こ
のような観点に立って、カリキュラムを構成要素に分け、その上で総合
的に見ていこうとするのは安彦忠彦である。安彦は、カリキュラムを見
る対象を教育計画の内部要素に求め、次の 7 つを挙げる。

表 2-2-1 カリキュラムの構成要素

1. 教育内容…	実際に教えることとした知識、技能、価値などの教育内容が、ある学年の、ある学部・学科の、ある学生（たち）に適したものであったかどうか、など教育内容の妥当性を主として問題にするもの。
2. 組織原理…	コア・カリキュラム、教養科目の構成次元、ある教育内容を正課教育／正課外教育として教えるか、などの組織原理を吟味するもの。
3. 履修原理…	ある教育内容を必修科目／選択科目とするか、外国語科目のように習得の度合を重視して能力別クラスで履修させるか、など履修のさせ方を問題にするもの。
4. 教材…	ある教育内容を習得する上で用いられる教科書教材、実験教材、視聴覚教材、オンラインコンテンツなど種々の教材が、学生の学習上適切で効果的なものであったかどうかを吟味するもの。
5. 配当日時数…	ある授業科目（群）に配当される単位数が目標達成上十分なものであるか、学年配当や一単位時間の妥当性も含めて配当日時数が総じて効果的なものであるかどうかを問うもの。
6. 授業形態…	授業で採用される種々の教授形態（一斉講義、小集団、ティーム・ティーチング、個別指導、実験・実習、オンライン学習など）が、目標や内容、学生たちの実態に即して適切に、多彩に、柔軟に用いられているかを問題にするもの。
7. 教授法…	カリキュラムの一要素として含めて考える場合に、目標、内容、学生たちの実態に合わせて、適切に、効果的に選択され、工夫されているかを見るもの。

（溝上 2006 に、オンライン学習の要素を追記）

　しかし、これらの要素は、同じ学問分野を教える大学教員の集団が協働す
ることを前提にしており、異なる学問分野に属する大学教員同士が、新しい
学際組織として開放的で対等に学ぶことには相当な困難を伴うだろう。誰が
この開発の任にあたり、どのように軌道に乗せていけばいいのか。学長や学
部長のリーダーシップのもとに、学内協働の支援体制を整えていく処方箋が
欠落しているのかもしれない。

3.2 教職員の意識形成と体制づくり、持続性

　カリキュラムの再開発と実装にあたって、支援の担い手は、ファカルティ・ディベロップメント（FD）を担う FD センターなど学部外組織に属する教育開発専門職、FD 委員会や教務委員会の構成員、カリキュラム調整に従事する教務系職員が相当するであろう。私立大学協会の調査によれば、カリキュラム調整や FD の専任ポストを置く大学は 1 割程度にとどまる[1]ことから、現実には、学内の兼任教職員が主として担い、一部を学外の専門家（専門職）に頼っていると考えられる。

　筆者を含む教育開発専門職（FD に専従する教職員）は、大学教育センター等に所属することが多いと思われるが、前述の調査結果とセンター設置数にはギャップがある。川島啓二（2020）は、2017 年の時点でセンターを設置する大学が 55.2％であり、これから設置しようとする大学も 11.2％であることを明らかにした。2005 年時点では全国で 24.4％の設置率だったものが、およそ倍増している。一方で、センター未設置の大学において「設置する予定はない」と回答した大学は 88.8％に上っており、センターの量的拡大については一定の節目を迎えたと考えられる。

　FD 発祥の地のひとつである米国では、教学担当副学長（プロボスト）オフィスのもとに置かれた学部外の FD 組織を Center for Teaching and Learning（CTL）と呼んでいる。様々な専門職スタッフを多人数配置し、授業方法改善（ミクロレベル）からカリキュラム開発（ミドルレベル）・組織開発（マクロレベル）までを網羅的に扱う包括型 CTL、学問分野に応じた教育研究、オープンオンライン教材開発などに特色をもつ小規模 CTL と様々な形態がある（杉森公一2022）。米国の教育開発専門職協会である POD Network には、約 1,400 名の会

---

[1]　日本私立大学協会大学教務研究委員会「大学教務に関する実態調査」（平成 28 年度・令和 3 年度）によれば、「どのような教学系の高度専門職を置いていますか」という設問に対し、カリキュラム・コーディネーター 1.4％・10.3％、ファカルティ・ディベロッパー 1.6％・1.7％であり、アドミッション・オフィサーやリサーチ・アドミニストレーターも含めていずれの高度専門職員も置かない大学の割合は 87.9％・67.7％となっている。

員が所属しており、公表している CTL リストには 400 組織が掲載されている。また、Wright（2023）の 2018 年から 2020 年にかけてのウェブ調査では 1,209 の CTL が識別されている。これほどの量的な充実があるものの、日本と同様に専門職の養成には課題があり、その対応として CTL マトリクス（American Council of Education and POD Network 2019）など、CTL の発展の基盤となるリソース提供が行われている。CTL マトリクスは、組織構造、リソースとインフラ、プログラムとサービスの 3 カテゴリ・17 項目からなるルーブリックになっており、自センターの発達段階を認識するツールとして紹介されている。日本版 CTL マトリクスとして、2022 年に西野らによる邦訳が POD Network ウェブサイトに掲載されている。

　こうした米国の CTL は、アクティブ・ラーニングの導入のためのセミナーやワークショップを定期的に開催するなど、ミクロレベルには機能を発揮しやすいものの、新しいカリキュラムの開発には限定的な役割しか発揮できていないことも指摘されている（Kaplan & Cook 2011）。具体的には、CTL との協力には潜在的な可能性があるが、学部教員からの視点では、CTL の専門家との協力をカリキュラム問題では拒むという（Lattuca & Stark 2011）。

　センターが機能するための方策には、CTL マトリクスでも紹介している、協働する環境の提供と組織構造へのアプローチが含まれる。一過性の研修や授業コンサルテーションにとどまらず、授業を担当する個人の枠組みを越境して、協働学習を行うコミュニティを形成するファカルティ・ラーニング・コミュニティ（FLC）、カリキュラム担当者との継続的な協働、リーダーシップの開発支援に関しては、実践事例を含めて次節で述べる。

4. カリキュラムを再構成する

4.1 北陸大学データサイエンス・AI 教育プログラムの創設を例に

　筆者の所属する北陸大学では、高等教育推進センターが 2021 年に設置され、授業レベル・カリキュラムレベルでの支援体制が整備された。新しいカリキュラムを創設するにあたって、学部間を架橋する共通プログラムから取り組むことから始めようと、全学レベルでも筆者が座長となり、全学教務委

員会のもとに、カリキュラム調整のワーキンググループを形成し、調査・設計・開発・実装を手掛けることになった。

契機となったのは、文部科学省「数理・データサイエンス・AI 教育プログラム認定制度（リテラシーレベル）」に代表される、全国的なデータサイエンスへの注目である。Aoun が『ROBOT-PROOF』で主張した新しいリテラシーのひとつを参照軸として、本学のデータサイエンス教育では、「データサイエンス・AI に関する基礎的な知識の修得に加え、データを理解・活用し、情報の解釈と意味を見いだすことを可能にする『データリテラシー』を身に付ける」ことを教育目標に置き、運営体制を教員単位・学部等単位から全学組織に引き上げた（**図 2-2-2**）。2019 年以降に、文系学部での一人一台ノート PC 必携化（Bring on Your Own Device; BYOD）、理系学部への展開、全学部の情報リテラシー科目を共通化するといった準備期間を経て、2022 年に全学教務委員会が主導する「北陸大学データサイエンス・AI 教育プログラム」の開設が達成された。

本プログラムは、文部科学省令和 5 年度数理・データサイエンス・AI 教育プログラム認定制度に認定された 165 件のリテラシーレベルのなかから、7 件のリテラシーレベルプラスに選定されている。選定理由として、ソースコードを要さないノーコードツールの採用、教室内反転学習の実施、分析コンペティションの開催、連携企業との授業実施を通じて学生講評や表彰の実施、キャンパス内売店の販売データの分析、オープンエデュケーション教材の公開の 6 点の特色が挙げられ、文系・理系を問わず学生の学習意欲の向上を図っていることが高く評価された。

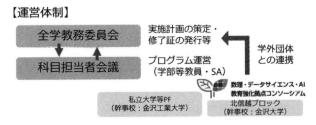

図 2-2-2　北陸大学データサイエンス・AI 教育プログラムの運営体制

4.2 成果の定着とカリキュラムを再構成しようとする文化の形成

　2021 年に設立された北陸大学高等教育推進センターは、新しい学部外組織として、「教職員と学生の学びの場づくりの結び目となる」「学習者中心の教育・学習を通じて、私たちの社会をより善くする」をミッションに掲げ、授業設計ワークショップやセミナーなどの FD プログラム提供を通じて、教育改善の支援を行っている。データサイエンス、ハイフレックス技法と教室環境整備、教室内反転授業の実現には、新しい教育技術と新しい教育内容を取り入れるための専門家によるサポートが欠かせない。また、Student Assistant（SA）の全学共通研修、授業設計支援のための教員コンサルテーションには、年間 140 時間を費やしている。教員の授業力・授業設計力の向上が、学生の理解度向上と高い動機付けにつながり、学生の行動力に火を灯していくことが期待される。

　さらに、学部・部局を越境した教職員の対話と交流は、文化形成の鍵となる。そのような機会として、当初は学部単位で実施したファカルティ・カフェを発展させ、学部横断・教職横断の実践コミュニティ形成を試行した。2022 年度には計 6 例、のべ 61 名の参加があったファカルティカフェには、教員と職員が所属組織を超えて交流し、教育や授業、学生の支援に関する工夫や悩みなどについて共有したり意見を交わしたりする機会となり、参加者の満足度は高い。限られた事例の実践報告・検証に留まらず、授業モデルを多くの教員に共有する実践コミュニティのなかで、実践例の蓄積や、相互のフィードバックによる課題解決を図ることにつなげたい。

5. 小括と提言

　新しいカリキュラムの再編成にあたっては、それを支える人的リソースの充実と教職員の意識の醸成が課題となる。自大学の文脈に沿って、教育の質を見直し、持続可能な教育開発が求められている一方で、誰がそれを担うのか、各階層における自律分散のリーダーシップを獲得できるかが問われているのではないだろうか。Arum ら（2011）は、『漂流する大学教育（Academically

Adrift 未邦訳)』で、学部生の 45％が、大学 2 年生までの間は、批判的思考、複雑な推論、ライティングコミュニケーション能力が非常に低いと指摘した。そして、大学 4 年生でも、36％にはまったく改善が見られないという大学教育の状況に警句を発している。学習者を中心に置いて、新しい時代を形成する卒業生を輩出できるカリキュラムを編み直せるかどうかは、あらゆる大学構成員が学びあう場としての「実践コミュニティ」の形成とそれを支える組織体制の再構築の実現にゆだねられるだろう。

参考文献

安彦忠彦 1999,「カリキュラムの評価的研究」, 安彦忠彦 (編)『新版　カリキュラム研究入門』, 勁草書房, pp.181-207

American Council of Education and POD Network (collaborative authorship by Collins-Brown, E, Haras, C, Hurney, C, Iuzzini, J, Magruder, E, Sorcinelli, MD, Taylor, SC, and Wright, MC) 2019, 'A Center for Teaching and Learning Matrix', *POD Network and American Council of Education* (ACE)

浅沼茂, 安彦忠彦 1985,「教育評価研究とカリキュラム」, 安彦忠彦 (編)『カリキュラム研究入門』, 勁草書房, pp.153-186

Astin, AW 2012, 'Assessment for Excellence：The Philosophy and Practice of Assessment and Evaluation in Higher Education', 2nd ed. Rowman & Littlefield Publishers

Aoun, JE 2017, 'ROBOT-PROOF: Higher Education in the Age of Artificial Intelligence' Cambridge, MA: MIT Press (アウン・JE (著), 杉森公一, 西山宣昭, 中野正俊, 河内真美, 井上咲希, 渡辺達雄 (訳) 2020,『ROBOT-PROOF：AI 時代の大学教育』森北出版)

Arum, R and Roksa, J 2011, 'Academically Adrift' University of Chicago Press

中央教育審議会大学分科会 2020,「教学マネジメント指針」

文部科学省 数理・データサイエンス・AI 教育プログラム認定制度 (リテラシーレベル) https://www.mext.go.jp/a_menu/koutou/suuri_datascience_ai/00002.htm (2023 年 11 月 1 日 閲覧)

西野 毅朗, 杉森 公一, 吉田 博, 竹中 喜一, 佐藤 浩章 2022,「日本版 CTL アセスメントツールの開発」高等教育開発 1, pp.46–54

Kaplan, C and Cook, M, ed 2011, 'Advancing the Culture of Teaching on Campus: How a Teaching Center Can Make a Difference' New York: Routledge, p.122

Lattuca, LR and Stark, JS 2011, 'Shaping the College Curriculum: Academic Plans in Context' John Wiley & Sons

Wright, MC 2023, 'Centers for Teaching and Learning: The New Landscape in Higher Education' Johns Hopkins University Press

北陸大学データサイエンス・AI教育プログラム https://www.hokuriku-u.ac.jp/datascience/（2023年11月1日閲覧）

川島啓二（編）2020,『大学における教育改善等のための組織体制の在り方』高等教育研究叢書152, 広島大学高等教育研究開発センター

溝上慎一 2006,「カリキュラム概念の整理とカリキュラムを見る視点：アクティブ・ラーニングの検討に向けて」京都大学高等教育研究 12, pp.153-16

杉森公一 2022,「ファカルティ・ラーニング・コミュニティの形成―対話型省察的実践のアクションリサーチ―」北陸大学紀要 52, pp.309-319

杉森公一 2023,「21世紀リベラルアーツ教育に関する大学へのインタビュー調査結果分析」『学士課程教育における現代社会で求められている課題に対応する能力育成に関する調査研究報告書』大学基準協会、大学評価研究所、pp. 45-50.（https://www.juaa.or.jp/research/document/）

第3章　21世紀型リベラルアーツ教育に関する企業等の評価と期待

山田礼子

はじめに

コロナ禍により停滞したものの近年のグローバル化の進展により、「21世紀知識基盤社会」において、より優秀な人材をどう育成するか、グローバルな科学競争にどのように対処していくかは、世界における高等教育の共通の課題として認識されてきた。「21世紀知識基盤社会」においては、研究推進に関連した知識の構造化が進展し、他方では学力の標準化と平準化が国際的規模で議論の的にもなってきた。OECD諸国における AHELO（Assessment of Higher Education Learning Outcomes）の取り組みなどもその一例であった。AHELO は必ずしも参加国が足並みを揃えて推進するという結果にはならなかったが、21世紀型ラーニングアウトカムの提示は多くの国々の高等教育機関が「21世紀知識基盤社会」を視野にいれて試みてきた取り組みの一つでもある。

米国のアメリカ大学協会（AAC&U ＝ Association of American Colleges and Universities）による ELO（Essential Learning Outcomes）は、そうした大学生が身につけるべき学習成果として提示されたが、この内容は日本も含む多くの国々の高等教育機関が大学生の獲得すべき学習成果として提示している内容と共通点が多い。

日本においては、臨教審答申において能力育成に関連した内容が提示されて以来、審議会答申では能力育成に関する内容が提示されるようになった。2000年の大学審議会答申『グローバル化時代に求められる高等教育の在り方について』では、「高い倫理性と責任感を持って判断し行動できる能力」、「自らの文化と世界の多様な文化に対する理解の促進」、「外国語によるコミュニケーション能力」、「情報リテラシーの向上」、「科学リテラシーの向上」がグ

ローバル化に伴って求められる能力として提示された。2008年の中央教育審議会答申『学士課程教育の構築に向けて』では、学士力[1]が参照基準として提示され、学士力には先述したELOの内容とも多くの点で共通点が見られる。

　背景として、大学生が身につけるべき資質・能力は、「大学教育の学習成果」として、過去20年、社会経済のグローバル化の影響を受けて、各国の教育システムの独自性を超えた共通の課題であったことを失念してはならない。大学卒業生に社会から求められる資質・能力をどう育成するかは、国境を越えて各国の高等教育の在り方やカリキュラムにも影響を及ぼしてきた次第である。先述したAAC&Uが策定したELOに限らず、OECDが提示した21世紀型スキルは、EUやアジア各国の高等教育にも影響を与えているなど、大学卒業生に求められる資質・能力の在り方やその獲得の方法については、相互連関性があるといえるだろう。これらの能力概念は、各専門分野の知識・技能に留まらず、コミュニケーション力・課題解決力・論理的思考力や態度・志向性、そしてグローバルな課題に関連した知識と多文化の人々との協働等の実践的活用までを包摂し、Generic Skills等様々な呼称で提起され、世界の多くの高等教育機関で一般教育、共通教育、そして専門教育を通じて育成するべく、カリキュラムや教育方法の見直しがされてきた次第である。日本においても学士力が参照基準として提示されて以来、高等教育機関では、学士力を育成するべく、共通・教養教育のカリキュラム改革等を進展させている。

　この流れに沿った形で学生が獲得するべき21世紀に対応した学習成果や共通・教養教育の内容とは何かを明らかにすること、あるいはそうした視点

1　1.　知識・理解　(1)多文化・異文化に関する知識の理解、(2)人類の文化、社会と自然に関する知識の理解　2.　汎用的技能　(1)コミュニケーション・スキル、(2)数量的スキル、(3)情報リテラシー、(4)論理的思考力、(5)問題解決能力　3.　態度・志向性　(1)自己管理力、(2)チームワーク、リーダーシップ、(3)倫理観、(4)市民としての社会的責任、(5)生涯学習力　4.総合的な学習経験と創造的思考力

を共有することは不可欠であるともいえよう。本章では、そうした問題意識に基づいて進めてきた大学評価研究所での調査研究の内容と調査結果から、21 世紀型リベラルアーツ教育が企業等でどう評価され、期待されているかについて分析を試みる。

1.　2021 年度大学評価研究所での調査研究部会の調査研究の趣旨

　「学士課程教育における現代社会で求められている課題に対応する能力育成に関する調査研究部会」では「持続可能な社会の実現を目指す人類共通の諸課題への積極的な取り組みを展開する上で、重要な役割を果たすと思われる能力や資質の向上を目指した教育を 21 世紀型リベラルアーツ教育として位置づけた上で、これらが大学教育や企業等[2]で重要視されるかどうかの調査を大学と企業等に対して 2022 年 5 〜 6 月に実施した。21 世紀型リベラルアーツ教育として本協会 (大学基準協会) が位置づけ、新しいリベラルアーツ教育の一環として大学に期待されている内容の例として、本協会はこの調査にあたって以下の 4 点を示した。

- 複合的な課題に対応できる通分野的教育活動の展開
- グローバル化に対応できるコミュニケーション能力の育成
- デジタル化社会の進展に対応できる情報通信技術の育成
- 継続的な自己改革を展開できる批判的思考力、主体性などの育成

　その重視度を尋ねた大学の回答結果からは、現在、データサイエンス系の学部や学科を設置している大学も増加しており、今後も理工系学部の再編を後押しするような基金の設置が検討され、実際に動き出していることを反映して、データサイエンスを筆頭に STEM や文理融合や STEAM に関連する項目が充実されている傾向が確認された。実際に、これら 21 世紀型リベラルアーツ教育に関連する科目として、「データサイエンス」や「異文化理解」

2　本調査で企業等としているが、調査対象となった団体は、企業、公共団体その他の団体を含んでいる。また、回答者は、上記の企業等に所属する人事担当又はこれに類する業務にあたっている者である。

に関連する科目を設置している大学は 80％以上であることが示されている。「批判的思考」や「公共性・社会性・市民性」に関する科目の設置も 70％程度とかなり高い。以上のように大学を対象にした調査においては、全般的にこの間、21 世紀型リベラルアーツ教育として、認識されてきた項目が重視されてきた傾向が確認され、今後もカリキュラム、プログラム等に組み込んでいくものと思われる。次節以降では、企業等の調査の概要を示し、次に企業等のアンケート調査の回答を見てみよう。

2.　企業等への調査の概要

2.1 企業等アンケート調査

　本調査では、大学向けのアンケート調査と並行して、これらの能力育成に対する社会の期待や受け止め方を調査するため、企業、公共団体その他の団体（以下、「企業等」という。）向けのアンケート調査も行った。調査会社によるモニター調査を利用し、選択肢及び自由記述から成る質問紙形式で実施した。実施期間等については以下のとおりである。

実施期間：2022 年 5 月
調査の対象者：企業等に属する人事担当又はこれに類する業務にあたっている者
　　　※なお、下記の条件も付してスクリーニングし、対象者を特定した。
　　　　　・年齢（30 歳〜69 歳の範囲内にあること。）
　　　　　・企業等の別・規模
　　　　　　　（企業については、1,000 人以上／未満それぞれでモニターが得られること。また公務員・非営利団体等職員においても同様にモニターが得られること。）
調査対象数（スクリーニング後）：750 人
　　　企業勤務（従業員規模 1,000 人以上）　　250 人
　　　企業勤務（従業員規模 1,000 人未満）　　250 人
　　　公務員・非営利団体等職員　　　　　　　250 人

　調査は、大学向けアンケートと同様、21世紀型リベラルアーツ教育についてのキーワードをいくつか挙げ、それらを重要視する度合いなどに主な関心を置いた。

2.2 企業等インタビュー調査

　アンケート調査同様、インタビュー調査についても企業等への聞き取りを行った。大学向けアンケート調査結果及び企業等向けアンケート調査結果を踏まえ、関心事項を精査した上で、対象を選定して実施した。実施期間等については以下のとおりである。

　実施期間：2022年8月〜2022年9月
　実施方法：オンライン
　実施団体：2団体
　　　　　（一般社団法人 日本経済団体連合会、一般財団法人 三菱みらい育成財団）

　企業、公共団体その他の団体の範囲は広く、また例えば企業といっても業種、規模は多様である。全ての類型にインタビューすることは困難であるため、今回は公共団体その他の団体は除外し、主に企業関係者の期待や受け止めを調査することに限った。また、個別企業にインタビューするのではなく、大学教育に対して一定の提言等を行ってきている経済団体等を対象にすることとした。

3. 企業等の大学教育への提言動向と本調査の回答結果

　企業においても企業をめぐる国外・国内の環境変化の中で、大学改革や大学の学習成果に期待する声は大きくなっている。2022年1月には経団連が「新しい時代に対応した大学教育改革の推進」をまとめ、文部科学大臣に提言を手交している。その背景には、コロナ禍を契機にデジタル変革(DX)やグリーントランスフォーメーション(GX)が加速する中で、岸田文雄政権は人への

投資を掲げており、産学官が連携して大学教育改革を進めることが急務となっている（長谷川、2022・4・25、日刊工業新聞）ことがある。この提言は多岐にわたっているが、「Society 5.0」の実現に向けて、大学が教育面で、新しい時代に対応した教育改革を推進することが不可欠であることが要諦であるといえる。

　特に、「Society 5.0」において、企業が求める能力と資質として、リテラシー（数理的推論・データ分析力など）、論理的思考力と規範的判断力、課題発見・解決能力、未来社会を構想・設計する力、高度専門職に必要な知識・能力が求められると説明をした上で、基礎学力、リテラシーをそれぞれ基盤として、「リベラルアーツ教育を通じて」論理的思考力と規範的判断力が涵養され、課題発見・解決力、未来社会の構想・設計力と相互に関連づけながら、高度専門職に必要な知識と能力を獲得することと位置づけている。

　従来から、論理的思考力の醸成は大学教育に求められてきたが、この提言では「Society 5.0」に向けて、具体的な要素が提示され、それぞれが関連づけられていることが新たな視点であると思われる。こうした経済界の動向を踏まえて、今回企業等の人事関係者はどのような回答を示しているのか見ていこう。

　今回の調査では、21 世紀型リベラルアーツ教育として重視する項目を大学に尋ねているが、同じ項目を企業等がどう認識しているかを把握するために同じ質問を尋ねている。

　問 1[3] は、現在の多くの大学が持続可能な社会の実現を目指す人類共通の諸課題への積極的な取り組みを展開する上で、重要な役割を果たすと思われる能力や資質の向上を目指した「21 世紀型リベラルアーツ教育」の中に含まれると思われるキーワードを調査研究部会が議論し調査の中で提示した上で、企業等が重要視する度合いを尋ねている。問 1 は大学への質問項目と同一である。

　図 2-3-1 は回答数をそれぞれの項目毎に「とても重要」から「重要でない」

3　設問一覧及び素集計については、資料編〈資料 3〉〈資料 4〉参照のこと。

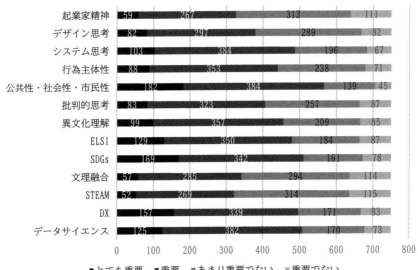

図 2-3-1　企業等が重視するキーワードの重視度

までを示したものであり、**図 2-3-2** はそれぞれの項目毎の平均点を示したものである。「公共性・社会性・市民性」の項目が最も平均点が高く、企業等でも重視されている SDGs がそれに続いている。また、DX やデータサイエンスなど「Society 5.0」の実現あるいはデジタル社会が不可欠な時代であるという背景を反映して「データサイエンス」や「DX」がそれに続いている。それでも高い項目の平均点は、「重要」を示す 3 には達していない。

　一方、2022 年から中央教育審議会の中に大学振興部会が設置され、そこでの重要なテーマとして、「文理横断・文理融合教育」の推進が挙げられており、すでに多くの大学も「文理横断・文理融合教育」を進捗させるための大学改革に着手し、具体的にはリベラルアーツ教育において文理融合教育や

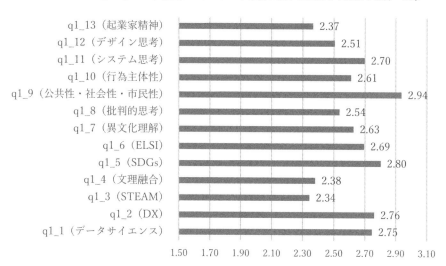

図2-3-2　企業等が重視するキーワードの平均値

STEAM教育を提供することを実践してきている。そうした方向性が、大学のキーワードの重視度にも反映されているが、企業等の回答では、「文理融合」「STEAM」といった項目の平均点は2.38、2.34とかなり低く、重視すると回答している実数（とても重要と重要）もかなり低い結果が示されており、現時点で大学との差が存在することがわかる。

　図2-3-3は企業等が重視する4年間の学部の学習成果の平均値を示している。**図2-3-4**は企業等が4年制大学卒業生を採用する際に、重視する度合いの平均値を示している。同じ項目が多いことから、2つの図をセットとして説明する。

　社会を巡る環境変化として2000年台以降の顕著な動向はグローバル化の進展であった。グローバル化に関連した項目が図2-3-3のq2_1からq2_6そしてq2_9である。しかし、これらの項目の平均値は3に達しておらず、決して高くないという結果である。

　図2-3-4の採用にあたって企業等が重視する度合いの平均値でもグローバル化に関連した項目の重視度合いは高くない。おそらく、本回答については、グローバル企業がどれくらいの割合で回答しているかがわからないため、正

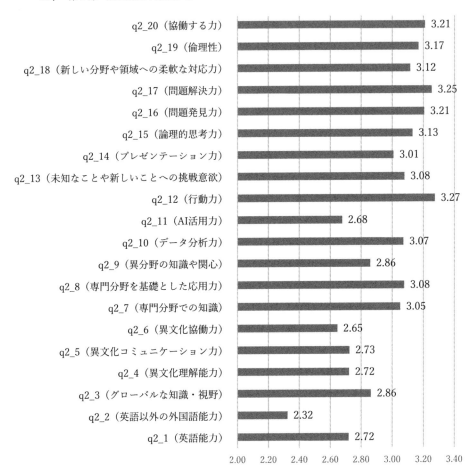

4. とても重要、3. 重要、2. あまり重要でない、1. 重要でない

図 2-3-3　企業等が重視する4年間の学部の学習成果

確に分析することはできないが、国内市場をメインとする企業や公務員・非営利団体にとっては、グローバル化に関連する項目を学習成果として大学に期待し、採用に際して重要視する度合いもそれほど高くないといえるのではないだろうか。

「論理的思考力」「問題発見力」「問題解決力」「専門分野での知識」「専門分野を基礎とした応用力」「データ分析力」は大学の学習成果として重視する度合

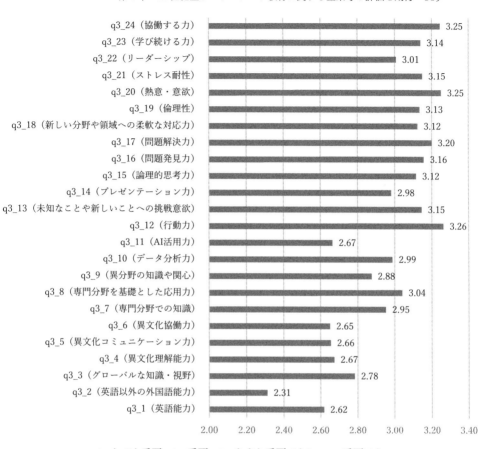

4. とても重要、3. 重要、2. あまり重要でない、1. 重要でない

図 2-3-4 企業等が4年制大学卒業生を採用する際に重視する度合い

いも採用にあたって重視する度合いもいずれも「重要」という回答に近いか、あるいは超えている結果となっている。学習成果として学生がこれらの項目を身につけていることが採用にあたっても順当に評価されることが示されているといえよう。

上記の項目が「認知面」を示しているとすれば、「情緒的行動特性」に分類される「協働する力」「倫理性」「新しい分野や領域への柔軟な対応力」「未知なことや新しいことへの挑戦意欲」「行動力」は大学の学習成果や採用するにあ

たっても重視する度合いが高い結果となっている。採用する際の項目として、「学び続ける力」「リーダーシップ」「ストレス耐性」「熱意・意欲」なども重視する度合いがかなり高い結果が示されている。

　これらの項目は、従来の知識の習得を主とするいわゆるバンキング型授業だけの大学教育では習得することは容易ではなく、アクティブ・ラーニング型授業やPBL授業そしてインターンシップなどの経験を通じて、醸成される項目であるともいえる。それゆえ、21世紀型リベラルアーツ教育としては、内容のみならず、授業方法などもセットで改革されることが不可欠であるといえるだろう。

　問4.では所属する企業等が4年制大学卒業生を採用する時点で重視する度合いについて尋ね、上記の学生が身につけた資質・能力について、主としてどのような形式で評価しているかについて、複数回答可として回答してもらったものを図2-3-5に示している。「個別面談・面接」が極めて多く使われている評価形式であることが示されている。「グループ討議」や「プレゼンテーション」も利用されている評価方法である。「グループ討議」や「プレゼンテーション」は大学教育を通じて学生に授業方法のなかでも取り入れられ、成果としても身につける目標とみなされている。これまでの質問に対する回答から、企業の採用時と大学での授業の成果目標や手法としての整合性が見受けられる。エッセイや小論文、資格試験の結果なども取り入れるところもあり、これらは書くことから論理性を評価するという姿勢や実際の学習成果を資格試験という客観的な指標で判断することにもつながっているとみてとれる。

　図2-3-6は企業等がこれからの学士課程教育の成果として期待する学生の資質・能力をどのように大学に伝えているかを複数回答で尋ねた結果である。大学と産官が学生の採用にあたって連携を取る必要性が指摘されているが、直接大学に伝えているよりは、学生の説明会を通して伝えていると数が最も多く、産官学の間での学生の学習成果や資質を巡るコミュニケーションが特段進んでいるとはいえない状況が示されている。

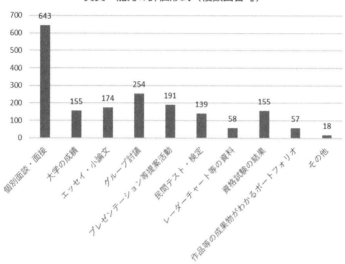

図 2-3-5　採用時における学生が身につけた資質・能力の評価形式

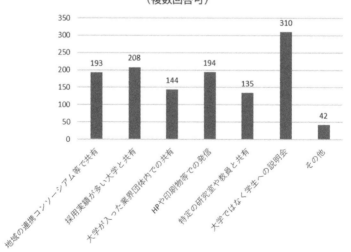

図 2-3-6　これからの学士課程教育の成果として期待する学生の資質能力の大学への伝え方

4.　企業規模や企業以外の業種による回答傾向

　次に回答結果において企業の規模や企業以外の団体の種類によって回答傾向に違いがあるのかを検証してみたい。まず、回答者の概要について示しておきたい。回答者は従業員1,000名以上の会社に勤務している人事関係者が250名、従業員1,000名未満の会社勤務の人事関係者が250名、公務員・非営利団体職員の人事関係者が250名である。回答者の性別は、88％が男性、12％が女性であり、圧倒的に男性の人事関係者の回答が多い。回答者が所属する企業・団体等の規模は51％が1,000名以上、1,000名未満が49％とほぼ均等という結果である。この回答者の概要から、1,000名以上の会社の人事関係者、1,000名未満の会社の人事関係者、そして公務員・非営利団体職員の人事関係者という属性による回答傾向を検討してみよう。

　まず問1であるが、各項目について3つの属性とのクロス集計を行った結果、統計的に有意差があった項目は、1.　データサイエンス、2.　DX、3.　STEAM、4.　文理融合、5.　SDGs、6.　ELSI、7.　異文化理解、8.　批判的思考、9.　公共性・社会性・市民性、10.　行為主体性、11.　システム思考、12.　デザイン思考、13.　起業家精神という項目であった。「とても重要」と「重要」とマークする傾向には13項目中11項目において同じ傾向がみられた。

　1.　データサイエンス、2.　DX、3.　STEAM、4.　文理融合、5.　SDGs、6.　ELSI、7.　異文化理解、8.　批判的思考、10.　行為主体性、11.　システム思考、12.　デザイン思考の各項目について、「とても重要」と「重要」を合わせた比率が最も高いのは、1,000名以上の会社に勤務している人事関係者であり、2番目に高い比率を示していたのは、公務員・非営利団体職員の人事関係者、最も低い比率であったのは、1,000名未満の会社の人事関係者であった。また、これらの項目においては、1,000名以上の会社に勤務している人事関係者と、公務員・非営利団体職員の人事関係者の回答の比率にはそれほど差異がないが、これら2つのグループと1,000名未満の会社の人事関係者の比率にはかなり差が観察された。21世紀型リベラルアーツ教育の動向や内容が従業員数1,000名未満の会社にはそれほど浸透していないと推察される。9.　公共性・社会性・市民性については、公務員・非営利団体職員の人事関係者の重視度

合いが 1,000 名以上の会社に勤務している人事関係者の重視度合いをかなり上回っていた。13. 起業家精神については、公務員・非営利団体職員の人事関係者の重視度が、2 つのグループよりもかなり低く、起業家精神はこの業種ではそれほど重視されていないことが結果として得られた。グローバルに展開している大企業が多いと思われる 1,000 名以上の企業が全般的に各項目を高く重視する傾向がみられる。

　問 2 については、1. 英語能力、2. 英語以外の外国語能力、3. グローバルな知識・視野、4. 異文化理解能力、5. 異文化コミュニケーション力、6. 異文化協働力、7. 専門分野での知識、8. 専門分野を基礎とした応用力、9. 異分野の知識や関心、10. データ分析力、11. AI 活用力、12. 行動力、13. 未知なことや新しいことへの挑戦意欲、14. プレゼンテーション力、15. 論理的思考力、16. 問題発見力、17. 問題解決力、18. 新しい分野や領域への柔軟な対応力、19. 倫理性、20. 協働する力といった項目のなかで、専門分野での知識や専門分野を基礎とした応用力には 3 つのグループ間での統計的有意差は見られなかった。いずれのグループも「とても重要」と「重要」を合わせると 80% 程度の回答者が重視しているとしており、専門分野の知識とそこから生じる応用力を大学教育を通じた学習成果としてみなしていることが判明している。「データ分析力」についても統計的有意差は見られなかった。いずれのグループも 80% を超える割合で重視している結果となり、「データ分析力」を大学の教育を通じて獲得し、学習成果として期待していることが示されている。「問題解決力」についても統計的有意差は見られず、いずれのグループの重視度も 80% を超えている。新しい分野や領域への柔軟な対応力についてもグループ間の差はなく、変化の激しい時代において新しい事へ挑戦し、対応する力が学習成果として評価されていることが示されている。「行動力」についても 3 つのグループ間の差はなかった。

　統計的有意差があった項目では、3 つの項目を除いて問 1 と同様の傾向が確認されている。すなわち、1,000 人以上の事業規模の人事関係者の重視度が最も高く、次に公務員・非営利団体職員の人事関係者、1,000 名未満の会社の人事関係者が続くという回答結果である。「論理的思考力」、「倫理性」、「協

働」する力という3項目について、学習成果として最も重視している比率が高かったのは、公務員・非営利団体職員の人事関係者であった。

問3はq3_1（英語能力）q3_2（英語以外の外国語能力）q3_3（グローバルな知識・視野）q3_4（異文化理解能力）q3_5（異文化コミュニケーション力）q3_6（異文化協働力）q3_7（専門分野での知識）q3_8（専門分野を基礎とした応用力）q3_9（異分野の知識や関心）q3_10（データ分析力）q3_11（AI活用力）q3_12（行動力）q3_13（未知なことや新しいことへの挑戦意欲）q3_14（プレゼンテーション力）q3_15（論理的思考力）q3_16（問題発見力）q3_17（問題解決力）q3_18（新しい分野や領域への柔軟な対応力）q3_19（倫理性）q3_20（熱意・意欲）q3_21（ストレス耐性）q3_22（リーダーシップ）q3_23（学び続ける力）q3_24（協働する力）という項目から成り立っており、問1の項目と極めて類似した項目について採用の際に重視する度合いを尋ねている。

これらの項目のなかで、グループ間の統計的有意差がなかったものは、q3_7（専門分野での知識）q3_8（専門分野を基礎とした応用力）、q3_16（問題発見力）、q3_17（問題解決力）というであり、いずれのグループもこれらの項目をかなり採用の際に重視しているという回答が得られ、問2の大学での学習成果として重視するという傾向と類似性がみられた。

5項目を除いて、問1、問2と同様に、各項目について最も重視度が高く回答しているのは、1,000人以上の事業規模の人事関係者であり、公務員・非営利団体職員の人事関係者、1,000人未満の事業規模の人事関係者が続いた。

「行動力」、「倫理性」、「熱意・意欲」、「ストレス耐性」、「リーダーシップ」を重視している比率が最も高かったのは、公務員・非営利団体職員の人事関係者であった。行動特性を採用の際に重視している度合いが公務員・非営利団体職員業界では高いと見受けられる。

5. 他の企業調査結果との関連性

筆者は、「企業の人材ニーズと大学院教育とのマッチングに関する調査」を2020年に関西生産性本部との共同研究で行った。大学院教育の学習成果と企業が求める成果を中心とする内容ではあるが、その中に大学卒業者に求

める大学での成果や人材に関するコンピテンシーを理系・文系に分けて尋ね
ているので、その結果を参照し、今回の調査結果と少し比較してみよう。

　図2-3-7 と **図2-3-8** ともに採用にあたって企業が文系・理系大学卒業生に
求めるコンピテンシーを3つ選択した結果を示している。

　直接大学の学習成果に関係していることが検証することが難しい項目であ
る「行動力・実行力」、「チャレンジ精神」が文系、理系ともに高い結果となっ
ている。大学の学習成果に直接関係するとみられ、実際この間大学が力を注
いできた「論理的思考力」は理系では 26.7%、文系では 24.8% の企業が重視し
ている結果が示されている。「専門性」は理系では 16.2% であるが、文系では
1.0% とかなり低い結果となっている。2020 年には「データ・AI 活用力」が現
在ほど注目を浴びていなかったこともあり、理系で 7.6%、文系では 1.0% と
低い結果となっている。

　図2-3-9 と **図2-3-10** には企業が大学卒業生に求めるコンピテンシーを習

［大学（文系）%］

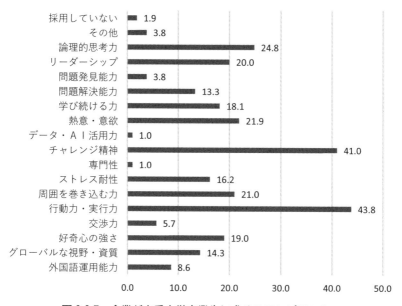

図 2-3-7　企業が文系大学卒業生に求めるコンピテンシー

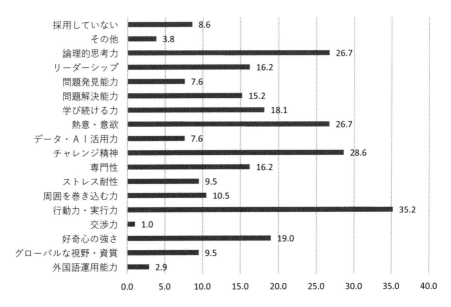

図 2-3-8　企業が理系大学卒業生に求めるコンピテンシー

得するために有意義な大学での学び・経験を文系・理系別に 1 つ選択した結果を示している。文系と理系ではかなり異なる結果が見えてきた。文系では、「リーダーを務めるプロジェクトの遂行」が 21.9％と最も高く、理系では「自身の研究テーマの追求」が 25.7% と最も高く、「企業との共同研究」も 8.6% に上っている。これは、「専門的な研究・学習」が理系では 14.3% であるのに対し、文系では 5.7% と低い結果にも関係していると考えられる。一方、「文理横断など他分野の学習」については文系が 3.8%、理系は 1.0% と両者ともに低く、特に理系では、文理融合という視点ではなく、専門性の追求が重要であると企業が認識していることがわかる。「課題解決型の授業」については、文系 15.2%、理系 7.6% と差はあるが、PBL 型授業[4] の有効性を企業が評価し

4　PBL は医学部や看護学部で比較的早くから取り入れられてきた Problem Based Learning（問題基盤型学習）と現在多くの大学で分野を問わず導入されている Project Based Learning（課題基盤型学習）の両方を意味している。

大学（文系）

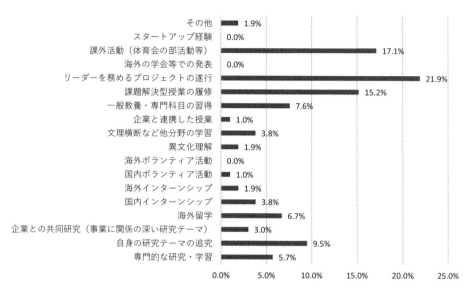

図 2-3-9　コンピテンシーを習得するために有意義な大学での学び・経験　（文系）

大学（理系）

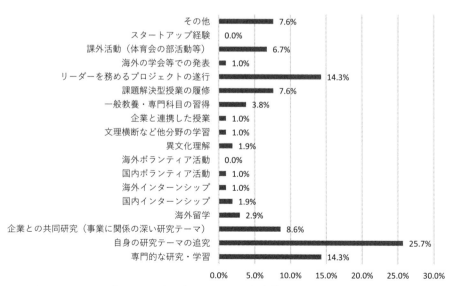

図 2-3-10　コンピテンシーを習得するために有意義な大学での学び・経験 (理系)

ていることがわかる。

6. 21世紀型リベラルアーツ教育の方法

　本章では大学および企業等へのアンケート調査結果に基づき、21世紀型リベラルアーツ教育としての内容や身につけるべき能力・スキルを提示してきた。しかし、これらと一体的に考えていくべきことに教育方法のイノベーションがある。米国では、SoTL (Scholarship of Teaching & Learning) がカリキュラム論と融合しながら、学習成果志向の高等教育政策が進展する中で、研究及び実践され、定着もしている。SoTLの進展により、米国では大学内に教授センター（日本でのFD部門）が設置され、教授法の研究や教員による教室内でのアクション・リサーチが進展した。こうしたアクション・リサーチには、一般教育及び専門教育に携わる教員双方がかかわりながら、教室内を中心とした教授法として、アクティブ・ラーニングという手法を普及させることにつながり、同時に様々なアクティブ・ラーニング方法が開発されてきた。米国で普遍的に多くの高等教育機関で取り入れられたアクティブ・ラーニング手法については、紙面の都合から触れないが、日本においても、この間のFD等が義務化され、教育方法の改善への多くの高等教育機関が注力してきたことは、米国のSoTLの進展と大いに重なる部分があるとみなされよう。

　例えば、日本の多くの高等教育機関の現在の共通・教養教育科目は、多様性の理解、創造性、チャレンジ性、個別性、能動性、リーダーシップ育成を学習成果として提示しているが、こうした「知」の獲得には、従来型の受動的に聞き、知識を獲得するだけでは限界がある。むしろ、「実践知」、「応用知」として獲得していかねばならない「知」として位置づければ、それにはアクティブ・ラーニングが不可欠となる。具体的例としては、討論、プレゼンテーション、協同学習、PBL等が新たなアクティブ・ラーニング手法として「実践知」、「応用知」とセットで進めていくことが必要となる。今回の調査では、詳細なこうしたアクティブ・ラーニング手法と21世紀型リベラルアーツ教育の内容とその学習成果を関連づけて尋ね、明らかにしているわけではないが、教育方法としてイノベーティブに開発してきたアクティブ・ラーニング

手法は今回の大学の調査結果の実際や企業が期待する内容にも反映されているといえるだろう。

おわりに

　今回の企業調査と 2020 年に行った関西生産性本部による企業調査結果では質問項目との違い、あるいは企業が学部生の学習成果として重視する方向性や採用する際の学習成果として獲得した内容の結果の細かい違いはみられたが、極端な差異は見いだされなかった。企業や産業界、その他の分野においても、これからの社会を日本だけでなく、グローバルな視点から見据え、大学に学生が身につけるような教育を提供してほしいというメッセージが伝わってくる。

　今回の調査を通じて、今後の大学では 21 世紀のリベラルアーツとしての内容やそこからの成果を踏まえた新たな科目を充実させる方向も見いだせる。例えば、SDGs は世界的な環境変化の中で持続可能な社会を構築するという世界的にも共通の課題への対処となる方向性でもある。AI の進展や SNS の拡大により、フェイクニュースの蔓延や SNS での投稿や発言を巡っての誹謗中傷の拡大と人間関係を壊すといった新たな問題が現実的に起こっており、それが社会の分断にもつながっていることは世界中で散見されている。それゆえ、ELSI（Ethical, Legal and Soccial Issues）という新たな分野を充実させることで、大学生が倫理観や法的概念を吸収し、修得していくことが求められ、21 世紀型リベラルアーツ教育あるいは科目として今後定着していく可能性も高い。

　今回の大学と企業等の調査からの知見として、大学と受け入れ先の企業等でのカリキュラムの改革や科目の新たな設置に関しては、時差もあり文理融合教育や STEAM 教育などの企業が重視するキーワードとしての平均点が相対的に高くないことが示しているように、大学の改革にむけての努力や実際が伝わっていないことは否定できない。しかし、経団連と国公私立大学との間で 2019 年に立ち上げた「採用と大学教育の未来に関する産学協議会」において 1 年間の議論を経て Society 5.0 においてどのような能力が求められるか

について図⁵がまとめられている。この図を通じて、専門分野とリベラルアーツの関係、専門分野を極めていくと、横に広がっていく周辺知識が必要で、そうした周辺知識の集合体がリベラルアーツだと解説されているが、こうした専門知識とリベラルアーツの関係はいわゆるT型人材に通底するところであるだけでなく、今回の調査で大学がカリキュラムの整備や新科目の設置により整備し、学習成果として重要であると認識している21世紀型リベラルアーツの内容と一致するところであろう。

参考文献

AAC&U (2011). The LEAP: Vision for Learning, Outcomes, Practices, Impact, and Employers' Vies, Liberal Education & America's Promise, 2011, p.7.

中央教育審議会 (2008). 『学士課程教育の構築に向けて（答申）』p.257.

関西生産性本部 (2021). 『企業の人材ニーズと大学院教育とのマッチングに関する調査報告書』pp.70.

大学審議会 (2000). 『グローバル化時代に求められる高等教育の在り方について（答申）』p.100.

山田礼子 (2014). 「アクティブ・ラーニングを通じての学びとそれを支える環境」『大学教育学会誌』第36巻第1号, pp.32-40.

山田礼子 (2022)「日本における文理融合と21世紀型リベラルアーツ教育」『滄波講座　2022』韓國教養教育學會　延世大學校　国際自由教養教育研究 Ctr. pp.107-119.file:///C:/Users/owner/Downloads/2022_Blue%20Waves%20Lecture%20Series_E-Proceedings%20(1).pdf

山田礼子 (2023). 「序章　本調査研究について」『学士課程教育における現代社会で求められている課題に対応する能力育成に関する調査研究報告書』大学基準協会、大学評価研究所、pp. 2-5.

山田礼子 (2023). 「21世紀リベラルアーツ教育に関する企業等へのアンケート調査結果を中心に」『学士課程教育における現代社会で求められている課題に対応する能力育成に関する調査研究報告書』大学基準協会、大学評価研究所、pp. 51-61.

5　採用と大学教育の未来に関する　産学協議会「Society 5.0に向けた大学教育と採用に関する考え方」, 2020, p.6 https://www.keidanren.or.jp/policy/2020/028_honbun.pdf

第4章 21世紀型リベラルアーツ教育に関する 企業等へのインタビュー調査結果分析

小林 浩

1. 企業団体へのインタビュー結果より

　本研究テーマである「学士課程教育における現代社会で求められている課題に対応する能力育成」に向けて、定量的なアンケート調査だけでなく、その背景にある社会環境の変化や危機感等を探る目的から、定性的なインタビュー調査も実施した。現代社会で求められている課題については、受け入れ先である企業、団体、自治体等で異なることも考えられるが、今回は企業側の視点として、日本の有力企業が加盟する経済団体である日本経済団体連合会、三菱グループが設立し次世代人材への育成、教育プログラムに助成を行っている三菱みらい育成財団に対してインタビューを実施した。このインタビューの内容をご紹介したい。

1.1 日本経済団体連合会

1.1.1 日本経済団体連合会の取り組み

　日本経済団体連合会（以下「経団連」という。）は、1,400社以上の日本の代表的な大手企業を中心に、製造業やサービス業など主要な業種別全国団体、地方別経済団体などから構成される経済団体である。経団連は、これから実現を目指す未来社会として Society 5.0 を掲げている。近い将来、AI、ビッグデータ、ブロックチェーン、メタバース等の技術革新が進むと同時に、カーボンニュートラルを目指すためには、産業構造の変化のみならず、社会全体を変えていく必要があるとの認識に立っている。そうした大きな社会構造の変化には、将来を見据えた人材育成が不可欠となる。このような課題認識か

ら、経団連は、国公私立大学との間で「採用と大学教育未来に関する産学協議会」を立ち上げ、Society 5.0 において求められる能力についてまとめ、2022年4月に公表している（**図2-4-1**）。

1.1.2 Society5.0において求められる能力とは

その中で、これからの社会で求められるリベラルアーツは、「論理的思考力」と「規範的判断力」と表現されている。基礎学力とリテラシーといった基盤の上に位置付けられ、「課題発見・解決力」や「未来社会の構想・設計力」と相互に関連するものとしている。「規範的判断力」とは、価値観を指しており、意思決定をする際に必要とされるものであるが、単なる判断力ではなく、異なる文化や宗教等を適切に理解したうえで、自らの立場を明確にして規範的に判断できる能力としている。それぞれの専門分野を極めていくためには、単に専門分野を狭く深堀りしていくだけではなく、横に広げていくための知識の集合体が必要であり、リベラルアーツは卒業後に社会人として、また市民として様々な責任を果たしていくうえで身に付けなければならない知識であるとしている。昨今話題に上っているデータ分析能力や数理的推論等については、英語力と同様にデータ・ドリブン社会における基礎学力としてリベラルアーツを支える学力（スキル）としており、リベラルアーツとは異なるものと位置付けている。

このように Society 5.0 において求められる能力を体系的に整理したうえで、中核となる力を2つの「ソウゾウ力」としている。これは、技術革新を駆使しながら社会課題を解決し、新たな付加価値を生み出していくための「クリエイティビティ（創造力）」と「イマジネーション（想像力）」である。

1.1.3 大学生に期待する資質・能力とは

経団連では、大学生に期待する「資質」と「能力」について、企業にアンケートを実施している。「資質」と「能力」を分けて調査したのは、これまでは求められる資質能力がコミュニケーション能力といったあいまいなものになってしまっていたという反省からとのことである。特に期待する「資質」につ

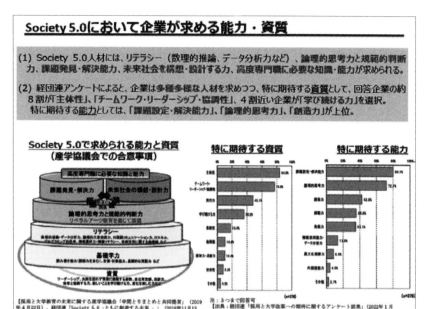

図 2-4-1　経団連による図[1]

いては、主体性、チームワーク・リーダーシップ、実行力が上位3位となっていることから、主体的に考え行動できる人材への期待が高まっていることがわかる。経団連としては、学び続ける力が4位となっていることに注目しており、社会環境が大きく変化するなかで、大学で学んだ知識はすぐに陳腐化してしまうことが考えられることから、リスキリングやリカレント教育の重要性を認識した回答であるといえる。

　また、特に期待される「能力」では、課題設定・解決能力、論理的思考力に続いて、創造力が3位となってきていることから、前述の2つの「ソウゾウ力」のように、従来の延長線上ではない、新たな付加価値を生み出す人材への期待が高まっていることがわかる。

1　大学基準協会（2023）『学士課程教育における現代社会で求められている課題に対応する能力育成に関する調査研究報告書』p.63

1.2 三菱みらい育成財団

1.2.1 三菱みらい育成財団の取り組み

　三菱みらい育成財団（以下「財団」という。）は、三菱グループが創業150周年の記念事業として設立し、未来を築く若者の育成を目指す高校や大学、事業者について教育活動への助成を行い、グッド・プラクティスを生み出し、広げていくことを目的とした団体である。設立の背景としては、三菱グループの中に、偏差値重視の大学受験による画一的な、金太郎飴のような教育に対する危惧の声が上がっていたことから、既存の教育プログラムを改革するような取り組みが必要だという認識に至ったという。三菱グループの経営者層からは、特に海外の企業と仕事をする際に、持っている知識の奥深さ、幅広さに関する重要性を実感する声もあり、専門教育のみならず、それを支える教養教育を助成していくことになったという。

1.2.2　大学に期待される教養教育とは

　財団は、大学向けに「21世紀型教養教育プログラム」という助成事業を実施している。この助成を行ううえで、大学に期待される教養教育について検討を行っている。教養教育においては、日本や世界の歴史を学び、これからの社会がどうなっていくのかを自分の力で考えられるような力を身に付けてほしいとしている。具体的には、現在社会の課題をテーマにして、人文的な教養をベースにしながら、少人数で対話を重視し、クリティカルシンキング、ライティングといったことができるようになるということが、重要だとしている。考える力を養うといった価値観の軸のようなものを養成するという意味では、歴史や哲学といった要素は外せない。ただ、その入り口は単に文献を学ぶのではなく、現代的な課題、イシューから入っていったほうが身に付くのではないかとしている。

　現代の課題に対しては、文系も理系も関係なくなることが多くなると考えられるが、全てが文理融合とすれば良いわけではなく、社会が複雑化するなかで、どのような基礎的なスキル、知識、知見を学んでいくかの検討は必要となる。例えば、DX（デジタル・トランスフォーメーション）がよく言われる

が、DX とは A から B への移行ではなく、A からいきなり C に変えていくような急激なビジネスモデルの変化、生産性の向上、新商品の開発が求められている。データサイエンスについても、データサイエンスを学ぶというより、現代社会の課題を解決するためにどのようなものが必要なのかといったイシューから入っていったほうが、学生の興味・関心が生まれるのではないかとのことである。

1.2.3　大学の教養教育への認識

　教養教育については、国立大学、私立大学といった設置区分によって、大きな差があると認識している。国立大学には、研究志向のリサーチユニバーシティと呼ばれる大学は、これまでの教養部の流れもあり、教養教育を重要視する雰囲気が残っている。一方、私立大学はそれぞれのミッションがあり、それぞれの特徴を活かした教養教育に取り組んでいると捉えている。どのような形であっても、個々の大学で別々の教養教育の内容になることは正しいことだと認識している。

　新卒採用に関しては、企業は「柔軟な地頭の良さ」を重視している。知らないものでも自ら学んで吸収できる学び続ける力、諦めずにやり抜く力、世界に通用する高い倫理感を見ているのである。「柔軟な地頭」とは、例えば採用面接で用意していない問いを聞かれた際、自分の頭の中の知識を総動員して自分なりに答えることができるかどうかだ。一方的な授業で暗記させるのではなく、考えるプロセス、対話やディスカッションを通じて教養を身につけさせていく必要がある。日本では、高校まで受験突破が目標のスキル重視となっていて、本来の学びの楽しさにつながっていないことについても課題として捉えている。さらには1年生、2年生、3年生へと進級していく際の評価の在り方や学び方にも工夫があってもよいのではないか。

1.3 インタビューからの示唆

　2つの団体のインタビューを通じて認識させられたのは、社会環境が大きく変化し、社会課題が多様化・複雑化している中で、大学に期待しているこ

とが従来とは大きく変化しているということだ。企業は、様々なスキルを駆使して、これからの社会課題に対応しながら、新たな付加価値を生み出す人材を必要としているといることがわかる。そのためには、専門分野の知識習得はもちろんだが、専門分野だけでは解決できない課題に向けて、異文化や社会的背景を理解して判断・意思決定する際の軸となる価値観を醸成したり、得た知識を総動員して「ソウゾウ（創造・想像）力」を発揮していくことが期待されている。そうした力を身に付けるためには、座学にとどまらず、対話やディスカッションといった手法を活用していく必要がありそうだ。

　企業が採用時によく使う「地頭」という言葉については、従来のような知識がある、偏差値の高い大学出身であるということ指す意味から、抽象的なテーマに対しても自ら考え、自分なりの答えを見出すことができる教育を受けているという意味へと認識の変化が見受けられる。

2. 学ぶことと働くことの接続を考える

　社会環境が大きく変化する中で、企業が求める人物像も大きく変化しており、大卒人材に期待する学生の資質・能力も変化している。この点について、学ぶことと働くことの接続という観点から、多面的に整理をしてみたい。

2.1 企業が大学に期待することとは

2.1.1　存在しない産業界が共通して求める人材像

　企業が大学に期待することとは、何であろうか。実はこれは①一律ではない②時代によっても変化する、ものである。特に①について、よく私は大学の方から「産業界で求める人材像とは」という質問を受ける。しかし、産業界を十把一絡げにして「産業界が共通して求める人材像」というのは存在しないと考えている。製造業と非製造業、大企業と中小企業、グローバル企業と地域密着型企業とでは、それぞれ求める人材像は異なる。例えば、重厚長大関連企業とインターネット関連企業では、プロダクトサイクルが異なる。前者は10年単位でプロジェクトを進めることも少なくないが、後者は月単位、あるいは週単位で状況が変わる可能性さえある。さらに、法人を顧客とする BtoB

（Business to Business）なのか、一般消費者を顧客とする BtoC（Business to Consumer）というビジネススタイルでも異なってくる。また、産業界には多様な業界や職種が存在し、それぞれ求められる資質・能力が異なるということも重要な視点である。

　つまり、「産業界で」一律に求める人材像というのは存在せず、多様な人材を必要としているということを前提として理解しておく必要がある。

2.1.2　共通して期待される資質・能力とは

　産業界で一律に求められている人材像というのはないという前提のもと、大きなくくりで見ると、企業が期待する資質・能力というものがあるように思われる。経団連や経済同友会といった経済団体が、定期的に大卒者に求める資質・能力に関する調査を実施し、公表している。経団連の過去の調査結果を見ると、大卒者に求める能力のトップは 2021 年まで長く「コミュニケーション能力」であった。つまり、多くの企業で求められているのは、広い意味での「対人能力」ということになる。

　しかし、経団連は前述の 2022 年に実施した「採用と大学改革への期待に関するアンケート結果」[2] では、調査項目の見直しを行っている。特に期待するものとして「資質」「能力」「知識」に分けている。ここから、これからの社会の大きな変化に対応するため、人材要件をより詳細に捉えていこうという企業側の意識の変化が見て取れる。

　この調査では、特に期待される資質の 1 位は「主体性」、特に期待される能力の 1 位は「課題設定・解決能力」である。前節でご紹介しなかったが、特に期待される知識も聞いている。この項目では、「文系・理系の枠を超えた知識・教養」が 1 位となっている。注目されるのは、知識として期待されているのが「専攻分野における基礎知識」を上回って、「文系・理系の枠を超えた知識・教養」となっている点である。これこそが、専門分野の知識は重要であるが、専門知識の枠を超えて文系・理系を問わない知識や教養が考える

2　日本経済団体連合会「採用と大学改革への期待に関するアンケート結果」（2022.1.18）

力のベース、つまり「地頭」と呼ばれるものとして考えられている。これこそが、21世紀型の教養教育と言われるものではないだろうか。

経済同友会も、定期的に「企業の採用と教育に関するアンケート調査」[3]を実施している。こちらも、大学・大学院卒生に求める能力として長くトップは「主体性」であったが、2016年の調査では「学校への期待」として、人格において「対人コミュニケーション能力の養成」、教育においては「論理的思考能力等の養成」となっている。

経団連、経済同友会という2つの経済団体の調査結果からも、共通して企業が求める資質・能力としては、「主体性やコミュニケーション能力等の対人能力」「課題設定・課題解決能力」「文系・理系の枠を越えた知識や教養に基づく論理的思考力」ということが言えるのではないか。

経済産業省が、社会に出てから必要となる力として2006年に「社会人基礎力」を定義している。これは、前に踏み出す力（アクション）、考え抜く力（シ

《参考》社会人基礎力（3つの能力と12の能力要素：経済産業省）

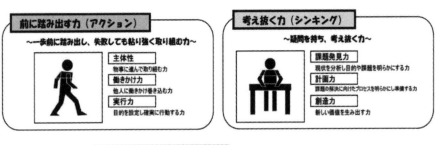

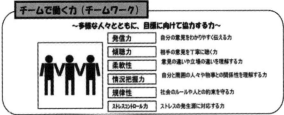

図2-4-2　経済産業省「社会人基礎力」

3　経済同友会「企業の採用と教育に関するアンケート調査」結果（2016年調査）

ンキング)、チームで働く力(チームワーク)を 3 つの能力とし、それを構成する 12 の能力要素をあげている (**図 2-4-2**)。これは、経済団体が大卒者に期待する資質・能力と概ね合致していると言える。

2.2 日本型雇用の変化と新たな潮流
2.2.1 メンバーシップ型採用とジョブ型採用

社会環境が変化し、企業は従来のような新卒社員を社内で教育しゼネラリストを養成する「メンバーシップ型採用」だけでなく、職種を特定した「ジョブ型採用」を導入するなど、新たな雇用の在り方も検討が進められている。

日本型の雇用を支える慣行として長く"三種の神器"と言われてきたのが「終身雇用」「年功序列」「企業内労働組合」である。一つの会社に就社 (就職ではない) し、ジョブローテーションにより多くの部署を経験し、個々人の適性を見極め、総合職 (ゼネラリスト) としてその企業の文化や風土に最適化した人材を育成する。そのためには、何かに秀でた専門性よりも、ゼネラルに仕事をこなせる資質・能力が必要であり、こうした人材を新卒で一括採用し、社内教育によって育成していくのが高度成長期以降を支えた日本の成功モデルであった。こうした採用方法は一般的には、『メンバーシップ採用』と呼ばれており、スキルや実務経験ではなく、学生の潜在能力に注目し、自社の社風や文化に合致した人材を採用する方法であった。まさに、就職ではなく、就社と言われる理由である。

一方、欧米では職務要件 (job description) を明確化し、その職務に適した人材を適材適所で採用する『ジョブ型採用』と呼ばれる方式が主流である。JOB 型採用では、スキルや実務経験が重視されることから、大学新卒と社会人経験者が同一職種のイスを巡って競うことから、新卒一括採用が一般化している日本と比較すると、社会人経験者に有利と言われている。その一方で、転職労働市場が形成されているため、日本と比較すると転職しやすく、転職自体が当たり前の社会となっている。

近年日本でも『ジョブ型採用』という言葉がよく聞かれるようになった。最も、日本で現在導入が進められているのは、欧米のような完全なジョブ型

ではなく、入社する際の最初の職務を確約する『就社時職務確約型』と呼ばれるものである。

2.2.2 日本版ジョブ型『就社時職務確約型』導入の2つの背景

これには、2つの背景がある。一つは、急速な社会の変化に対応するため、企業において専門性的なスキルや実務経験を持った人材が必要となってきたことである。社会の変化が激しく、従来のようにポテンシャル採用によって、ジョブローテーションによって、人材を育成しつつ個人の専門性を見極めるやり方では、変化のスピードに対応できなくなってきていることから、ある程度の専門性を持った人材が必要とされてることである。

例えば、データサイエンスに強い人材、法務や会計に強い人材、インターネットやウェブデザイン、ウェブマーケティングに強い人材等が挙げられる。社会の変化や制度の変化スピードが速く、専門人材が必要とされる職種を中心とした導入が進められている。

二つ目は、新卒採用が学生優位の「売り手市場」になっているということである。働ける世代と言われる15歳〜65歳までの日本の生産年齢人口は1995年の8,716万人をピークに2020年には7,509万人と1,207万人（13.8％）も減少している[4]。リクルートワークス研究所が毎年公表しているワークス大卒求人倍率調査（2024年卒）[5]によると、大卒者の求人倍率は2024年度の求人倍率は1.71倍となっており、学生一人に対して1.71件の求人があることから、学生優位の「売り手市場」となっている。今後、生産年齢人口の減少や少子化の進展を見越しても、大きな景気減速がない限りは、構造的な人手不足を背景とした「売り手市場」は続く可能性が高い。

そうした中で、学生のキャリア志向も変化している。学生の言葉を借りると「配属ガチャ」により、希望した部署に配属されず、モチベーションが低下し、早期に退職、転職する若者が少なくない。リクルート就職みらい研

4　内閣府（2022）「令和4年版高齢社会白書」

5　ワークス大卒求人倍率調査（2024年卒）

究所の調査によると、新卒学生の約 8 割が配属先確約を希望している（「配属先が確定されているほうが良い」「どちらかというとされているほうが良い」の合計）[6]。売り手市場の新卒採用の中で、優秀な学生を確保する一つの方策として、新卒採用においても日本型の「ジョブ型採用」の導入が進められていることは、一つの大きな潮流として注目されている。

　もっとも日本の「ジョブ型」雇用は、前述した通り、欧米のような完全なジョブ型ではなく、『就社時職務確約型』と呼ばれるものである。入社時の職務を確約するものの、数年そのジョブに従事して、自分に合わない、あるいは他の職種を希望するという状況があれば他の職種を選択できるようなものである。そう考えると、学生の就社時の職務を提示して、配属先を確約する「ジョブ型」ではありながら、現在のところは「メンバーシップ型」雇用の一つの形態と言っても良いと考えられる。

2.3 ライバルは外国人学生に

　企業にとっては人材不足が続く一方で、世界の多極化が進む中でグローバル化への対応も迫られることになる。コロナ禍以前の 2018 年卒では、従業員 1,000 人以上の大企業において、38.1％が日本の大学・大学院に留学している外国人留学生を採用する意向を示しており、さらに 16.7％は直接海外の大学・大学院卒の学生を採用する意向を示している[7]。コロナ禍で一時外国人採用は落ち着いたものの、今後は、日本人学生の就職活動のライバルが外国人学生となることも十分考えられる。そうした企業を目指す学生にとっては、留学経験や語学力等も必要になってくるであろう。

3.　「働くと学ぶ」の接続を考える

3.1 企業で課題となる「指示待ち社員」

　現在、企業で課題となっているのは、「指示待ち社員」と言われている。

6　リクルート就職みらい研究所『就職白書 2023』
7　リクルート就職みらい研究所『就職白書 2017』

言われたことはきっちりと真面目にこなすが、自ら課題を設定したり、主体的・能動的に周囲に働きかけ、幅広い知識を活用して課題解決の道筋をつけていくことが苦手な若者が増えているというのである。

　高度成長期には、欧米という一つの成功モデルがあり、それに追いつけ追い越せというキャッチアップの中で、同一文化の会社組織の中で、早く効率的に一つの正解を出すことが求められていた。いわば「情報処理力」と呼んでよいものだと思う。しかし、世界が多極化し、一つの正解があるという前提ではなくなってきた。課題を自ら発見し、得た知識を活用する力「情報編集力」が求められている。その上で、異文化を許容しながら多くの組織を巻き込んで一つの納得解についての合意を取り付けなければならなくなっている。

　こうした資質・能力を企業に入ってから育成しようとしても間に合わない。そのため、従前は「大学は余計な知識をつけるな、会社に入ってから教育する」といっていた企業であっても、大学教育に期待をかけるようになっているのである。

3.2 高大接続改革とは何か

3.2.1 高大接続改革の本質は教育改革

　こうした背景に基づいて、教育改革が声高に叫ばれているのである。そこで動いているのが、高大接続改革である。高大接続改革では、学力の定義を従来の「知識・技能」にとどまらず、知識・技能を活用するための「思考力・表現力・判断力」、さらに「主体性・多様性・協働性」を加えた『学力の3要素』へと学力観自体を変えたのである[8]。まさに、こうした『学力の3要素』を初等中等教育〜大学教育でどのように身に付けさせるか、言い換えれば受動的な学生を如何に主体的・能動的な学生に変えていけるかということである。

　高大接続改革は、こうした『学力の3要素』という新たな学力観に基づいて、高校教育、大学教育、入試を一体的に変えていこうという試みである。2021年に大学入学共通テストが導入された際、英語4技能や記述式の導入が見送

8　文部科学省 中央教育審議会 高大接続システム改革会議「最終報告」(2016年3月31日)

られたことから、高大接続改革はとん挫したと考える方もいるが、着々と進められている。その最も大きな改革は、2022年から高校で導入された、新学習指導要領である。

3.2.2　新学習指導要領で導入された高校の『探究学習』

　これまで見てきた通り、企業が求めている資質・能力としては、幅広い企業でコミュニケーション能力といわれる「主体性」や「対人能力」がベースとなっている。また、社会の変化が激しく、社会課題が複雑化していることから、「課題設定・解決能力」が期待されている。特に従来「課題解決」能力が求められていたが、近年社会課題の複雑化に対応するために「課題設定」能力が言葉として入ってきているのは注目に値する。

　2022年から導入された高校の新学習指導要領では、『探究学習』が必修となっている。『探究学習』とは、身近な社会から「問い」を見つけ出し（課題発見）、それを自ら「解決」する（課題解決）一連のプロセスのことを指す。『総合的な探究の時間』は教科の横串を差し、自ら問いを見つけて解決する、言わば扇の要のような授業となる（図2-4-3）。これは、前述した日本経済団体連合会が、特に期待される知識とした「文系・理系の枠を超えた知識」とつながるものがある。

　新学習指導要領のキーワードは、「2030年の社会と子どもたちの未来」である。2022年に高校に入学した生徒は、ストレートに行くと2025年に大学に入学し、2029年に社会に出ることになる。そのため、新学習指導要領は、2030年の社会に必要となる資質・能力を身に付けさせるために、バックキャストで考えられている。そう考えると、社会に出てから必要とされる資質・能力と、それを育成する高校のカリキュラムが連動しているのも不思議ではない。

3.3 受け入れる側の大学改革
3.3.1 入試改革の推進

　このように、高校では大きな教育改革が着実に進行している。では、受け

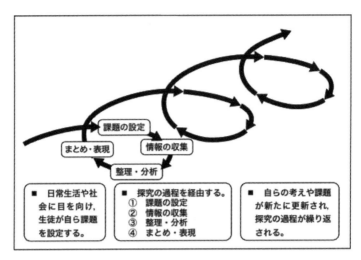

図 2-4-3　探究における生徒の学習の姿

文部科学省　高等学校学習指導要領（平成 30 年告知）解説総合的な探究の時間編

入れる側の大学はどうか。2025 年には、「探究学習」で学び、「情報」を身に付け、アクティブ・ラーニングに長けた学生が大学に入学してくる。受け入れる型の大学の準備ができているかが今後の課題となる。

　一つは大学入試である。「探究学習」の授業では、自ら問いを作り、情報を収集してまとめ、他人にプレゼンテーションして、フィードバックを受けて、リフレクションしてそれをまた磨き込む。高校教員からは、こうした授業を受けた生徒を評価する大学入試がまだまだ少なく、教科型のテストで知識のみを問う入試が多いと嘆く声を多く耳にするようになった。ただ、「探究学習」で培った力を評価する、総合型選抜が徐々にだが、着実に増えている。探究型の入試は大学としては手間がかかるため導入には時間がかかっていて、大規模大学ほど導入が進んでいないという現状がある。しかし、入試は大学からのメッセージである。大学でどのような人物を育成するのかを、しっかりと学力の 3 要素に基づいて選抜するような入試改革が期待されている。

3.3.2 高校における文理選択の功罪

　大学の入試改革が進まないと、高校の文理選択が将来の課題として残される。文理選択は、受験戦争と言われた時代に導入された、私立の入試科目に最適化して、文系クラス、理系クラスに分かれて学ぶシステムであり、文部科学省の調査によると約 3 分の 2 の高校が導入している。こうした早期の文理選択は、欧米ではほぼ存在しない。

　文理選択は教科型テストの対策としては効率的である一方、早期から嫌いな（苦手な）教科を捨てることになりがちだという問題点がある。多くの高校では、2 年生から文系・理系クラスに分かれるが、生徒が文系クラス・理系クラスを選択するのは、高校 1 年生の夏休み前後である。つまり、やっと高校に慣れた時に、文系・理系を選択するのである。多くの生徒は将来を見据えることなく、数学が苦手だから文系、古文や歴史が苦手だから理系といった風に、ネガティブ・クリーニングをしがちである。文系を選んだ生徒は、2 度と数学に力を入れて学ぶことはなくなってしまう。

　そうすると、企業が求める知識として 1 位だった、「文系・理系の枠を超えた知識」を習得することは難しい。昨今の大学の共通教育では、英語とデータサイエンスは“読み書きそろばん”と言って良いような全ての学生が身に付けるべきリテラシーになりつつある。行き過ぎた文理選択のために、大学の共通教育についていけない学生も出てきている。高校での文理選択を全て否定するものではないが、分かれる時期を遅くすることも考える必要がある。昨今では、国立大学において、文理の枠を超えた探究学習を評価する総合型選抜の導入が進められている。文理選択は、高校の問題と考えられがちだが、大学入試に対応するために導入されたシステムなのだから、大学入試改革によって変えられるものだと考えるのが適当ではないか。

3.3.3 教育改革の推進

　入試改革だけではなく、高校時代にそのような学習経験を積んだ学生をがっかりさせない教育が大学に求められている。近年の大学のカリキュラムは、アクティブ・ラーニングや PBL（project based learning）等が導入され、主

体的に課題発見・課題解決能力を身に付けるような編成に変わってきている。ラーニング・コモンズ等も教育改革を支える設備施設も整備されつつある。大学は、「卒業認定・学位授与の方針」（ディプロマ・ポリシー）を起点として、学修者本位で何が身に付くのかを明確にする必要がある。学修者本位ということは、学生を主語として学生が何を身に付けたのかが分かるようにし（学修成果の可視化）、それを学生自身が自覚できるようにする（自覚化）ことが重要である。

　初等中等で培ってきた力を大学でどのように伸長させていくのか、そのためのカリキュラムやサポート体制はどうなのか、フィードバックの仕組みはあるのか、そういった点が重要になる。高大接続改革と言われるが、本質的には高大社接続があってこそ、学生自身のキャリアの実現につながるものだと考えられる。

　初等中等教育～入試～大学を通じて、受動的と言われる日本の若者を如何に主体的・能動的な若者に成長させられるかが、問われているのである。

3.4 企業は学生の資質能力をどう見極めているのか

　では、企業は新卒採用の際に、主体性や対人能力、課題設定・解決能力といった資質・能力をどのように見極めているのだろうか。人事が見極める手法は多岐にわたっているが、インターンシップや面接が一般的である。GPA等の成績を見る企業も一部出てきているが、大学ごと、教員ごとのばらつきが大きく、残念ながらそれだけで学生の資質・能力を見極めることは困難である。

　インターンシップはわかりやすい。インターンシップの期間を通じて、学生がどのような課題認識を持ち、どのように周囲を巻き込んで、課題解決に向けてどのような考えのもと、どのような行動を起こしたのかが、おのずと見えてくる。一人ひとりの学生の強みや特長をしっかりと見極めるためには、可能であればインターンシップは長期であることが望ましい。インターンシップの中で、どこで躓き、それをどのように乗り越えていったのかといった視点で学生を見ることは、企業に入ってからの行動を推察するといった点

においても重要なプロセスとなり得る。

　一方、面接においては、複数回実施したとしても、1回あたりの時間が限られているため、質問の工夫が必要になる。そのため、面接の質問には企業のカラーが表れる。特に、昨今学生が「ガクチカ」と呼ぶ質問がある。「あなたが学生時代に最も力を入れたことは何ですか」という質問の略である。企業は、この質問を通じて、学生の取り組みや行動の基となっている思考力や行動特性、判断基準等を聞き出そうとしているのである。学生が学生時代何に真剣に取り組み、どのような経験価値を経て、何ができるようになったのか、それが社会に出てから活用できそうか、自社で活躍できるだろうかという点を見ているのである。

　しかし、多くの学生が語るのは、部活やサークル活動、アルバイト、ボランティア等学業以外の「ガクチカ」であることが多い。近年の大学のカリキュラムは、主体的に課題発見・課題解決能力を身に付けるような編成に代わってきているはずである。可能であれば、学業を中心に正課・正課外を通じた大学生生活で、何が身に付いたのか、その過程でどのような努力をしたのか、どのような課題認識をもって壁を乗り越えたのか、それを自己省察してどのように自分の経験価値として学び取ったのか、といった回答が数多く出てくることが期待される。

4.　企業、大学、学生それぞれの役割

4.1 企業に期待される役割

　企業は、各企業が求める人物像の解像度を上げていく必要がある。社会が大きく変化する中で、自社の求める人物像も変化してきているはずである。そのため、求める人材像をアップデートして、より具体的な言葉で大学や学生に伝なければならない。人口減少が進む社会において、優秀な人材を獲得するため、また入社後活躍してもらうためには、企業の魅力を発信するとともに、大学生にわかりやすい言葉で求める人物像を伝えていく必要がある。

　一部ジョブ型採用という新たな雇用の在り方を導入する企業もあるが、日本企業の多くはメンバーシップ採用である。スキルベースのジョブ型と比較

すると、メンバーシップ採用は、企業の社風や文化といったものが反映される分、学生には採用基準が分かりづらい。メンバーシップ採用型企業の評価基準は、学生本人が潜在的に持っているポテンシャルと言われている。ポテンシャル＝求める人物像をざっくりとした言葉ではなく、学生が分かりやすい言葉にして伝えていくことが求められる。

　ただでさえ、学生は有名企業や日常生活で直接接点のある企業しか知らないという現状がある。自社に合った人材を獲得し、入社後に活躍してもらうためにも、求める資質や能力、スキル等を明確にしておく必要がある。

4.2 大学に期待される役割

　産業界が求める人材像という一律のものは存在せず、業種、業界、プロダクトサイクル、職種等によって、多種多様であることは既に述べた。つまり、企業は大学全体に画一的な人材育成を求めているのではなく、各大学のミッションや特色、強みを活かした人材育成やリベラルアーツ教育が期待されているように思う。共通教育一つとっても各大学大きな違いがある。カリキュラムの中身やディプロマ・ポリシーを見ても本来は各大学の特徴が表れるはずである。

　しかし、大学の数が800にも達すると、予備校や受験産業が大学をグルーピングで呼ぶようになり、残念ながら各大学の個性や強み、特徴が分かりづらくなってしまっている。各大学は、建学の精神や理念があり、このような人物を育成するのだといったミッションがあるはずである。総合型選抜や学校推薦型選抜という新たな入試方法や大学のカリキュラム改革によって、入学時の偏差値だけでは大学の価値が測れなくなっている。今改めて、各大学の個性や強み、価値を明確にして、社会に発信することが期待されている。

　そのためには、卒業時に何を身に付けたのか、学修成果を可視化し、学生が自分の言葉で語れるようにすることが重要である。現在はデジタルバッジのような得た知識や技能を証明するような仕組みも導入が進められている。また、ポートフォリオは学生が自身の学修や活動をリフレクションして、経験価値を自覚化するためのものである。

　ただ、残念ながら、こうした学修成果を可視化、自覚化するための、様々なツールを大学が上手く使いこなせているというところまでは来ていない。教員が何を教えたかから、学生が何を身に付けたかの大きな転換期となっていることを意識した、教育改革や仕組みの改善が必要となってくるだろう。

5.　求められる企業と大学のコミュニケーション

　今回の調査研究を通じて分かったのは、産業界が求める人材像というものはないものの、共通して企業が求める中核的な資質・能力としては、「主体性やコミュニケーション能力等の対人能力」「課題設定・課題解決能力」「文系・理系の枠を越えた知識や教養に基づく論理的思考力」ということである。

　高度成長期の「人材は企業で育てるから、大学は何もしてくれるな」という時代は、終焉を迎え、必要な人物像を大学と企業で共に考え、共に育成することが重要になっている。企業から大学教育への期待は高まっていることは間違いない。しかし、大学の教育改革の取り組みが企業側に十分に伝わっているかというと、そうではない。今回のインタビューでも、教養教育とはシェークスピアを読むことではないといった発言もいただいた。企業も大学も変化するなかで、相互に認識ギャップが存在していると言えるだろう。

　企業も大学も時代によって、大きく変化している。分かっているつもりにならず、求められる人材像やそのための教育の在り方について、大学と企業とでより頻繁で深いコミュニケーションが必要である。企業と大学のコミュニケーションの場をどのように作っていくのかは今後の大きな課題である。

　もう一つ重要な視点は、前述のように企業の雇用制度が見直される中で、学生一人一人が、自分のキャリアを自分で作っていかなかればいけない時代になってきたことである。人生 100 年時代を迎え、個人が働く期間が企業の寿命を超えることも想定しなければならない。大手の有名企業に就職したから、生涯安心という時代は終焉を迎えている。そうした、学生が将来の自身のキャリアを考えていくために、もちろん専門教育は重要だが、長く働くための基盤あるいは礎を涵養する大学の新たな教養教育は、今後より注目されていくと思われる。

参考文献

小林浩 (2023). 「21 世紀リベラルアーツ教育に関する企業等へのインタビュー調査結果分析」『学士課程教育における現代社会で求められている課題に対応する能力育成に関する調査研究報告書』大学基準協会、大学評価研究所、pp. 62-66.

山田礼子 (2023). 「21 世紀リベラルアーツ教育に関する企業等へのアンケート調査結果を中心に」『学士課程教育における現代社会で求められている課題に対応する能力育成に関する調査研究報告書』大学基準協会、大学評価研究所、pp. 51-61.

第3部　大学・社会の今

第3部 大学・社会の今

第1章　大阪大学における新しい時代の能力育成を目指した全学共通教育カリキュラム改革

村上正行

1. はじめに

　大阪大学の教育の基本は、学問の真髄を極める専門性の獲得に加え、幅広い見識に基づく確かな社会的判断力としての「教養」、異なる文化的背景をもつ人と対話できる「国際性」、自由なイマジネーションと横断的なネットワークを構想する「デザイン力」を備えた人材の育成である。大阪大学では、2022年から始まる第4期中期目標期間に加え、さらにその先も見据えた中長期的な経営ビジョンである「OU (Osaka University) マスタープラン 2027」（大阪大学 2022) を取りまとめている。その中で、教育基盤については「大阪大学は、卓越した教育機関として、社会からの負託に応えるべく、社会課題に対応する能力を身に付け、どのような社会に変容しようとも個々の自己実現を図り、生き生きと力強く活躍し、新たな社会を創造できる知性あふれる人材を持続的に育成する教育環境を整備します。」として、現在さまざまな取り組みを行っており、現代社会で求められている課題に対応する能力育成に対応している。本章では、大阪大学の全学共通教育において新しい時代における能力育成に関する取組について紹介する。

2. 全学教育推進機構とカリキュラム改革

　大阪大学全学教育推進機構は、1994年の教養部の廃止に伴って設立された全学共通教育機構、大学教育実践センターに流れを汲む組織として、2012年に発足した。2023年度現在、全学教育企画開発部、共通教育実施推進部、教育学習支援部から構成されており、全学共通教育の企画開発と実施推進、

さらに、教員の授業改善、学生の主体的学びに関する支援を行う組織である。この全学教育推進機構が中心となって、大阪大学の全学共通教育カリキュラムを運営している。大阪大学では、第 3 期中期計画「OU ビジョン 2021」（大阪大学 2016）で、社会の負託に応える人材の育成を目指す学部教育の推進を目標に掲げており、ポリシーに基づきカリキュラム改革することをアクションプランとしていたことから、2019年に大きなカリキュラム改革を行った（大阪大学全学教育推進機構 2023）。具体的には、一般教育ではなく教養教育、語学教育ではなく国際性涵養教育として位置づけを見直し、総合研究大学としての大阪大学の特長をなす高度な専門教育を中核としたままで、学部から大学院まで一貫した教育体系として入学から卒業まで継続して教養教育、国際性涵養教育を平行して学ぶ、三本柱の“縦型教育モデル”へ転換した。そのモデルを**図 3-1-1** に示す。

- 教養教育：様々な角度から物事をみることのできる能力や、総合的思考に基づいて、的確に判断する能力を身に付ける教育
- 専門教育：学部・研究科において提供される特定分野での学識及び能力を身に付ける教育
- 国際性涵養教育：多様な言語の運用能力及び世界の多様な歴史、文化、社会、科学等についてのグローバルな理解に基づく国際性を涵養する教育

このカリキュラム改革における特徴として、アクティブ・ラーニング型初年次教育の導入がある。少人数セミナー型導入科目として春夏学期に必修科目「学問への扉」を、その発展として秋冬学期にアクティブ・ラーニング型科目である選択科目「アドヴァンスト・セミナー」を新設した。「学問への扉」については、3. で詳細に説明する。また、最新の ICT 教育にも対応したカリキュラムとして、情報処理教育科目の内容の半分、英語科目の約 4 分の 1 を e ラーニングとした。また、情報処理教育科目は「情報社会基礎」「情報科学基礎」として必修化しており、4.1 で紹介する。

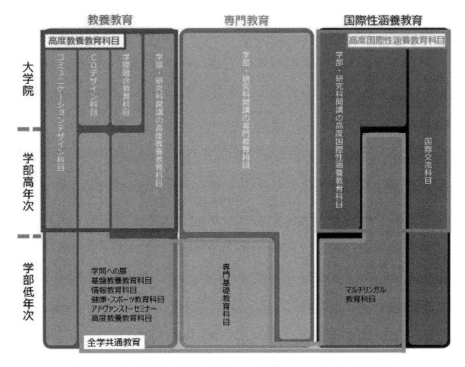

図 3-1-1　大阪大学における学部から大学院まで一貫した教育体系
（https://www.osaka-u.ac.jp/ja/education/academic_reform/curriculum_H31/curriculum）

3. 初年次少人数セミナー型導入科目「学問への扉」

3.1「学問への扉」の概要と目的

　本章では、2019 年から新設された初年次少人数セミナー型導入科目「学問
への扉」について紹介する。「学問への扉」は、大阪大学の新入生約 3400 名
に対して春〜夏学期（セメスター科目）に提供する必修科目で、250 コマ程度の
授業を開講している。定員は原則 1 クラス 17 名に設定している。「学問への
扉」の目的として、(1) 高校までの受動的で知識蓄積型の学びから、主体的で
創造的な学びへの転換、(2) 異分野の学生らと興味ある内容を学ぶ中で、異
なったものの見方や課題解決の道筋の意識、(3) アカデミック・スキルズ（レ
ポートやプレゼンテーションなど）の学習を含む、大学における学びの基礎科目、

としており、2. で説明した 3 つの柱「教養教育」「専門教育」「国際性涵養教育」の導入科目として位置づけている。

　「学問への扉」の実施によって期待される効果として、(1) 研究者との直接対話によって喚起される学びへの意識の変化、(2) 専門とする分野以外の研究に触れることによる専門分野を見る視野の広がり、(3) 入学直後に他学部の学生、他分野の先生と密に接する体験が育む分野の壁を超える学習意欲の向上、を掲げている。1 年生の入学時点で研究の面白さを研究者である大学教員から直接対話を通して学ぶことで研究に対する動機づけを高めることを目指している。また、できるだけ理系の学生は文系の、文系の学生は理系の、という異分野の授業を履修することを推奨しており、授業内で多様な専門分野の教員や学生と関わることで、学生自身の視野を広げることも期待している。

　250 コマ程度の授業を開講するために、研究科・学部の教員だけではなく、研究所やセンターの教員も含めた大阪大学に勤務する教員全員が授業を担当する「全教員担当制」によって実現している。計算上だいたい平均して 7 年に 1 回程度担当することになっており、各部局に在籍する教員数から年度毎の担当教員数を算出して依頼し、各部局で担当教員を選出してもらっている。

　授業は、7 つの時間帯 (月 5、火 5、水 2、水 3、水 4、水 5、金 5) にそれぞれ 36 コマ程度ずつ配置している。学生は所属する学部学科毎に指定された 2 つの時間帯の約 70 クラスから第 8 希望まで選択し、学務情報システムに登録する。その登録結果に基づいて、抽選を行い、平準化するように割り当てている。例年、第 1 希望の授業を履修するのは 3 分の 2 程度で、第 1 ～第 8 希望以外の授業を履修する学生も 7％程度いる。できるだけ上位希望の授業を履修できるように希望登録する際への指導なども行っているが、3.4 で紹介するアンケートの結果によると、履修した授業の希望順位と満足度などの結果に相関は見られず、授業の希望順位に関わらず有用な成果は得られている。

3.2 授業担当者に対する FD 研修

　運営体制としては、全学教育推進機構に「学問への扉」部会を設置して、部会の教員が教務係とともに実務を行い、授業実施のための担当教員に対する情報提供や研修なども実施している。教員向け情報は、全学教育推進機構の Web サイト内にまとめている (https://www.celas.osaka-u.ac.jp/teacher/)。「担当者便覧」として、「学問への扉」の概要、抽選のルール、シラバスや評価についての説明に加えて、ティーチングガイドや FAQ などを記載した冊子を作成し、担当教員に配布している。

　毎年 12 月頃に、翌年の授業担当者を対象とした研修会を実施している。内容としては、(1)「学問への扉」の目的や注意点、アンケート結果の説明、(2) アクティブ・ラーニングの授業設計、(3) 授業実践の紹介 2 件（文系、理系）から構成しており、2020 年度からは (1) (2) をオンデマンド、(3) をリアルタイムオンラインで実施している。授業設計における注意点として、特に理系の授業科目を文系の学生が問題なく受講できるように、担当教員には、できるだけ、高等学校までに学んだ共通の内容をバックグラウンドとすること、一部または全部の学生が高等学校までに学んでいない内容を要求する場合、初めの数回で授業に必要な知識等を共有できるようにすることをお願いしている。

　また、2019 年度の授業について授業観察を行い、20 の授業を対象として授業デザインの参考となる事例集「授業実践ガイド」を作成した（大山ら 2020）。対象となる授業の選定は、できるだけ多様な分野に亘ること、成績優秀学生が、「最も印象を受けた」と答えた授業の中で、「学問への扉」として開講されている授業、多様な学部の学生が多く希望した授業を基準とした。各授業について、それぞれ 1 コマ分の授業を観察した上で、30 分の半構造化インタビューを行い、それぞれの授業について特徴を抽出し、見開き 1 ページで事例を作成した。事例ページには、コースデザインと学びのプロセス・授業の概要・授業方法等の工夫を記しており、授業を担当する教員の授業デザインの一助になることを目指している。

　2021 年度から 3 年間、三菱みらい育成財団の助成を受けており、Web サイ

トを構築した (https://gakumon.celas.osaka-u.ac.jp/)。そこで、この授業実践ガイドの内容を公開するとともに、2022 年度から授業観察を継続して行い、授業実践の情報を追加している。また、設立の経緯やアンケート結果、インタビュー記事や他大学への訪問調査などの情報も掲載し、学内外への広報として活用している。

3.3「学問への扉」授業実践の実例

　「学問への扉」の授業実践として、著者が関わっている 2 つの授業を紹介する。2020 年度より主担当している「学問への扉 (現代社会における情報とメディア)」(2020 年度〜 2022 年度は、ポップカルチャーと情報社会)では、SNS などのネットメディアの現状、マスメディアの変遷、情報社会における人間関係の変化の理解を目的としている。「学問への扉」の授業目的を踏まえて、1 コマの授業デザインとして、"15 分説明＋ 15 分グループ議論＋ 10 分共有"を 2 回行うことを基本とした。その際、個人で考える時間を確保した上でグループでの議論へとつなげるようにしている。この点はアクティブ・ラーニングを設計する際に、学生の学びを促進するために重要となるポイントだと考えている。授業中は学生同士の議論を中心とし、説明の時間が足りない場合には、事前課題を提供して事前に意見やコメントを集め、共有するようにした。毎回、学んだことや感想などの振り返りコメントを書いてもらい、次回以降の授業に活用するようにした。授業の課題として 2 つを設定している。1 つは大阪大学の教員に対してのインタビュー記事の作成と公開である (https://note.com/handai_infosoc)。授業内でインタビューのやり方やネットメディアに関する説明を行った上で、学生は自身でインタビューをした教員を探し、アポを取ってインタビューを行い、記事にまとめてもらう。「学問への扉」に期待されている、研究者との直接対話によって喚起される学びへの意識の変化、の達成をはじめ、学生自身が実際に活動することによる能力向上を狙っている。もう 1 つは、グループプレゼンで関心の近い 4、5 名を 1 グループにし、テーマを設定してプレゼンテーションを行い、相互評価を行っている。

　2022 年度より実施している「学問への扉 (科学技術と社会の将来を考える)」で

は、科学技術と社会の間で生じる課題を捉え、教材・教育ツールを作成することを通じて科学技術と社会の将来について熟議ができる能力・スキルの獲得を目指している。本授業では、科学によって問うことができても、科学によって答えることができないという意味で、科学を超越した「トランスサイエンス」と呼ばれる領域を対象とし、そこには様々な倫理的・法的・社会的課題(ELSI)が見出される。そこで、知識の習得だけでなく、協働形成に比重を置き、トランスサイエンス領域における諸課題を見抜き、それらへの対策を検討するというところにとどまらず、それら諸課題を言語化し、他者と共有するというところまでを目標に定めて授業を設計し、実践した(鹿野ら2023)。2023年度では、授業デザインを修正しながら授業実践を行っている。

3.4 質問紙調査による評価結果

「学問への扉」に関する評価を行うために、学生と教員を対象に質問紙調査を実施している。例年、授業の14週目から8月末もしくは9月末までを期間として、Webによる回答を依頼している。本章では、学生を対象とした質問紙調査について、(a)授業全体の満足度(5件法)、研究の面白さ(6件法)、(b)「学問への扉」を受講しての学業に対する意識(9項目、6件法)、(c)学生による能力の自己評価(11項目、6件法)の結果について紹介する(村上ら2024)。回答者数を**表3-1-1**に示す。2022年からアンケートシステムを変更したこともあり、回答者数が減少している点が課題である。

　(a)授業全体の満足度(5件法)、研究の面白さ(6件法)の結果を**表3-1-2**に示す。満足度、研究の面白さは、1年目の2019年度は4.09、4.58という結果であったが、2020年度以降、満足度は4.3程度、学問の面白さは4.9前後の結果となっており、高い結果を得られている。

　(b)「学問への扉」を受講しての学業に対する意識の結果を**図3-1-2**に示す。全体として、年々向上しており、本授業の目的を十分に達成することができたと考えられる。教員が学生の興味関心の引き出すように試みていたと感じている学生が95%を超えており、教員の授業における工夫がよい影響を与

表 3-1-1　「学問への扉」学生アンケート回答者数

	受講者数	回答者数	回答率
2019 年度	3,344	2,306	69.0%
2020 年度	3,355	2,666	79.5%
2021 年度	3,354	2,441	72.8%
2022 年度	3,375	1,463	43.3%
2023 年度	3,344	913	27.3%

表 3-1-2　学生アンケートによる授業全体の満足度・研究の面白さ 平均値

	2023 年度	2022 年度	2021 年度	2020 年度	2019 年度
満足度（5 件法）	4.40	4.36	4.39	4.37	4.09
研究の面白さ（6 件法）	4.94	4.9	4.91	4.89	4.58

えたと考えられる。(17) 学生同士のコミュニケーション、(18) 他学部の学生との交流においては、2020 年度に一度低下している。この年はコロナ禍による影響ですべての授業がオンライン授業となったことによる影響と考えられる。2021 年度は、第 1、2 回が対面、第 3 回〜第 8 回がオンライン、第 9 回〜第 15 回が対面 or オンライン（ハイブリッド）となったが、対面授業が組み合わさったこともあって 2019 年度の結果に戻り、その後は年々向上している。

　(c) 学生による能力の自己評価の結果を**図 3-1-3** に示す。全体として、年々向上している結果となっている。授業を担当する教員において情報やノウハウが蓄積されるようになり、授業における工夫などがよい影響を与えていると考えている。(24) プレゼンテーション能力、(25) コミュニケーション能力は、2020 年度に一旦低下している。これも、(b) の (17) (18) 同様、対面授業と比べると、オンライン授業ではコミュニケーション能力などの向上には寄与しにくいことが推測される。

　自由記述としては、下記のような意見があり、異分野の学問を学ぶことに

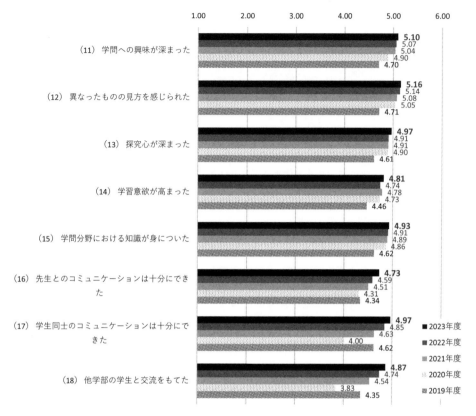

図 3-1-2　学生アンケートによる学業に対する意識 平均値

よる視野の広がりや、他学部の学生との交流などが利点としてあげられている。

　「文系、理系ともバランスよくさまざまな学部の学生が受講してたため、毎回違った人とディスカッションができて複数の視点から問題を見つけたり、解決策を探し出したりできて刺激的だった点がよかった。今後、専門の勉強をする前の土台とも言える教養的な知識を学べた。」(医学部1年)
　「私は文系ですが、理系の学問の扉でした。しかし、文系にもわかるような授業で、文系でもできるような課題にしてくださっていたので、問題なく

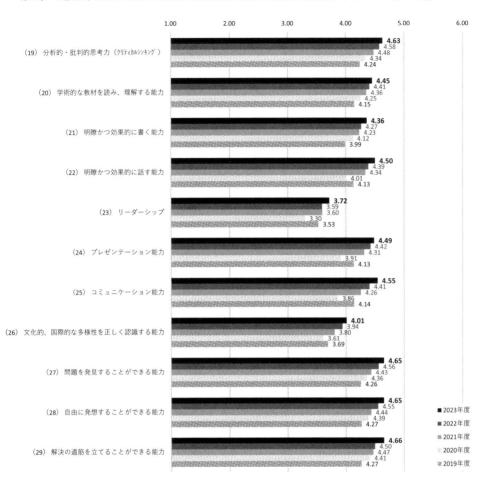

図 3-1-3　学生アンケートによる能力の自己評価 平均値

学べました。これまで、知らなかった分野の知識を得られて勉強になりました。」(文学部1年)

　「同じ学問でも学部によって切り口が全く異なるということ、学術論文の探し方、研究発表のイメージなどを学んだ。」(基礎工学部1年)

　「当初は自分の専攻分野に関する講義を希望していましたが、実際には全く違う講義を受講しました。日頃触れない学問分野を学べて楽しかったし、

この授業以外では関わることのない他学部の人たちと交流できてとても良かったです。」(外国語学部1年)

「専門分野に囚われず自分の興味を持った学問に挑戦することができ、その上、専門科目とは違う能力を得ることができるとても良い機会だった。」(歯学部1年)

4. 現代社会の課題に対応した全学共通教育の取り組み

4.1 情報教育・データサイエンス教育

本節では、2019年度のカリキュラム改革において全学共通科目として新たに必修化した一般情報教育科目を紹介する。「情報社会基礎」(文系向け)、「情報科学基礎」(理系向け)であり、授業の目的を"高度情報化社会の構成員として大学生にふさわしい情報社会の原理・本質・価値・限界・可能性等を理解し、これを使いこなす対応力を修得すること"としている(白井ら2019)。大阪大学では、これまで各学部や各学科で異なる授業内容が扱われていたが、新カリキュラムでは授業内容を統一するとともに、セメスター科目からターム科目に変更して開講することになった。ただ、ターム科目であっても合計15回の授業から構成される2単位科目とすることから、週に2回、対面授業(奇数回、8回)とオンデマンド型オンライン授業(偶数回、7回)を行うことにし、オンライン授業で得た知識を、対面授業の演習を通じて定着させることを目指している。コロナ禍対応として、2020年度から2022年度においては、COVID-19対応として、対面授業をリアルタイムオンライン授業として実施した。現在、データサイエンスに関する内容の授業を15回中3回行っており、さらに2025年度に向けて授業内容の検討を進めている。

4.2 SDGsに関する教育

SDGsはこの「誰一人取り残さない」を理念に持続可能な社会を目指す世界共通の目標で、17のゴールと169のターゲット、232の指標から構成されている。大阪大学では、SDGsを人類の未来を構想するための重要な道標と位置づけ、社会の様々なステークホルダーと協働するためのグローバルな

プラットフォームと捉え、大阪大学の活動を積極的に展開することにより SDGs の達成に貢献できるとしており、全学的な組織として「大阪大学 SDGs 推進委員会」を立ち上げ、またそのもとに「企画部会」を設置して取り組みを進めている。大阪大学の SDGs 達成に貢献する取組について紹介する Web サイト（ https://sdgs.osaka-u.ac.jp/ ）を構築し、教育・研究・社会貢献といった種別や SDGs の 17 のゴールなどで検索できるようにしている。著者が関わっている取り組みとして、釜ヶ崎で暮らすおっちゃんをはじめとして、地域の人々や講座に関心のある人であれば、誰でも参加することができる市民大学「釜ヶ崎芸術大学」がある。哲学や芸術、天文学や地理、詩、音楽など、さまざまな講座が開講されており、大阪大学の教員がさまざまな形で関わっている。「けんきゅうのつくりかた」といった講座を提供して地域の参加者とともに学んだり、授業との連携として、CO デザインセンター「協働術 H」の授業で写真家とともに釜ヶ崎の写真を撮って大阪大学で展覧会を開催したり、人間科学部の授業「実験実習 1」で現地での実習を実施している。

　また、全学教育推進機構と社会ソリューションイニシアティブ(SSI) などが協力して、2023 年より「阪大 SDGs 学入門」を全学共通科目として開講し、この科目を中心として SDGs に関する教育の展開を計画している。

5. 大阪大学における FD の取り組み

　大阪大学では、FD 委員会による全学を対象とした FD を推進するとともに、全学教育推進機構教育学習支援部と 2022 年に発足したスチューデント・ライフサイクルサポートセンター（SLiCS センター）教学支援部・教学 DX 部が連携して、さまざまな FD 活動を行っている。アクティブ・ラーニングやシラバスの書き方等に関する FD セミナー、大学院生を対象にしたプレ FD として大学教員として教えるための基本的な知識や技術を教育学の理論に基づきながら実践的に学ぶ「未来の大学教員育成プログラム(Future Faculty Program)」などを実施している。本節では、コロナ禍や情報技術の発展への対応として取り組んできたオンライン教育支援と生成 AI 教育ガイドについて紹介する。

　2020年の新型コロナウイルス感染症 (COVID-19) の流行に伴い、大学にお
いてもさまざまな観点から対策に追われ、多くの大学でオンライン授業が実
施されることになり、オンライン授業を実施するための準備や支援をどのよ
うに行うかが課題となった。著者が所属する大阪大学では、全学的なメディ
ア授業実施の支援体制として、教育担当理事を統括とした授業支援対策チー
ムを2020年3月に発足して支援活動を行った (村上ら 2020)。その中で、全学
教育推進機構教育学習支援部も、Web サイト「オンライン教育ガイド」(https://
www.tlsc.osaka-u.ac.jp/project/onlinelecture/top.html) の構築 (浦田ら 2020) を行い、オ
ンライン授業に関する FD 活動、教員からの質問対応など、さまざまな支援
活動を行った。「オンライン教育ガイド」は、オンライン授業を実践する上で、
参考となる情報やポイントを整理して提供したもので、"授業をオンライン
化するための 10 のポイント"、"オンラインで学習を評価するための 10 のポ
イント"、"ブレンデッド教育のシラバスを作成するための 10 のポイント"、
"ハイフレックス授業実践ガイド"などがあり、大阪大学のみならず、広く
大学教員に参考になるコンテンツとなっている。

　2023年には、ChatGPT に代表される生成 AI が急速に普及していることが
話題となっている。生成 AI は、膨大な量のデータでパターンや関係を学習し、
文章や画像、音声、動画など、さまざまな種類のコンテンツを生成すること
ができる人工知能の一種である。教育においても大きな影響を及ぼすことが
想定され、各大学でも生成 AI の対応に追われている。大阪大学は 2023 年 4
月に「生成 AI (Generative AI) の利用について」を発出し、2023 年 7 月には文部
科学省が「大学・高専における生成 AI の教学面の取扱いについて」ならびに
ガイドラインを発表している。今後、大学教育のみならず、現代社会にお
ける生成 AI の役割や影響について考えていく必要が生じている。教育学習
支援部では、「生成 AI 教育ガイド」の Web ページ (https://www.tlsc.osaka-u.ac.jp/
project/generative_ai/) を公開し、教員向けに、生成 AI の基本や注意事項、教育
評価における生成 AI の影響、生成 AI を活用した授業づくりの実践例など
について紹介している。

6. さいごに

　本章では、大阪大学の全学共通教育のカリキュラム改革について説明し、新しい時代における能力育成に関する取組として、初年次少人数ゼミナール「学問への扉」、情報教育科目「情報社会基礎」「情報科学基礎」、SDGs に関する教育、情報技術の発展に対応した FD について紹介した。今後、専門教育や大学院における教養教育も含めて、教育に関するさまざまな情報を収集した上で、新しい時代における能力育成の評価をどのように実施するかを検討することが必要だと考えている。

参考文献

大阪大学 (2022)「OU マスタープラン 2027 ―生きがいを育む社会を創造する大学へ―」https://www.osaka-u.ac.jp/ja/guide/strategy/ou_masterplan2027、2023/12/03 閲覧

大阪大学 (2016)「OU ビジョン 2021 ―社会変革に貢献する世界屈指のイノベーティブな大学へ― ―生きがいを育む社会を創造する大学へ―」https://www.osaka-u.ac.jp/ja/guide/strategy/OUvision2021、2023/12/03 閲覧

大阪大学全学教育推進機構 (2023)「資料でふりかえる 10 年」大阪大学高等教育研究 Vol.11、pp.40-61

大山牧子・中美緒・村上正行・宇野勝博・杉山清寛 (2020)「専門重視型初年次教育における「わかりやすさ」要素の抽出―大阪大学初年次教育科目学問への扉を事例に―」第 26 回大学教育研究フォーラム発表論文集、p137

鹿野祐介・武田浩平・肥後楽 (2023)「「科学技術と社会」の将来を見据えた授業デザインと実践：シリアスゲーム教材の制作とトランスサイエンス」大阪大学高等教育研究 Vol.11、pp.11-22

村上正行・岡田玖美子・松河秀哉 (2024)「初年次教育における授業アンケートの自由記述の分析」日本教育工学会研究報告集 JSET2024-1

白井詩沙香・長瀧寛之・アリザデメラサ・竹村治雄 (2019)「大阪大学における反転学習的アプローチを用いた一般情報教育科目の開発」大学 ICT 推進協議会 2019 年度年次大会論文集、pp.90-94

村上正行・佐藤浩章・大山牧子・権藤千恵・浦田悠・根岸千悠・浦西友樹・竹村治雄 (2020)「大阪大学におけるメディア授業実施に関する全学的な支援体制の整備と新入生支援の取り組み」教育システム情報学会誌 Vol.37、no.4、pp. 276-285

浦田悠・根岸千悠・佐藤浩章・村上正行 (2020)「オンライン授業実践ガイドの開発」日本教育工学会 2020 年秋季全国大会講演大会論文集、pp.57-58

第2章 静岡大学における学士課程教育の共通性と学生の主体的能動的学びへの取り組み

杉山康司

1. 静岡大学の理念と目標

　静岡大学では自由啓発・未来創成の理念のもと教育、研究、社会連携・産学連携、国際連携および大学運営の目標をそれぞれ掲げている。それに伴い以下に示す教育課程におけるカリキュラム・ポリシーにより授業を展開し教養教育から専門教育への連結したディプロマ・ポリシーを定め、国際感覚と高い専門性を身に付けチャレンジ精神にあふれた豊かな人間性を有する教養人育成を行っている。以下に全学教育科目履修案内に記載されている静岡大学共通のカリキュラム・ポリシーとディプロマ・ポリシーを示し、本学の教養教育において学生に期待する資質向上についてまとめたい。

1.1 静岡大学のカリキュラム・ポリシー

　本学では特に1で全学教養科目に関する方針に触れ、教養教育の重要性を打ち出し、2の専門教育における主体的な学びや3の他者との共同を必要とする学びに誘うことを願って設計していることが分かる。

1　全学教育科目においては基礎的な学習方法、外国語の運用能力、情報処理、キャリア形成等の基本的スキルを身につけるために「教養基礎科目」を、国際感覚と教養を身につけるために「教養展開科目」を、理系の基礎的知識習得や教職などの資格取得のために「理系基礎科目」及び「教職等資格科目」をおく。

2　専門科目においては、各学部の学位授与の方針（ディプロマ・ポリシー）に基づき、それぞれの専門分野についての主体的な学びを促し、基本的

知識・方法を身につけるための系統的な授業配置を行う。

3　自らの問題を発見し、その解決のために他者と共同して行動できるようにするため、学生参加型授業、フィールドワーク、実験・実習等の授業を配置すると共に、地域社会との交流や国際交流の機会を積極的に提供する。

4　すべての授業について充分な学習時間を確保すると共に、客観的な評価基準に基づく成績評価を行う。

1.2 ディプロマ・ポリシー

本学のディプロマ・ポリシーでは 1 において専門分野の習得に触れ、習得した専門を社会の文脈の中で活用することができる力を示し、それを達成するためには 2 のスキルならびに 3 の教養力そして 4 の人間力を身に付けることであるとしている。つまりは専門的力ももちろん重要であるが、社会に出てから本当に役に立つのは、実はリベラルアーツこそ大切であり、専門がそのまま社会に出て役に立つというよりは、リベラルアーツにより社会の接点を探る力が最も重要であるという立場に立っている。

1　専門分野についての基本的な知識を習得し、これを社会の具体的文脈のなかで活用することができる。

2　外国語を含む言語運用能力、情報処理、キャリア形成等の基本的スキルを身につけている。

3　多様性を認め、幅広い視点から物事を考え、行動することのできる国際感覚と深い教養を身につけている。

4　主体的に問題を発見し、自らのリーダーシップと責任のもとで、様々な立場の人々と協同して、その解決にあたることができる。

2.　学部と在籍学生を支える体制について

静岡大学は令和 5 年度に新学部、グローバル共創科学部を創設し、現在は人文社会科学部、教育学部、情報学部、理学部、工学部、農学部の計 7 学部に加え、地域創造学環という学部融合型コースを伴った総合大学である。令

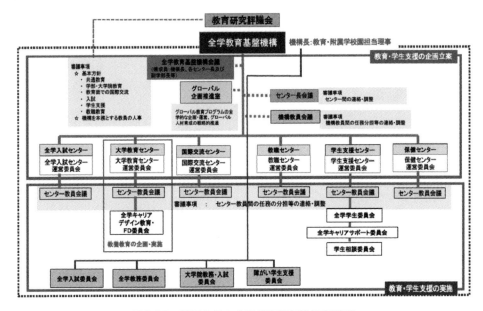

図 3-2-1　静岡大学の全学教育基盤機構組織図

（全学教育基盤機構規則より引用）https://www.shizuoka.ac.jp/shisetsu/document/20151204_zengaku.pdf）

　和5年5月1日現在の在籍学生数は 8,606 名となっている。各学部には先に述べたカリキュラム・ポリシーとディプロマ・ポリシーの方針を基に学部の特性を活かす専門教育の方針を掲げており、それぞれが静岡大学全体の教育方針に則して機能しているかどうかについて平成 27 年度から全学教育基盤機構を設置し、共通性のある学生教育に取り組んでいる。この機構は学生教育、学生支援、国際交流を担う各センターと学部・大学院の各部局とが相互に連携できるようにし、常に全学的視点から学生教育に当たることができる体制を目指している。

　この教育基盤機構組織において全学教育を支えている母体は全学教育センターである。カリキュラムの提案はもちろん担当教員を決定し毎年円滑な授業展開ができるようにすることを担っている。平成5年度（1995 年）までは学部共通の科目を担当する独立の教員組織「教養部」が設置されていたが、教養部解体後は教養教育委員会という委員会の下で各学部に所属する教員が教

養科目をいかに担当するかを決定していた。しかし、教養教育の重要性を見直し、平成10年度（2003年）から大学教育センターを設置し、全学教育の運営を進めてきた。センターの構成はセンター専属の教員数名に加え、科目部登録をした各科目部から代表教員ならびに各部局から教務委員長が集まって全体を運営できるようにしている。全学教育センターは教育基盤機構内にあり、副学長兼教育担当理事がこれを統括し、その下にセンター長および副センター長が所掌となる委員会を運営していくという組織（図3-2-1）となっている。また、ある程度の決定権をセンター長に与えることで全学教育における様々な問題に迅速に対応していけるようにもしている。教養科目を実質的に運営するのは各科目部の教員であり、本学では専任教員は必ず2つ科目群に所属しなければならないようにし、各教員の専門性を活かした教養教育を学長の全学出動の呼びかけによって教育を支えている。

　このセンターでは全学教育科目部門で授業実施に関する様々な案件を検討し実施してきているが、もう一つ、教育改善の役割として企画マネージメント及び教育開発・評価を担うキャリア教育・FD部門を設置し、全学的に学生教育の支援を行っている。支援の一つに授業アンケートがある。これは、実際の評価者である学生の意見を反映させて、アンケート項目の見直しを図るとともに、アンケート結果を各教員にフィードバックし、「授業実施報告書」としてコメントの協力を呼びかけている。また、学生が授業に関する不安や悩みなどを相談することのできる「授業相談室」を開設し、授業アンケート以外にも成績評価に関する疑義など生じた場合には学生の意見を吸い上げ、それを授業改善に反映させるための場を設けている。さらに、学生が積極的に授業に参加し、学ぶ意欲を喚起し、高い満足感を得るために、どのように授業を構築していけばよいのか、教員と学生の双方から意見を聞き、教員間のチームワーク、学生と教員のチームワークが十分に発揮できるようなサポートを目指している。また、内部質保証委員会を設置し、正常な学生教育に努めるとともにこの部門では全学的なFD系に関して統括的に行っている。毎年、必要に応じて、社会的なニーズのテーマも含めて研修会を全学的によびかけ、教員に授業改善に向けた研修に関心を向けるような手立てをするこ

とも担っている。静岡大学では、毎年5,000万円ずつ文部科学省からの人件費予算が削減されており、自在的に教養教育と専門教育を両立して充実させることが厳しくなってきている。このような理由からも、実際には現場のスタッフと意識を共有してやっていく大学教育センターの取り組みは必須であり、教員一人一人が個で活動する組織体にならない対話できるFD系の活動が重要である。

3. 新カリキュラムにおける教育の具体的内容

3.1 全学教育（教養教育）の位置づけ

　静岡大学の全学教育科目のカリキュラム改革は、令和2年度に実施し、現在4年目を迎える。その際の議論については、今日の複雑化した社会構造の中において活躍が期待される学生達に、これまでの教養教育（全学教育科目）が、特に1，2年次の学生教育としてマッチしているのかどうかという点検という意味合いが強くあった。結果、専門を学ぶ前に全学教育科目によって適切な課題解決を実践できる複眼的な目を持たせられるかどうか、学生自身が何に取り組んで学生生活を充実させるかといった点から、令和2年度に学生に対応した新カリキュラムに踏み切ったのである。

　新カリキュラムで主に変更した観点であるが、①学生のキャリア教育、②グローバル化に対応した教育、③情報化社会で発揮する力の養成である。以前の学生は大学入学時に、各学部に入って、自分が将来何をやろうか、やりたいかという問いについてある程度のビジョンを持って答えられたという印象があった。しかし、最近の学生には「将来の見通し」、「自分のキャリア」に関して、必ずしもうまく整理できていない者が多くみられることから、教養基礎科目の新入生セミナーに加え、キャリア形成科目としてキャリアデザイン1単位を全学生必修とした。この科目を履修することにより、将来に向けての方向性、学びの動機づけ、学生生活の在り方について自ら考える機会としている。また、時代に合わせて持続可能な社会実現のために、必要な教育科目として教養展開科目を設け様々な観点から人、社会、科学を学べるように設計してある。当然のことながら、これら教養展開科目のなかでは、文

理融合を意識した科目を立てるとともに、文系の学生は理系の、理系の学生は文系の科目を必ず履修しなければならないようなカリキュラムとしている。また、学際科目内に地域志向科目という科目区分も用意し、複数の授業科目内容を連携させることで、総合的な観点、視点を養えるようにした。さらに、グローバル化に対応するため、共通言語である英語に関するレベルアップのための授業充実を図った。入学時にクラス分け（プレースメントテスト）を行い、学生のレベルに応じたクラス編成をし、各学生の英語力にマッチさせた授業を用意し、1 年次前期終了時には TOEIC を英語力確認テストと位置づけ全学生に試験を受けさせ、その結果でさらなるクラス分けを実施し、フォローアップの仕組みを遂行している。旧カリキュラムでは TOEIC の合格点を 400 点から 500 点以上に変更したことも大きな変更点である。これにより学生たちの英語力が上がっている。

　加えて、IT 化に向けたスキル、あるいは様々なビッグデータを扱うスキルが求められる時代に入っている中では、データサイエンスについて充実させていく必要があり、「数理・データサイエンスおよび情報処理」、「データサイエンス演習」を必修化した。教養教育の中で、文系理系問わず、全員にこれらの授業を受講させ、先ずは、情報リテラシーレベルの基礎的理解を深める。そして、専門課程に入ったときには、それぞれの分野におけるデータサイエンスに関係する教育を受ける流れをイメージした内容としてある。

　図 3-2-2 に例として情報学部の全学教育科目必要単位数を紹介する。教養基礎科目には新入生セミナー 2 単位、数理データサイエンス 3 単位、英語3 単位、キャリア形成科目 1 単位を必修とし、教養展開科目では教養領域 Aが 4 単位および学際領域 A が 2 単位をそれぞれ必修としている。ここで教養領域 A とは人文社会系科目を示し、教養領域 B は理系科目を示している。情報学部は理系と文系の学生が在籍しているため両分野の教養領域を履修する方針を取っている。一方、図 3-2-3 は理学部の単位数である。新入生セミナーについてはセメスター制を取って大学共通の内容を実施したのちに、理系の専門をより溶け込ませた授業で残りの 1 単位を専門の単位として扱うこととしている。また、理系の学部であることから必修とする教養展開科目は

(3)情報学部

科目区分			学科区分	情報科学科	行動情報学科	情報社会学科	備　　考
教養科目	必修	教養科目基礎	新入生セミナー	2	2	2	
			数理・データサイエンス	3	3	3	
			英語	3	3	3	
			キャリア形成科目	1	1	1	
		教養科目展開	教養領域A	2	2	2	
			教養領域B	2	2	2	
			学際領域A	2	2	2	
			小　計	15	15	15	
	選択	教養科目基礎	英語	13	13	13	
			初修外国語				
			健康体育				
		教養科目展開	教養領域A・B				
			学際領域A・B				
		教職等資格科目	教職教養科目				
			合　　計	28	28	28	
専門科目			合　　計	86	86	86	専門科目の詳細は学部規則を参照
自由科目			他学部・他学科専門科目を含む専門科目、及び教養科目で必要単位数を超えた単位数	10	10	10	
			合　計（卒業単位数）	124	124	124	

図 3-2-2　情報学部の教養科目必要単位数

（2023 全学教育科目履修案内 P23）

教養領域 A となっているのが特徴である。この特徴は工学部においても同様の方針を取っている。

3.2 カリキュラムの改革時機

　教養教育のカリキュラムの改革というのは、7 年ぐらいの周期で進められている。その周期の理由としては、やはり総合大学である本学は 1 学年約 2,000

(4)理学部

科目区分 / 学科区分			数学科	物理学科	化学科	生物科学科	地球科学科	備　　考
教養科目	必修	教養基礎科目　新入生セミナー	1	1	1	1	1	
		数理・データサイエンス	3	3	3	3	3	
		英語	3	3	3	3	3	
		キャリア形成科目	1	1	1	1	1	
		教養展開科目　教養領域A	4	4	4	4	4	
		学際領域A	2	2	2	2	2	
		小　　計	14	14	14	14	14	
	選択	教養基礎科目　英語	14	14	14	14	14	
		初修外国語						
		健康体育						
		教養展開科目　教養領域A・B						
		学際領域A・B						
		教職等資格科目　教職教養科目						
		合　　計	28	28	28	28	28	
専門科目		合　　計	80	80	82	83	86	専門科目の詳細は学部規則を参照
自由科目		他学部・他学科専門科目を含む専門科目、及び教養科目で必要単位数を超えた単位数	16	16	14	13	10	
合　　計（卒業単位数）			124	124	124	124	124	

図 3-2-3　理学部の教養科目必要単位数

（2023 全学教育科目履修案内 P24）

人の学生が在籍しており、令和 5 年現在、7 学部プラス 1 コースということから、各学部等の都合も考慮しなければならない。それぞれの学部の開始や学部ごとに発生する専門カリキュラムの改革、資格制度の変更などのタイミングも踏まえ、4 年間の教育課程後のカリキュラム評価ということも勘案すれば、7 年周期くらいが妥当ではないかと思われる。本学は 4 年前にカリキュ

ラム改革を行ったが、今年度から新学部が創設されていることから最短でも
この新学部の完成年度以降が次の改革のタイミングとなる。このような現状
から、学生の教育効果を全体的に眺めつつ中長期的にカリキュラムの再編成
を進める必要があるためドラスティックに大きく改革するのではなく、7年
周期程度でマイナーチェンジしていくのが望ましいところである。しかしな
がら、昨今の社会的なニーズというところでは、めまぐるしく要求が変わっ
てきているところも敏感に察知する必要があり、このような場合には、新規
科目追加、特別プログラム、授業テキストの共通化により重要課題の履修に
目を向けさせていくように適宜必要なタイミングで対応していくことが求め
られている。

　例えば、データサイエンスに関しては、国からの要請、社会的な要望もか
なり強くなっており、カリキュラムに入れ込んでいくとともに基礎的な情報
リテラシー教育については全ての教員が担当可能なレベルに達する必要があ
り、全学共通学生向けテキストを作成して対応している。幸い静岡大学では
文部科学省「数理・データサイエンス・AI教育プログラム認定制度」に基づ
いた教育プログラムを設置することができている。今後、中等教育において
も情報系教育が必須化されたことを踏まえ数年後の入学者に向けた新たな授
業の展開を模索する必要があるとともに、目覚ましく発展して生きている
AI能力を鑑みると、ChatGPTへの対応も急務である。

3.3 教養科目必要単位数

　各学部の教養科目の最低限の単位数はそれぞれ、人文28、教育25、情報
28、理学28、工学26、農学28、グローバル（新学部）20、および地域創造学
環が28単位で、1学部を除き25から28単位のところを設定してある。グロー
バル共創科学部が20単位で設定しているのは新学部創設の教育ポリシーに
よるものであり、専門授業としてすでに教養教育科目に則した授業を独自で
用意することができたためである。必修単位については上記の単位数である
が、専門を含めた卒業に必要な総単位数が124単位に設定しており、各学部
で自由単位とできる枠組みを用意し学生が主体的に必要と思われる授業を履

修できるようにしている。

3.4 社会連携と国際連携

　カリキュラム・ポリシーにある社会連携と国際連携について本学で平成 29 年 7 月に「地域志向大学」宣言を行い、平成 30 年からは全学教育の必修科目として「地域志向科目（地域・社会の課題解決の知識やスキルを身に付けた人材育成を目指すことを目的とした授業科目）」を導入し、学生自身の興味関心のある特定のテーマに沿った科目を体系的に、しかも主体的で自主的な取り組む制度として位置づけた地域づくり特別教育プログラム（静岡キャンパス在学生のみ対象）をスタートさせた。これは教養展開科目の学際領域 B に区分している。この学びは前述したカリキュラム改革の 2 年前にスタートをしたプログラムである。それ以前からも地域と連携した授業科目は開講されており、例えば「地域連携プロジェクト型セミナー」は、平成 25 年度から実施しているが、これらの取り組みを通して本格的に全学学生を対象として現在の教養教育カリキュラム内において地域志向科目の特別プログラムとして発展してきた。授業例として、静岡市の中心市街地の活性化を目的とした I Love しずおか協議会と連携し、受講学生はその会員団体とともに「おまち」の魅力向上や新しい価値づくり、問題解決につながるプロジェクトを進めている。受講学生は、プロジェクト活動を進める理論を学びながら実践を行うことで、プロジェクト活動を進めることについての学びを深めるとともに、地域課題に触れ、地域課題解決に向けた経験を積むことになるのではと期待している様子が窺われる。この授業は授業内において、受講学生が自分自身のキャリアや技能について振り返って考え、学びを深めることを想定していることから、4 年間の教育課程において主体的な学びに至ることが期待される。一方、「地域連携プロジェクト型セミナー」授業においては、受講学生が提案した企画が実現したプロジェクトもある。そのため、地域課題解決への貢献も一定程度あると思われる。例えば、街の活性化が課題であったとすれば、学生企画を実施することで、活性化の取り組みの一部を担うことができたと考えることはできるが、授業の枠組みの一時的な取り組みでは、効果が限定的で

ある(継続的に活性を促す効果までは期待できない)点があげられる。また、大学が授業として提供する場合は、授業の枠の中だけの取り組みとなるため、取り組みの期限を設ける必要が出てくる点で、短期的な取り組みをするにとどまっており、今後の課題でもある。

　一方、教養教育における国際連携としては英語および初修外国語を学内で履修するほか、大学間交流協定による大学等での授業履修の単位認定制度などで多くの学生が学外で実践的に語学を学びグローバルな感覚を身につけるとともに文化を学ぶ機会を設けている。また、海外研修も単位として科目区分に入れたい学部もあり、学生のグローバル化教育の一助としている。このような国際連携の目標に向けた人材教育については全学組織として「静岡大学における国際連携に関わる戦略を全学的な観点から検討し、本学の理念及び基本方針に沿った総合的かつ効果的な国際連携の一層の推進を図ること」を活動目的として、国際連携推進機構を平成29年10月に設置することで履修支援を行っている。

3.5 新たな連携の取り組み

　静岡大学は令和5年4月に新しい学部、グローバル共創科学部を創設した。これは、地域創造学環(令和5年度から募集停止)が前身とし、文理融合を掲げリベラルアーツ教育を重視した学部として創られた。地域創造学環は令和5年現在も2年生以上が在籍しており活発な活動が担当教員によって行われている。一方、新学部であるグローバル共創科学部は地域創造学環のコンセプトを引き継ぎ、理系の分野も溶け込ませ、発展的に時代にマッチさせることを理想として、教育をスタートさせたところである。この学部の学生は地域課題の解決に向け、フィールドワーク(コラボラティブワークス)を重視しながら、その一方ではグローバルな課題に触れ、語学と数理データサイエンスのスキルを身に付けカリキュラムで複眼的学びを土台として各自の専門を磨く、人、環境及び国際社会での複雑かつ多様な課題に対応する「共創型人材」を育成することが目的にある。カリキュラムとしては**図3-2-4**に示す通り、本学の全学で開講している教養科目に加え、学部内において共通科目と

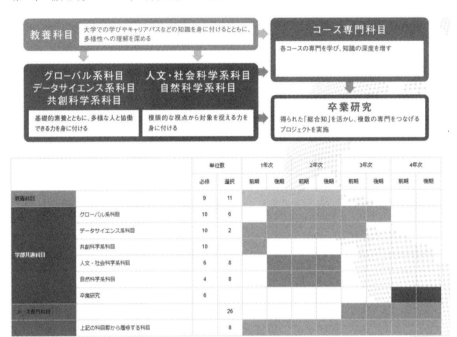

科目	単位数 必修	単位数 選択	1年次 前期	1年次 後期	2年次 前期	2年次 後期	3年次 前期	3年次 後期	4年次 前期	4年次 後期
教養科目	9	11								
学部共通科目 グローバル系科目	10	6								
データサイエンス系科目	10	2								
共創科学系科目	10									
人文・社会科学系科目	6	8								
自然科学系科目	4	8								
卒業研究	6									
コース専門科目		26								
上記の科目群から履修する科目		8								

図 3-2-4　静岡大学グローバル共創科学部カリキュラム構成図

（静岡大学ホームページ内グローバル共創科学部カリキュラムから引用 https://www.gkk.shizuoka.ac.jp/education/curriculum/）

　して複眼的視野を持つための学際的教養科目を充実させていることが分かる。これら教養教育を学んだ後に学生は国際地域共生学コース、生命圏循環共生学コース、総合人間科学コースの各コース内の専門を学ぶ。各学生が最も興味ある専門領域で単眼的ではなく複眼的に課題を解決する目を養うことから、新たな研究分野の開拓もまた可能になると期待しているところである。

　この学部は学士課程教育の新しい展開をこれから考えるにあたって、その核となる教養的教育というものを従来とは違ったかたちで見直しており、それは時代や社会が求めている、あるいは学生が求めているものに近いかたちとなり得ると考えられる。教養教育を再検討した結果、従来の教養教育というものの枠組み、あるいは需要科目（例：初修外国語やその他の学際的科目）も必要に応じては整理して、新しいものに置き換えていくというカリキュラム

改革という動きが一つにはある。もう一つは、それが単に教養教育の改組に留まるのではなく、新しい学士課程教育の核となる学部として造り上げ、伝統的な学部に加えて、新しい構想を持った新構想学部というものをまずはスタートさせる動きである。時代と社会に応じた新しい教育体制からの教養教育改革を、静岡大学としては考えていきたいということから創設された学部なのである。

　現在は1年次のみでスタートしたばかりでありこのカリキュラムの成果は完成年度を迎え学生がどんな所へ就職または進学し活躍していくのかを注視し、今後につなげていくところである。教養重視という学部を一つつくることで、既設の6学部とは別の人材育成を行うことが可能ではないかという期待があり、4年次に卒研で専門に関わることを学修する時には、他学部とは違ったバックグラウンド、1年生から3年生までの背景が違うことで、かなりの視野の広い卒業研究になることが予想される。今後の様子を見守りながら、教育の成果を次の全学教育科目のカリキュラム改革につなげたい。

3.6 オンライン教育に関する今後への対応

　カリキュラム改革を行った年度から、残念なことにコロナ感染症のためのオンライン授業を進めることになった。しかし、この間にオンラインによる技術が急速に発展し、本学においてもさらにオンライン教育を推進するビジョンを持ちながら大学教育を進めるきっかけにもなっている。オンライン教育を推進していく学問分野は社会的なニーズが極めて高い分野へと発展してきており、今後はオンラインをさらに有効に活用する計画をしている。例えば、本学は静岡と浜松にキャンパスが二分されており、教養教育を全教員出動で行う方針を立てながらも自身が拠点を置くキャンパスとは異なるキャンパスに授業を行いに移動することには授業負担以上の負担感を持たせることとなり、学生教育にも決して良い影響を与えていない。このような問題においてオンライン授業を利用することで解決を試みている。

3.7 おわりに

　令和4年度における本学の学生の卒業後の就職先進路状況をみると、幸いなことに本学の就職決定率はいずれの学部専攻においても90％以上を示している（図3-2-5）。これらの進路でさらに企業就職者を産業別でみると製造業、情報通信業および教育・学習支援業への就職が多くなってきている（詳細はHPデータ集参照）。また、大学院の進学も情報、理学、工学、農学で多

令和4年度卒業者・修了者の進路状況(総計2,595名)

(令和5年5月1日現在)
※令和5年9月13日一部修正

区分	人文社会科学部	教育学部	情報学部	理学部	工学部	農学部	地域創造学環	合計	人文社会科学研究科	情報学専攻	理学専攻	工学専攻	農学専攻	合計	教育学研究科(博士)	光医工学研究科	自然科学系教育部	教育学研究科(専門職)
卒業者総数	421	302	237	216	532	184	54	1,946	31	73	71	323	70	568	6	3	38	34
就職希望者数	383	274	153	109	201	90	51	1,261	22	71	56	311	63	523	6	3	36	34
企業等	225	73	142	73	192	67	31	803	13	68	43	304	59	487	0	3	22	1
公務員 ※1	114	27	6	16	5	18	14	200	4	0	3	2	2	11	0	0	0	1
教員 ※2	6	172	0	14	0	1	0	193	2	0	6	1	0	9	6	0	10	32
自家営業	3	1	3	0	1	0	1	9	1	1	0	2	0	2	0	0	0	
計	348	273	151	103	198	86	46	1,205	20	69	52	309	61	511	6	3	32	34
就職未決定者数	35	1	2	6	3	4	5	56	2	2	4	2	2	12	0	0	4	
就職決定率(%)	90.9	99.6	98.7	94.5	98.5	95.6	90.2	95.6	90.9	97.2	92.9	99.4	96.8	97.7	100.0	100.0	88.9	100.0
農業・林業・漁業	0	0	0	0	0	4	0	4	0	0	0	0	4	4	0	0	0	0
鉱業・建設業	7	5	2	1	2	1	2	20	0	0	1	2	2	5	0	0	0	0
製造業	35	9	25	22	134	28	3	256	0	21	24	274	40	359	0	2	5	0
電気・ガス・熱供給・水道業	7	0	5	2	9	1	1	25	0	0	0	4	2	6	0	0	0	1
情報通信業	40	11	75	19	27	5	3	180	0	41	7	11	8	67	0	0	1	0
運輸業	10	0	1	1	4	2	1	19	0	0	0	0	0	0	0	0	0	
卸売・小売業	31	3	5	1	7	6	0	53	2	1	0	2	0	5	0	0	0	
金融・保険業	42	9	7	1	4	2	4	67	0	0	0	0	0	0	0	0	0	
不動産業	8	3	2	2	0	4	0	19	0	0	0	0	0	0	0	0	0	
生活関連サービス業	8	4	1	1	0	2	2	18	2	0	0	0	0	2	0	0	0	
医療・福祉	8	9	2	0	0	1	0	20	0	0	0	0	0	0	0	0	7	
教育・学習支援業	15	182	1	6	0	0	0	220	0	0	6	0	0	11	6	0	22	32
複合サービス事業	2	3	2	0	5	0	0	12	0	0	1	0	0	1	0	0	1	0
その他のサービス業	21	6	7	20	9	6	6	76	3	6	3	9	1	23	0	1	2	0
公務員 国家公務員	31	0	0	3	0	3	0	39	0	0	0	0	0	0	0	0	0	
公務員 地方公務員	83	25	6	13	5	15	14	161	4	0	2	1	1	8	0	0	0	
その他	0	1	12	0	0	0	0	16	0	0	0	0	0	0	0	0	0	
大学院	25	23	71	98	324	88	2	631	1	1	13	11	5	31	0	0	2	0
研究生・聴講生	0	0	1	0	0	0	0	1	0	1	0	0	0	1	0	0	0	
その他	2	3	1	0	3	0	0		0	0	0	0	0	0	0	0	0	
その他	11	2	11	6	6	1	4	43	8	1	2	1	2	14	0	0	0	0

（学部＝人文社会科学部、教育学部、情報学部、理学部、工学部、農学部、地域創造学環／研究科（修士）＝人文社会科学研究科、総合科学技術研究科（情報学専攻・理学専攻・工学専攻・農学専攻）／研究科（博士課程）＝教育学研究科、光医工学研究科、自然科学系教育部／研究科（専門職課程）＝教育学研究科）

図3-2-5　令和4年度卒業者・修了者の進路状況

（静岡大学就職支援HPデータ集より一部削除して引用 https://wwp.shizuoka.ac.jp/careersupport/wp-content/uploads/sites/412/2023/11/R04_omonashushokusaki.pdf）

くみられる。時代はまさに複雑化された社会問題の解決を担う情報通信とカーボンニュートラルなど SDGs を掲げた製造業ならびに少子化問題で質向上を狙う教育・学習支援業と読み取れる。教養教育ではこのような多様性社会のニーズに応えられるように様々な視点からの取り組みを理解し、自身が身につけた語学や情報処理のスキルを活かしていける人間力を磨き上げるカリキュラムが求められていると思われる。本学の新カリキュラムで学んだ卒業生は今年度令和 5 年度に初めて卒業する。社会が求めている人材として各進路先での活躍を楽しみにしているところである。

　今、静岡大学は 6 学部構成から、プラス 1 新学部が加わり、7 学部となった。今、新たに 1 学部加わることで、まさに多様な人材育成ができることに期待しているところである。また、7 学部の教育プログラムに加えて、特別教育プログラムというものを別途教養課程のなかに設置を計画している。現在は、英語にスキル向上、あるいは留学を支援し、地域づくり特別教育プログラムや防災関連のプログラムを進行させている。今後はカーボンニュートラル社会、地域拠点化による開発構想に基礎的科学研究から文化都市開発、人の健康と福祉を実現する社会が学問でつながる文理融合型教育プログラムの提供も全学共通の教育としてスポーツ分野など、さらなる特別プログラムの設計が求められる。これらの取り組みがさらなる学生のリーダーシップ能力向上や主体的能動的な学びの実践へとつながり、学生が主体的に行動する社会人としての資質を育むことに期待したい。教養教育は専門を身につけた先に社会人としてどのように価値ある行動をとれるかという点で評価されに違いない。教養教育で力を身につけなければ専門を活かした仕事環境は整備できない。本学でのカリキュラムで学習した卒業生／修了生がそれぞれの進路先で自由啓発と未来創成の理念をもって活躍してしてほしいと願っている。

参考文献

静岡大学 2023 年全学教育科目履修案内　静岡大学大学教育センター https://web.hedc.shizuoka.ac.jp/hedc/wp-content/uploads/2023/03/rishuannai2023.pdf
静岡大学教育基盤機構会議規則　https://www.shizuoka.ac.jp/shisetsu/document/20151204_zengaku.pdf

令和 4 年度卒業生修了生の進路状況　静岡大学就職支援 HP　データ集 https://www.career.ipc.shizuoka.ac.jp/wordpress/wp-content/uploads/2023/07/shinrojokyo2022.pdf

グローバル共創科学部 HP　カリキュラム https://www.gkk.shizuoka.ac.jp/education/curriculum/

第3章　「汎用力」と「教養」を具えた次世代の担い手の育成に向けて

──豊田工業大学「次世代文明センター」の取り組み──

江口　建

はじめに──豊田工業大学の特色

　このたび、大学基準協会の重要な調査研究に関わる事例校として、豊田工業大学の教養教育に関する活動を紹介する機会を頂戴した。本稿では、一つの参考事例として、現段階での本学の取り組みを紹介し、今後の教育の行く末を展望したいと思う。

　豊田工業大学（愛知県名古屋市）は、学部生400名程度、大学院生100名程度から成る小規模の私立大学である。1981年に我が国初の社会人大学として開学し、2021年に開学40周年を迎えた。開学当初は、トヨタ自動車の社会貢献活動の一環として、技術者や企業人に学びなおしとスキルアップの機会を提供するというメッセージが際立っていたが、時代の流れと共に入試制度も整備され、現在では一般学生の受け入れを主としている。したがって、位置づけとしては通常の工学系単科大学と変わらない。ただし、元々の開学理念や、「トヨタ自動車」を母体とした大学であるという事情から、他大学にはあまり見られない特色のある制度や、技能教育に秀でた実習プログラムが用意されている。

　そのような少人数の工学系単科大学としての専門教育の強みを維持しながらも、近年、豊田工業大学は、いくつかの変化を遂げようとしている。そのうちの一つが、「教養教育」の充実化である。専門の殻を突き破り、時代の変化に取り残されない新たな価値を創造しうる「教養ある技術者」を育成すべく、教養教育部門の整備と充足化を進めている。その施策を構成する重要な要素として、「次世代文明センター」の取り組みがあげられる。

1. 次世代文明センター設立の経緯

　本学は、工学的研究を推進する4つの研究センター以外に、教育と研究の両方の機能を併せ持つ組織として「次世代文明センター」を擁している[1]。次世代文明センターは、文理融合型のセンターとして2016年に設立された。設立当初は、外部有識者3名が中心となり、学内向けの講演会を開催することを主な活動としていた。2021年からはセンター運営協議会を設置し、人文社会系・教養教育系を中心とした新体制で運営している。新体制の構想に際しては、他大学の類似のセンターを参考にしつつ、本学のアドミッション・ポリシー、カリキュラム・ポリシー、ディプロマ・ポリシーとの整合性を図り、建学の理念、トヨタ学園の目的、本学の共通の教育目標、工学部の人材育成目標などとの一貫性を確立する作業から着手した。

　センターを真に機能させるためには、センターがいかなる役目・使命を担うことが望まれているのかを、まずははっきりと見定める必要があった。教職員へのヒアリングを進めるうちに、センターに期待する役割に関して、必ずしも学内で共通理解が得られていないことが判明した。そのため、過去の議事資料を精査し、関係者への聴き取り調査を重ね、設立にあたって学内でどのような議論が行われてきたかを洗い出した。過去の議事録や、直接的・間接的に耳にした意見を総合する限り、少なくとも以下のことが期待されていることは確かであるように思われた。

---

①大学院の高度教養教育の充実

②低年次の教養教育、リベラルアーツ教育の学内浸透と教育体制の整備（深みのある豊かな人間性、幅広い視野、論理的に考える力、読み書きの力、コミュニケーション能力、自己理解力など）

③教職員啓発（教職員の教養修得と、教員の研究活性化・相互研鑽）

④公開講座などを用いた社会への情報発信、本学の存在感アピール

⑤企業や研究所との連携を通じた産業界への刺激提供

1　豊田工業大学ホームページ「研究・教育センター一覧」および「大学の運営組織」を参照。

　また、センター設立には次のような願いが込められていることも明らかに
なった。

- グローバル時代における日本のものづくりと社会のインフラについて、
  その根本のあり方を考えたい。
- 科学技術と人文社会科学との境界領域を視野に入れた文理融合型の研究
  を促進し、テクノロジーの正しい発展に寄与したい。
- 学生と教職員が、人間社会とその未来に対して洞察を深め、見識を高め
  る場を作りたい。
- 異なる専門領域の人との協同作業を通じて革新的な研究を行うために、
  専門外の分野から物事をとらえる思考基盤を構築したい。
- 本学の教育・研究の質向上の基盤となる知的土壌を耕したい。

　学生教育に関して言えば、修士課程以上の学生を対象とした高度教養教育
を充実させたいという想いが、大学運営に携わる人々の意見から感じ取れた。
これからの時代、視野が狭く課題対応力が弱い理系博士は産業界で活躍でき
ないという声もあった。専門の純粋培養ではなく、社会のあり方と自分の生
き方を考えることのできる技術者を育成することが急務であるとの見方が強
かった。

　低年次の学生に関しては、学生がみずからのキャリア形成と社会との関係
を考える機会が不足しているとの認識があった。時代の変化が激しい中で、
一人ひとりの学生が、どのような社会を理想とし、実現させたいか、また、
その社会と自分がどう関わるか、といったことについて熟考する機会を増や
す必要があるという意見が少なくなかった。

　加えて、教員の多くが、学生の社会的関心の薄さ、探究心の弱まり、思考
力の低下、コミュニケーション能力の低下、書く力・読む力の不足を痛感し
ていた。ここには、加速度的な情報化社会の進行を背景として、情報過多
の環境、自分で考える前に検索する習性、SNSの会話アプリや短文投稿サイ

トの常習的かつ無節操な使用などが関係していることは、ほぼ予測がついた。これはまさに、学校教育の問題だけではなく、そのような環境を用意したテクノロジーと文明社会の問題でもあるにちがいない。

2. センターの目的・使命

以上の所見から窺えるように、次世代文明センターは、教養教育の充実、教職員の相互研鑽、異分野融合型の研究促進、理工学の知的基盤の作り替え、社会への情報発信、学外の技術者への刺激提供など、多くの役目を期待されて発足した組織であるが、体制を新たにした現在では、その活動目的を以下のようにパラフレーズすることができる。すなわち、文明社会の行く末を見極めながら、将来を担う人間に必要な能力・資質とは何なのかを分析し、それにふさわしい人間教育・啓発活動を提供することで、次世代社会で活躍する人間の育成に貢献するという目的である。

その目的に鑑み、活動の主軸を、「教養教育」および「リベラルアーツ教育」の充実と、哲学・思想を中心とした文明社会研究に置いている。教育面では、本学の教養教育／リベラルアーツに該当する科目群の充実と整備を進め、汎用的能力を開発するために最適なカリキュラムを提案することを主な役目として引き受けている。その際、「これからの時代に必要となる本物の教養」とは何なのかを考えながら、時代にふさわしい教養を再定義することもセンターの大切な役目である。かつては教養市民層（高学歴者・知的エリート・高等遊民）の専売特許だった教養概念が大衆に開放されて久しいが（日本学術会議 2010, pp.7-8；高田 2001, pp.18-22）[2]、「大学全入時代」を迎え、知の大衆化・空洞化に抗するためには、「新しい教養、真に役に立つ教養とは何か」という問いと常に向き合う姿勢が欠かせない。

---

2 日本におけるエリート文化としての教養主義の展開については筒井（2009, pp.3-138）も参照されたい。また、日本の教養主義にも影響を与えたドイツ教養市民層の成立については野田（1997, pp.13-42）が、また、近代フランスにおける教養の変遷については綾井（2017）が参考になる。

3. センターの構成・運営体制

　次世代文明センターには、「センター顧問」と「センター長」を配置している。その下に「次世代文明センター運営協議会」を設置している。運営協議会の設置にあたっては、組織の硬直化や手続きの煩雑化を避けるために、少人数で構成される小規模のものとし、そのつどコアメンバー間で計画を練り上げ、速やかに実行に移せるような機動力の高い会議体を作ることを前提とした。

　新体制を機に、事務局の担当部署も「総務部　総括・企画グループ」から「広報・入試室　渉外広報グループ」へと移管した。これは、広報力の強化と社会発信の推進という目的に鑑みてのことである。

　活動体制としては、3つの部門を支柱として設置している。「哲学・思想」部門（文明論的研究、教養教育全般）、「言語・表現」部門（言語研究、言語教育）、「情報・人工知能」部門（デジタル時代の社会研究、情報教育）である。

　活動範囲は、「教育」、「研究」、「啓発」の3つの領域に及んでいる。

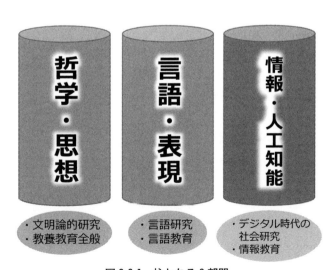

図 3-3-1　柱となる 3 部門

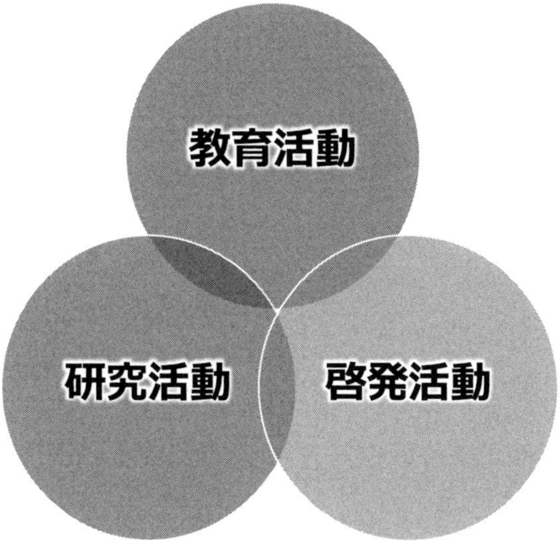

図 3-3-2 活動領域

4. センターの活動

4.1 教育活動

(1) 教養教育・リベラルアーツ教育を中心とした人間力の育成、および教養系
カリキュラムの充実と整備

汎用的能力の開発にとって最適なデザインを探るべく、本学の教養教育の
理念を遂行するための具体的な科目や教育イベントに関する議論を進めてい
る。また、本学の他組織や他部署と連携し、教育上の諸課題を解決するため
のアプローチを模索しながら、学生の教養を涵養するイベント（例えば、世界
や社会に対する学生の関心を高めるイベント）を立案している。また、キャリア
教育の促進と学生の自己実現の支援を行っている。

活動にあたっては、「教養教育」という概念を、主に以下の 3 つの観点か
ら理解している。

① 人間性の陶冶・人格形成（ドイツ語の Bildung に相当）

② リベラルアーツ教育（人文・社会・自然科学のバランスの取れた汎用

的能力の育成）

③　初年次教育 (学びの基礎的スキル、日本語作法、レポートの書き方、ノートの取り方、メールの書き方、資料検索の仕方、図書館の活用法、プレゼンテーション作法、SNS との付き合い方、時間管理、キャリア教育など)

(2) 言語運用能力の育成（対話力、コミュニケーション能力、文章作成能力）

言語能力は、あらゆる学修の基盤であり、人間としての総合的な力の最も基礎となる部分である (中央教育審議会 2016, pp.22-23)。現代では、コミュニケーションのオンライン化が進み、利便性が高まっている一方で、言語能力の発育を阻害する要因も多い。SNS を主要な交流手段とする現代の大学生は、「呟き」や「書き込み」には慣れている反面、「対話」というものをあまり経験していない。また、短文投稿アプリの普及により、段落のある論理的構造を持つ長文を読み書きする機会が減っていることが、読解力の低下につながっている可能性がある。

匿名性の度合いが高くなるデジタル化社会では、他者の声に真摯に耳を傾け、相手の意図を正確に読み取る能力が一層大切になる。そこで、本センターでは、学生の言語運用能力の育成に資する取り組みとして、「対話力」向上のためのイベントを実施している。「議論」や「討論」とは別の能力・素質が要求される「対話」の効能に着目し、他者とのコミュニケーション能力の向上と、異文化に対する理解の促進を図りながら多文化共生社会の実現に向けて活動している。

また、学生の「書く力」の向上を目指す取り組みとして、作文コンクールやエントリーシートなどのライティング指導・添削などを随時行っている。

さらに、2022 年度には、図書館や学生部と連携し、学生の「書評プレゼンテーション」企画にセンターとして参画した。これは、学生の知的好奇心や読書習慣の涵養、他者に伝える伝達力・発信力の向上を目指した取り組みである。

(3) 主体的に考える力／論理的・創造的思考力の涵養

　大学で学ぶにあたっては、主体的に問いを立て、その問いについて筋道を立てて考える力が重要になる。また、公式に当てはめて答えを導くだけでなく、他者と意見交換しながら、創意工夫を凝らして答えに辿り着く経験が大切である。こうした思考力や経験を培うための活動として、他部署と協力しながらイベントの考案・改善を行っている。

　また、大学院の高度教養科目と連動して、学生の「考える力」と「創造的知性」の涵養に資する取り組みを考案・実施している。一例として、研究支援部が進める「Tongali（東海発アントレプレナーシップ教育・起業家支援プログラム）」プロジェクトと連携し、外部講師を招いてのワークショップ（イノベーションの仕組みやデザイン思考を体感的に学ぶワークショップ）を立案・実行した（2023年度）。

4.2 研究活動

　次世代の文明社会を担うべき人間の育成を目指すためには、次世代社会がどのようなものになるのか、人類はどういう方向に進むべきなのか、といったことを理論的に分析・解明する文明論的視座が必要となる。本センターでは、技術・文明・社会・人間・言語・情報といった観点から、文明発達の歴史的考察や、現代文明社会の構造分析、市民社会やデジタル社会に関する思想的・言語的研究を進めている。同時に、次世代社会を生き抜くことのできる人間を育成するための有効な教育手法や教育システムの研究も進めている。

【センターの主な研究】

- 文明、市民社会、デジタル社会のあり方に関する哲学的・思想的研究
- 対話理論、ファシリテーション理論、異文化コミュニケーション理論、人工知能言語と手話言語を中心とした言語研究、および言語教育の手法研究・教材開発
- 教養教育の手法開発と分析、および初年次教育に関する教育システム構築の研究

4.3 啓発活動

　本学の学生・教職員に向けた啓発活動、および社会への貢献・発信活動として、講演会やシンポジウム、セミナー、対話イベントなどを開催している。本センターでは、「啓発」という活動を、主に下記3つの観点から考えている。

①学内教職員および学生同士の相互研鑽

　本学の教員・職員・学生が互いに学び合い、意識を向上させ、研鑽し合う活動として、セミナーや教育イベントなどを開催している。例として、2021年度に、他大学から講師を招き、学生の学習意欲を向上させる方策について考える教職員向けセミナーを開催した。2023年度には、本学卒業生を招いて、人生と仕事について在校生と語り合う企画を実現した。

②学内と学外の相互啓発

　「知の交流」を目的として、本学の教職員・学生と、他大学の研究者や企業人、一般参加者を交えたシンポジウムや意見交換会などを開催している。その代表例が、年度末に開催している「次世代文明センターシンポジウム」である。2021年度には「『専門知』と『教養知』を考える —— 汎用的スキルを基軸に」というテーマを掲げ、前センター長である科学哲学者の村上陽一郎氏が基調講演を行い、それに続いて本学から学長を含む3名の研究者が提題発表を行った。2022年度には「これからの時代の人間教育を問う」と題した一般公開シンポジウムを開催し、前センター長に加え、中部大学の創造的リベラルアーツセンター長である石井洋二郎氏にお越しいただいた。

③学外へ向けた社会還元と市民教育

　本学の教育・研究成果の一部を社会へと還元し、成熟した市民社会の共創を目指して公開講座、出張講義、講演会などを開催している。代表的なものとして、「南山大学・豊田工業大学連携講演会」と「公開講座」があげられる。いずれも2022年度から次世代文明センター企画運営の活動として刷新して実施している。

　他に、一般社団法人中部圏イノベーション推進機構が主催している「大人の学びなおし〜デジタル時代の価値観を考えるリベラル・アーツ講座」(於ナゴヤイノベーターズガレージ)にて、毎年、現センター長が企業人を対象に講演を行っている。また、2022年度から2023年度にかけて、同機構が新たな価値創出とイノベーション活性化を目的として企業人向けに開催した「哲学サロン」(全4回)にて、現センター長が講師を務め、日本の産業界・経済界における「学びなおし」や「リスキリング」のあり方、「多様性」の役割などについて意見交換した。

　さらに、名古屋市内の公立高校から現センター長が依頼を受け、数回にわたり「探究学習」の一環としての「哲学対話」にファシリテーターとして参画した。あわせて、同校の教員向け学習会で数回に分けて講演・助言指導を行った。

【センターの主な活動　まとめ】

- 学内の教職員や学生を対象としたセミナーの主催
- 学外向け講演会、公開講座、出張イベントの実施
- 学内と学内の「知の交流」を目的としたシンポジウムの開催
- 学生を対象とした正課外の教養イベントの主催・共催(学生向けコンテストなど)
- 大学院生を対象とした高度教養教育(授業との連携)
- 語学教育の補助／作文添削支援(日本語、英語)
- 対話力・コミュニケーション能力の育成(「哲学カフェ」などの対話イベントの開催)
- 寮教育　※寮生の対話力向上と寮生サポーターのファシリテーション能力の涵養のために、学生部および学生委員会と一緒に定例イベントの内容を検討。
- 図書館と連携した図書館の利用促進
- 他大学や企業、経済団体、市民団体との連携

5. 今後の課題と抱負

　以上が、次世代文明センターの活動概要である。新体制としての活動は、まだ始まったばかりであり、引き続きプログラムの充実を目指して議論と試行を重ねる必要がある。本学は、小規模大学であるという性質上、人的リソースやキャパシティに限りがある。メンバーの活動が過負荷にならないように配慮しながら、学生の学びにとって有意義と判断される企画を立案していきたい。

　また(他大学も似たような事情にあると思うが)学生を巻き込む仕方に課題を抱えている。次世代文明センターの活動は、単位取得と結びついた正課のカリキュラムではない。すなわち、進級要件や卒業要件に直結しない。それゆえ、学生に対して強制力を持たない。そこが良さでもあり、リベラルアーツ(自由学芸)を担う機関らしさでもあるが、学生に参加を強制することなく、あくまでも自由かつ自主的な参加を促す方策としてどのようなものが有効なのか、引き続き模索が必要である。

　最後に、次世代文明センターの視点から見た「現代社会に求められる能力」について、筆者自身の考えを交えながら紙幅の許す限り所論を開陳し、本稿を終えたい。

6. これからの時代の人間教育に向けて

6.1 現代はどういう時代か

　現代は、未来予測が困難な時代と言われる。インターネットの普及による社会構造と生活様式の変化、社会のさまざまな場面で急速に進むIT化・デジタル化、AI(人工知能)の飛躍的な進化に応じた職業形態と産業構造の変化、グローバル化に伴う価値観や人生観の多様化など、激しい変化に直面している。高度経済成長期に掲げられた「大きな物語」が終焉を迎え、日本が道標を見失ってからそれなりの年月が経つが、ここへ来てますます旧来のロールモデルが効力を失っている(もはや成功体験として参考にならない)と感じる局面が増えたように思う。ビジネス界や教育界をはじめとして、至るところで既存の規範が通用しなくなっている。

　こうした日本社会の将来の〈方向性の見えなさ〉は、そのまま教育方針の立てづらさに直結している。教育現場に蔓延する〈手ごたえのなさ〉に不安と焦りを覚えている教員は、おそらく潜在的には少なくない。

　変化が激しく不透明な時代においては、需要と供給を正しく見極めることは容易ではない。「何が求められ、何を提供すればよいのか」、「何をすれば、どのような成果が出るのか」といった問いに一義的な正解が出せない。

　それでも以下のことは言えそうである。すなわち、これからの時代、「知識を授ける」ことそのものは教育の主要目的にはなりづらいだろうということだ。インターネットを通じて世界中から手軽に情報を入手できる社会では、知識を手に入れること自体にはあまり価値が置かれない。常時携帯しているスマートフォンを用いて、いつでもどこでも必要なときに検索できるため、知識を「覚えている」必要もなくなる。もとより知識の多寡が「教養」の謂いではないが[3]、専門的な知識さえ持っていれば「ありがたい」と思ってもらえる（周囲から尊敬される）時代は過ぎた。近年のAIの飛躍的な性能向上を目にすれば、もはや単純な「記憶」、「演算」、「情報収集」、「分類・整理」という行為に関して——その速さと精度において——人間がAIに及ばないことは誰もが知っている。

6.2 激変の時代に淘汰される能力

　現代は、価値観や技術のアップデートの頻度が高く、その間隔が短い。ついこの前まであたりまえだったことが、あたりまえでなくなり、ついこの前まで使われていた技術や道具が、すぐに互換性が利かなくなる。

　このような社会で重宝される資質・能力は、変化が緩やかな社会におけるそれとはおのずと異なるであろう。多様な価値観と急速な変化を前提とした社会で力を発揮するのは、少なくとも目先の利益を得る能力や効率重視の考え方ではない。すぐに役に立つ知識は、すぐに役に立たなくなるからである。

　3　このことは、多くの識者が述べている。一例として、昭和初期の京都学派を代表する哲学者である三木清は、「真の教養はまた単なる博識と区別されることが必要」であり、「博識は却って屢々俗物を作る」と指摘している（三木 2017, p.80）。

すぐに見つかった解答は、すぐに通用しなくなる。手軽に実現したことは、他の誰かによって容易に乗り越えられる。「器用で効率的な」学び方から得られる恩恵は、おそらくすぐに頭打ちになる。

　正解がある問題を最小限の労力で解くだけの「公式脳」、手順書に従って最短の工程で模範解答に辿り着くだけの「マニュアル脳」、スタンプラリーのように単位などの実績数だけを着実に稼いでいく「スタンプラリー脳」、提示された選択肢の中から選ぶだけの「カタログ脳」、目に留まった表面的部分だけをつまみ食いして切り貼りする「ウィキペディア脳」——こういった頭の使い方だけでは、激変の時代に耐えうる社会価値を提供することは期待できそうにない。

6.3 不透明な時代に必要とされる資質

　不透明で不安定な時代に渇望されるのは、むろん「未来を見通す」見識であろう。だが、未来予測が簡単ではないときこそ、そのつどの「今」を生き抜く体力と、右往左往することのないしっかりとした軸足が求められる。また、正解がわからないからこそ、社会に受け入れられる新たな価値を提案するために、他者と対話しながら合意形成を図るプロセスが大切になる。他者との対話を通じて、多様な意見を出し合いながら、そのつどの状況における最適解を探る行為がますます重宝されるだろう。

　それと同時に、次世代の文明社会の担い手となるには、技術更新が早い時代の只中にあっても、時代の変化と共に損なわれない普遍的な価値や問いを洞察し、社会全体の行く末や技術者の普遍的使命について思いを馳せる能力も大切であるにちがいない。時代の変化を超えた普遍的な問いとは、例えば「我々の人生の意味とは何なのか」、「我々はどこから来て、どこへ行くのか」、「人々の幸福とは何なのか」、「私たちは他者とどのような関係を結んでいくのか」といった、およそ文明や社会を担う主体が人間である限りにおいて決して消去しえない問いである。2020 年に世界を震撼させた新型コロナウィルス感染症流行 (COVID-19) 以降、「世界」と「自国」の関係や、「世界の中の自分」について思考を迫るような出来事が多く起こっている。経済的には、グロー

バル資本主義に基づいた産業構造が再考を余儀なくされ、政治的には、各国で「分断」と「格差」が露見し、独裁国家と民主主義国家、共同体主義と自由主義の対立が激化している。技術文明がもたらした「デジタル監視社会」と「自由・人権・プライバシー」の相克というテーマもクローズアップされている。こうした問いと真面目に向き合うことは、独裁国家の増強と、民主主義の揺らぎが顕在化している現代において、公正で健全な判断を下すことのできる「教養ある市民」から成る「成熟した市民社会」の実現に貢献することにもつながるだろう[4]。

　引き続き、これからの時代の人間教育のあり方を模索しながら、学生の自己鍛錬に資するべく奮励努力したい。

参考文献

綾井桜子 (2017)『教養の揺らぎとフランス近代──知の教育をめぐる思想』、勁草書房

石井洋二郎 (2024)『リベラルアーツと民主主義』、水声社

高田里惠子 (2001)『文学部をめぐる病い──教養主義・ナチス・旧制高校』、松籟社

中央教育審議会 (2016)「次期学習指導要領等に向けたこれまでの審議のまとめ」補足資料 (中央教育審議会初等中等教育分科会教育課程部会) <https://www.mext.go.jp/content/1377021_4_1.pdf>

筒井清忠 (2009)『日本型「教養」の運命──歴史社会学的考察』、岩波現代文庫

豊田工業大学「大学の運営組織」 [2023/10/25 閲覧] <https://www.toyota-ti.ac.jp/about/profile/files/uneisoshiki.pdf>

豊田工業大学「研究・教育センター 一覧」 [2023/10/25 閲覧] <https://www.toyota-ti.ac.jp/research/center/center.html>

日本学術会議 (2010)「提言　21世紀の教養と教養教育」(日本の展望委員会／知の創造分科会) [2023/10/30 閲覧] <https://www.scj.go.jp/ja/info/kohyo/pdf/kohyo-21-tsoukai-4.pdf>

野田宣雄 (1997)『ドイツ教養市民層の歴史』、講談社学術文庫

三木清 (2017)『教養論集』、大澤聡 編、講談社文芸文庫

4　この所論については、以下の拙稿も参照されたい。江口建「独裁国家に抗うために──パンデミックを通して考える国家・市民社会・リベラルアーツ」(石井 2024　所収)

第4章 現代におけるリベラルアーツの追求

──全学共通カリキュラムから学士課程統合カリキュラムへ──

山下王世・石田和彦

1. はじめに

　立教大学は、キリスト教の一教派であるアメリカ聖公会から派遣された宣教師チャニング・ムーア・ウィリアムズ主教が、1874年、東京の築地に、聖書と英学を教授する私塾「立教学校」を開いたことに始まり、2024年に創立150周年を迎える。明治初期の日本は、欧米列強諸国にいち早く追いつくために、教育においても実利主義の傾向が強く、知識や技術を物質的な繁栄と立身出世の道具とする風潮が強かった。しかし、ウィリアムズ主教はこうした当時の風潮とは一線を画して、聖書と英学を中心とする教養教育を中心に置いたのである。

　ウィリアムズ主教は、アメリカのバージニア州にあるリベラルアーツ・カレッジ、ウィリアム・アンド・メアリー大学を卒業しているが、同大学の創立は1693年、アメリカで二番目に古いとされる大学である。イギリス王室とのつながりも強かったようで、オックスフォード大学やケンブリッジ大学に代表される、イギリス式の伝統的なリベラルアーツ教育が行われていた。ウィリアムズ主教は、「立教学校」を発展させていくうえで、母校のウィリアム・アンド・メアリー大学のようなリベラルアーツ・カレッジを念頭に置いていたようである。こうしたウィリアムズ主教の意思は、本学池袋キャンパスのキャンパスデザインにおいても顕著に表れており、1918年に築地から現在のキャンパスである池袋に移転した際には、校舎と図書館、礼拝堂に加えて、寄宿舎と食堂が順次整備された。当時の寄宿舎では、伝統的なリベラルアーツ教育の特徴であるTutorialのような教授と学生の議論が、日夜

盛んに行われていたと聞く。また、現在では築百年を超えたチューダー様式の赤レンガ校舎群は、英米の大学と見間違うかのような雰囲気を有しており、ウィリアムズ主教が目指した理想を今日に伝えている。

　創立者ウィリアムズ主教が築いた本学の教育理念は、「キリスト教に基づく教育の実践」、「専門性に立つ教養人の育成」として、今も変わらずに掲げられている。現在の立教大学は 11 学部を設置する総合大学として、その学生数は 1 学年 4,800 人あまり、全学生数は大学院も含めれば約 2 万人に及ぶ。ウィリアムズ主教が私塾を開いてから 150 年、大規模総合大学に成長した立教大学において、教育の中心であるリベラルアーツをどのように実践しているのか、本稿ではその取り組みを紹介することとしたい。

2.　大学設置基準の大綱化と全学共通カリキュラムの導入

2.1 一般教育から全学共通カリキュラムへ

　第二次世界大戦の終戦後に新制大学として再出発した立教大学は、長きにわたって 1・2 年次は一般教育課程、3・4 年次は専門教育課程とする、4 年間の教育課程を編成していた。学生は、一般教育課程で、外国語教育科目を 14 単位、一般教育科目は人文・社会・自然の各分野から 12 単位ずつ、そして保健体育科目 4 単位の合計 54 単位を修得する。

　1991 年 7 月、大学設置基準が大綱化されたことを受け、同年 7 月 24 日に一般教育と専門教育の有機的な連携を目指して「全学カリキュラム検討委員会」が発足している。同委員会が 1992 年に提出した答申では、新たなカリキュラム策定の方針として、①専門教育のカリキュラムは 1 年次から展開する、②一般教育課程の理念を踏まえた科目は「全学的な共通科目」として編成する、③各学部は全学年の学生の教育責任を持つことが望ましい、といった要旨が述べられており、この方針は現在に至るまで変わらない。その後、数年間に亘る全学的な議論を経て、1997 年度から「全学共通カリキュラム」が導入されることとなった。

2.2 言語教育科目と総合教育科目

1997年度に導入された全学共通カリキュラムは、言語教育科目と総合教育科目で構成された。従前の一般教育課程とのもっとも大きな違いは、4年間を通じて学ぶことができる体系性を持たせたことにある。旧カリキュラムでは、教養は一般教育課程で2年間、専門は学部で2年間学ぶ形ですみ分けられていたが、新カリキュラムではどちらも並行して4年間学んでいくことを可能にする仕組みとしている。

言語教育科目であれば、1・2年次の必修科目とその後の継続学習を想定した自由科目群を配置し、総合教育科目であれば低学年次を想定した講義科目だけでなく、一定程度の専門知識を得た高学年次学生を想定した分野横断的な科目を新たに開講することによって、体系的なカリキュラムを実現しようとしている。またこのことは、4年の間に「いつ、何を学ぶか」を学生自身が考える契機ともなり、学生側の選択の自由度が高い、主体的な学びを求める仕組みともなった。

このように、全学共通カリキュラムから学部専門教育へと緩やかに移行していく学びを構築した一連のカリキュラム改革は、大学設置基準の大綱化というきっかけはあったものの、教養教育と専門教育とを有機的につなごうとする、立教ならではのリベラルアーツを具体化する試みであったといえよう。

2.3 全学部教員が支える全学共通カリキュラム

全学共通カリキュラムにおけるもう一つの特徴は、カリキュラムを展開する教員体制である。それまでは一般教育部が置かれ、そこに所属する教員たちが一般教育課程を運営していたが、1995年3月に一般教育部を廃止し、移行期間を経たのちに、全ての教員がいずれかの学部に所属することとなった。

また、全学共通カリキュラムの総合教育科目は、各学部が一定の科目数を担当することが決定された。つまり、各学部の教員は、それぞれの専門分野に基づく、または関連する科目を全学部学生対象に開講するわけであり、専任教員は専門科目と総合教育科目の双方を担当することになる。こうした仕

組みは、専任教員は自学部の学生に対して教授するのとはまた違う準備や工夫が必要となり、教員にとっても新たな気付きをもたらすものとなった。

　そして、カリキュラム運営組織として発足した「全学共通カリキュラム運営センター」内の会議体には各学部から委員が選出され、全学部からの代表者が協議したうえで全学共通カリキュラムの諸事項を決定していくという意思決定方法が採られたことも重要な点であった。

3.　専門教育と教養教育の融合を目指して

3.1「学士課程教育を統合する」

　1997年度に導入された全学共通カリキュラムは、その後、幾度かのマイナーチェンジを重ねながら、本学ならではの教育課程として前進を続けていた。

　2010年度に就任した吉岡総長（当時）は、総長就任に際して大学教職員に向け次のように呼びかけた。

　　ヨーロッパの知の伝統としてのリベラルアーツ（自由七科）は、神の言葉、真理を解読するための三科（文法、修辞学、論理学）と、創造の秩序、宇宙と自然の調和を解読するための四科（幾何学、代数学、天文学、音楽）からなる、世界認識のための基礎的な学力でした。現代においては、リベラルアーツは、社会的存在としての人間が、世界を認識し、自立しつつ他者と共生していくための叡智の体系であるということができるでしょう。現代の諸困難に立ち向かい、未来を構想する力を生み出すために、立教大学はリベラルアーツを基礎とする高等教育の現代的再構築を、自らの使命と自覚するべきです。（中略）現代において必要とされているのは、急速な変化に対応しうる柔軟でしなやかな知性です。学士課程において、専門科目と教養科目の分離はすでに意味をなさないことは明らかです。立教大学の教育は、専門科目を通じてであれ全カリ科目を通じてであれ、このような意味でのリベラルアーツを目指さなければなりません。（吉岡 2010 p.5）

　これを受けて、全学共通カリキュラムと専門科目のさらなる融合、そしてリベラルアーツの現代的再構築を目指し、2010年10月には「学士課程統合

カリキュラム検討委員会」が立ち上げられ、その後、2013年度まで活発な議論が続けられていく。

3.2 学士課程統合カリキュラム RIKKYO Learning Style

　先述したように、全学共通カリキュラムでは、4年間を通じて学び続けることができるよう、言語教育科目・総合教育科目ともに設計されていたが、本来の設計意図とは別に、学生の実態は、1・2年次で全学共通カリキュラムの必要単位数をほぼ取り終え、その結果、3・4年次は専門科目のみを履修するという学生が大半であった。また、学生は1年次の初めから「何のためにその科目を履修するのか」という目的意識を持たないまま、時間割の空き時間を全学共通カリキュラム科目で埋めるといった履修習慣や、3年次から就職活動が開始されるという事情もあって、学生が、自らの学修目標を意識しない履修行動をとる傾向があることも指摘されていた。さらには、全学共通カリキュラムが4年間を通じた教育課程の提供を行う一方で、低学年次に配当される学部専門科目の展開が充分に進んでおらず、学生の履修習慣を変えることができなかったことも、そうした傾向に拍車をかけた一因であった。

　4次に亘る学士課程統合カリキュラム検討委員会の議論を経て、2016年度から新たな学士課程統合カリキュラム「RIKKYO Learning Style」（以下、RLSという）を開始することとなったが、RLSでは、全学共通カリキュラムにおいて指摘されていた、これらの課題を踏まえながら、新しい視点が盛り込まれており、具体的には以下の4点に集約できる。

　①学生生活4年間の各時期における到達目標を明確にする。
　　　すでに、大学全体や各学部においてディプロマ・ポリシーが策定され、学位授与に際しての学修成果も明らかにされているが、これをさらにいくつかの段階に分け、各時期における到達目標を設定することで、学生が履修計画を立てるうえでの指針となることを意図している。
　②カリキュラム構成上の教養と専門という線引きを廃止し、学生の科目履

修を自己実現にとって必要であるという視点から行わせる。

　全学共通カリキュラムと専門科目という区分は、いわば教える側の事情ですみ分けた、大学や学部の視点に立った区分であり、学生から見た場合には、学位の取得ないしは自身の目標達成や自己実現のために、4年間で何を学ぶかが重要であって、履修する科目ひとつひとつが総合教育科目であるとか、専門科目であるとかは関係がないという考え方に立つ。

③現在の履修構成を、低学年次から専門科目もしっかり学ぶという方向へ変化させる仕組みを作る。

　1997年度の全学共通カリキュラムの導入以降、専門科目履修の早期化は進行していたが、改めて4年間でどのように学んでいくのかを各学部がしっかりと検討し、体系的なカリキュラムへと組み替える。

④カリキュラム編成上でキャリア教育を年次発達に応じて位置づける。

　4年間にわたる大学生活において、正課授業だけではなく、課外プログラムや部活動・サークル活動などを包括的に捉えながら、その過程での学生の成長発達に着目し、各段階に応じたキャリア教育／支援プログラムを構築する。

　このように、学士課程を「統合する」という意味は、単に教養教育と専門教育をつなげながら統合することのみならず、学生が各科目で学んだことを自身のなかで有機的につなげていくこと、大学での学びは正課授業だけではなく大学内で行われる様々なプログラムや諸活動を正課外教育として位置付け、大学における学びとしてまとめていくことを含めたものである。また、学生が4年間の学びを自らの意思で主体的に構築できるよう、教育課程を学生視点から再編成していく、このような方針に沿って、RLSはデザインされている。

3.3 全学共通カリキュラムから「全学共通科目」へ

2016年度から開始したRLSでは、いくつかの大きな変更が加えられたが、

そのなかでもっとも大きな変更は、学位授与に向けた教育カリキュラム体系となるよう、卒業要件単位表の構成を抜本的に見直し、従前の全学共通カリキュラムと専門教育カリキュラムを一つの学位プログラムとして統合したことであろう。換言すれば、学生が修了すべき学位プログラムは一つであって、そのなかの科目群として全学共通のものと、所属学部の専門領域に関するものとして再編成したわけである。

　これにより、かつての全学共通カリキュラムは「全学共通科目」とその名称を改め、履修要項やシラバスにおいても、学部専門科目と同様に扱われることとなった。この違いが良く理解できる一例として、文学部キリスト教学科の卒業要件単位表を**図 3-4-1**、**図 3-4-2** に示す。こうした「統合」作業を進めていくことにより、学生視点からのカリキュラム上のわかりやすさも向上している。

3.4 学修期の設定と科目ナンバリング

　RLS における特徴的な取り組みの一つに、「学修期」の設定がある。大学で過ごす 4 年間を「導入期」、「形成期」、「完成期」の 3 つの学修期に区分し、以下のように、それぞれのおおまかな期間と学修成果を明示することで、学生にとって身近な目標設定ができるようにしている。

【導入期】：1 年次春学期

　1) 大学に適応できる。

　2) 立教大学に適応できる。

　3) 専門領域に関わる基礎的な知識と技能を身につけている。

　4) スタディ・スキルを身につけている。

　5) 社会の動向に関心を持ち、広い視野を獲得している。

　6) 4 年間の学生生活を考えることができる。

【形成期】：1 年次秋学期～ 2 年次秋学期

　1) 専門領域への理解を深め、高度な知識と技能を身につけている。

　2) 専門領域を学びながら、自らと社会との関わりを広げることができる。

　3) 人間全体への理解を深め、真の教養を身につけている。

キリスト教学科2012〜2015年度1年次入学者　卒業要件単位

区分名		卒業要件単位数計		卒業要件単位数	履修年次
全学共通カリキュラム	必修科目	10	言語教育科目 　言語A	6	1
			言語教育科目 　言語B	4	1
	選択科目	20	総合教育科目 　立教科目群 　　立教A（講義系） 　　立教B（立教ゼミナール） 総合教育科目 　領域別科目群 　　領域別A（講義系） 　　領域別B（文献系）	6	1〜4
			総合教育科目 　主題別科目群 　　主題別A（1，2，3，4，5） 　　主題別B 総合教育科目 　スポーツ実習科目群 　　スポーツプログラム 　　スポーツスタディ	14	1〜4

区分名		卒業要件単位数計			卒業要件単位数	履修年次
専門教育科目	必修科目	10	基幹科目A（人文学とキャリア形成）		2	2
			指定科目A	入門演習	4	1
				キリスト教学基礎演習	4	2
	選択科目	58	基幹科目B，C，D		10	1〜4
			指定科目B	指定科目B1（演習）	8	3〜4
				指定科目B2（フィールドワーク，原典講読）	6	2〜4
			指定科目C	指定科目C（講義）	34	1〜4
				指定科目C（卒業論文（制作）・卒業論文（制作）指導演習）		4
	自由科目	26以上	専門教育科目の選択科目（卒業要件単位数を超えて修得した単位）		6以上	1〜4
			全学共通カリキュラム 【総合教育科目】選択科目の卒業要件単位数を超えて修得した単位および総合自由科目 【言語教育科目】言語自由科目			
			文学部他学科科目，教職関連科目			
			他学部科目（＊），5大学間単位互換制度科目（最大12単位）		0〜12	
			大学院開講科目（4年次生のみ）（最大8単位）（＊＊）		0〜8	
合　計		124以上				

図3-4-1　2015年度卒業要件単位表

4）大学での学びと社会のつながりを考え、将来に向けて準備することができる。

【完成期】：3年次春学期〜4年次秋学期

1）専門領域の学習・研究を完成させることができる。

2）多角的・多面的な視野を持ち、他文化・他時代の人間や社会に働き

キリスト教学科2016年度以降 1 年次入学者　卒業要件単位表

必修/選択/自由	科 目 区 分		卒業要件単位数		
必修科目	言語教育科目 言語A【全学共通】		6	20	124以上
	言語教育科目 言語B【全学共通】		4		
	基幹科目 A	人文学とキャリア形成	2		
	指定科目 A	入門演習（「学びの技法」）	4		
		キリスト教学基礎演習	4		
選択科目	学びの精神【全学共通】		4	76	
	多彩な学び【全学共通】		14		
	スポーツ実習【全学共通】				
	基幹科目 B，C，D		10		
	指定科目 B	指定科目 B 1 （演習）	8		
		指定科目 B 2 （フィールドワーク，原典講読など）	40		
	指定科目 C	講義，卒業論文（制作）・卒業論文（制作）指導演習			
自由科目	専門関連科目		4以上	28以上	
	選択科目（卒業要件単位数を超えて修得した単位）				
	言語自由科目【全学共通】				
	文学部他学科科目				
	他学部，5 大学間単位互換制度科目		0〜16		
	大学院開講科目（4 年次生のみ）		0〜8		

図 3-4-2　2016 年度卒業要件単位表

　かけることができる。

　3) 進路について現実的な意思決定をし、卒業後に備えることができる。

　このように 4 学年 8 学期を三つに分けて学修期を設定しているが、学修期の考え方は、学生の成長や発達は緩やかに進行していくものであることから、あくまでも目安として提示するにとどめている。また、各学修期に設定した学修成果は、大学のディプロマ・ポリシーに掲げる学修成果を最終的な到達

目標として、それを学修期ごとに段階的な成長過程を表したものとなっている。

　さらに、学修期の設定と同時に、全科目を対象に「科目ナンバリング」を行うこととした。本学の科目ナンバリング制度は、科目開講主体を表すアルファベット 3 文字と数字 4 桁の計 7 文字で構成する。数字 4 桁は、千の位をレベル、百の位を分類、一の位を使用言語とし、十の位は学部で任意設定できる方式とした。このうち、千の位のレベルについて、学修期と連結させた考え方を採用しているところに特徴がある。全学共通科目では、1000 番台を導入期科目、2000 番台を形成期科目、3000 番台を完成期科目として、全ての科目をナンバリングし、学生が履修計画を立てるうえで参考となるようシラバス等で明示している。

3.5 初年次教育「立教ファーストタームプログラム」

　学修期に関連して、「導入期」と位置付けた 1 年次春学期に、初年次教育である「立教ファーストタームプログラム」（以下、RFTP という）を展開している。本学に限らずとも、高校から大学への進学にあたって、大学という学校の仕組みそのものへの新入生の適応は大きな課題であるが、こうした大学生活への適応と、立教大学への着地（立教大学を自身の居場所として認識できること）を主たるねらいとして、RFTP を取り入れた。

　大学全体で 1 年次春学期に履修する科目数を制限したうえで、RFTP の「学びの精神」科目と「学びの技法」科目を新入生は履修する。「学びの精神」科目は、全学共通科目で開講し、立教大学の学生として共有してほしい価値観や倫理観、歴史観に触れる機会を提供し、大学で学ぶ意義を学生自らが見出すことをそのねらいとしている。「学びの技法」科目は、各学部が少人数の演習形式で開講する科目で、学習や研究の基礎となるスタディ・スキル、アカデミック・スキルを、具体的には、文献・資料収集、情報検索、論文作成、プレゼンテーションやディベートのスキルを身につけて、4 年間の学びに向けた基礎体力作りが目標である。

　かつてのカリキュラムでは、新入生は部活動やサークルで知り合った先輩

学生の薦めに従って、履修登録可能単位数いっぱいまで科目登録を行い、その意味を理解しないまま、大学生活が慌ただしく始まっていく傾向があった。こうした課題認識に立ち、RFTPでは1年次春学期に履修する科目数を意図的に減らす（新入生側の選択範囲を狭くする）ことで、一つひとつの科目にしっかりと取り組んでもらい、大学で学ぶことの意味を考えること、大学で学ぶための土台を作ることを促した。特定学期の履修科目数を減じることは、標準修業年限での卒業率に影響を及ぼす可能性があるため、難しい判断が求められたが、大学進学がユニバーサル化した現在において、大学入学後の早い段階で「大学で学ぶ意味」を改めて考えさせる機会を提供することは有意義であり、その後の学びの展望やキャリア形成、将来設計においても好影響を及ぼすものと考えている。

3.6 多彩な学び

「形成期」「完成期」に展開する総合系科目として、「多彩な学び」を開講している。「多彩な学び」は1年次秋学期以降から履修可能な科目群であり、本学における教養教育の中心となっている。

「多彩な学び」は、内容によって6つのカテゴリにわかれており、①人間の探究、②社会への視点、③芸術・文化への招待、④心身への着目、⑤自然の理解、⑥知識の現場、が用意されている。これら科目の大半は講義科目であるが、6つめのカテゴリである「知識の現場」は、ボランティア活動やサービス・ラーニング、海外でのさまざまな実践活動に積極的に関わろうとする学生を大学の側から後押しするために設けている科目である。

この他にも、「多彩な学び」には様々な科目形態があり、異なる学部の学生とともに学ぶ演習形式の「立教ゼミナール」、複数の教員が担当する「コラボレーション科目」、外国語を使用言語とする「F科目」などが、6つのカテゴリ内でそれぞれ開講されている。「立教ゼミナール」は、一つの演習テーマについて異なる学部に所属する学生が共に学ぶ点で特徴的な取り組みであるが、低学年次の履修を想定した「立教ゼミナール」と、完成期の高学年次学生を対象とする「立教ゼミナール発展編」を用意している点も珍しい取り

組みと思われる。

3.7 外国語 2 言語必修

　本学では現在も、外国語の 2 言語を必修として、言語系科目を展開している。英語に加えて、ドイツ語・フランス語・スペイン語・中国語・朝鮮語・ロシア語から一つを学生が選択し、英語は 6 単位 (6 科目)、第 2 外国語 (本学では言語 B と呼称している) は 4 単位 (4 科目) を修得しなければならない。

　これまでの間に、何度も第 2 外国語を必修から外すことが議論されてきた。「第 2 外国語を必修から除くべきだ」と主張する理由としては、充分な英語力を身につけてから第 2 外国語を学ばせるべきであって、まずは英語教育に注力すべきだ、との意見が多い。また、第 2 外国語は大学入学後から学び始める学生が大半であることから、わずかに一年間の学修で身につけられるものではなく、第 2 外国語の教育効果を指摘する声もある。

　こうした意見や指摘を受けつつも、本学では 2 言語の必修を維持してきている。言語教育 (外国語教育) は、コミュニケーションツールとしての言語修得にとどまらず、言語を学ぶことを通じて、当該言語圏の文化や風俗・習慣を学び、また日本や英語圏の国々と比較し相対化することによって、世界の広がりを知り、自己を客観視できるようになることを目指している。このように本学における言語教育は、教養教育の重要な一部を担っていると考えている。

3.8 自由科目とグローバル教養副専攻

　RLS では、全学的な取り組みとして、卒業要件単位のうち 16 単位以上を「自由科目」として設定することとした。自由科目は、学部専門科目や全学共通科目について、必要単位数を超えて修得した場合に自由科目として読み替えることができる他、他学部科目を履修した場合にも自由科目として算入される。このように自由科目は、学生自身が主体的に学びをデザインしていくことを促す仕掛けとして取り入れたものである。

　その一方で、ただ"つまみ食い"的に科目を履修していくのではなく、あ

るテーマや領域について体系的に学ぶことができる仕組みとして「グローバル教養副専攻」を 2017 年度から導入した。グローバル教養副専攻は、3 つのコース（Arts & Science コース, Language & Culture コース, Discipline コース）に様々なテーマが設定され、副専攻の修了にはテーマごとに所定の科目から 16 単位（ないしは 26 単位）を修得する。テーマは、Global Humanity, World Issues in English, Data Science など、多彩な 22 種類が設けられている。

　グローバル教養副専攻の特徴として、テーマ別に設定されている科目群を、第一系列（日本発信科目）、第二系列（基幹科目）、第三系列（言語力科目）の 3 つに分類していることが挙げられ、各系列から数科目ずつ履修することで、テーマに沿って体系的に学んでいくことに加えて、国際性や教養を身につけることをねらいとしている。

4.　グローバル・リベラルアーツ・プログラムの開設

　前章では、2016 年度から導入した RLS について述べてきたが、RLS は特定の専門領域を学ぶ学部学生に、全学部共通のカリキュラムとして、どのように教養教育を実践していくのかという問いに対する、本学の一つの答えである。

　現在の大学における学部専門教育を基盤として行われる教養教育に対して、教養教育のあるべき姿を試行錯誤する場として、2017 年度に英語で教養を学ぶ「グローバル・リベラルアーツ・プログラム（Global Liberal Arts Program、以下、GLAP という）」を立ち上げた。GLAP は 1 学年 30 名規模の学部横断型学位プログラムとして組織し、卒業要件単位の全てを英語による科目履修で修得できることが大きな特徴である。

　1 年次から 2 年次春学期までの一年半は学問分野にとらわれない幅広い学修を進め、2 年次秋学期から海外のリベラルアーツ・カレッジ等へ一年間留学し、留学から帰国した後は、Humanities, Citizenship, Business の 3 つのテーマから一つを選択し、Graduation Paper を執筆することが、GLAP の大まかな学びの流れとなる。また、イギリス式のリベラルアーツ教育をモデルとしていることから、1 クラス 5 名の少人数教育で行われる 1 年次の Tutorial と 2

年次の Second Year Seminar が大きな役割を担っている。

　全てを英語で行う教育プログラムであること、一年間の留学を組み込んでいることから、学費は高額に設定しているものの、これまでのところ堅調な学生受け入れを行ってきており、国内外から一定の評価を得られている。GLAP で実践している教養教育を今後さらに充実したものとしていきながら、同時に得られた知見・経験を全学に水平展開していくことで、本学の教養教育の展開に貢献していくことが期待されている。

5.　おわりに── "Late Specialization" と "Late Generalization"

　現代の日本の高等教育機関では、「学部」が教学上の基本的な組織単位であり、学部で行われる専門教育が中心となっている学校が大半で、立教大学もまた同様である。大学進学を希望する高校生にとっても、「何学部に進むのか」が進路決定において重要とされている。また、日本では長く不景気が続いたことにより、社員研修・社員教育を充分に行うことができない経済界からは、即戦力となる専門性を身につけた人材を輩出することが要請され、学部専門教育の低学年次への早期化が一層進行してきた状況である。

　その一方で、21 世紀に入って以降、情報通信技術がまさに日進月歩で進化し、グローバル化が進む世界情勢が混沌とする状況もあいまって、まさに "VUCA" と呼ばれる予測困難な時代を迎えている。このような時代にあっても、若者が社会で活躍していくための教育として、改めて教養の重要性が注目を浴びている。こうした教養教育に関する議論のなかで、"Late Specialization" ──低学年次は多様な分野を幅広く学びながら基礎的なアカデミック・スキルを身につけ、高学年次に自身が専門とする分野を決定する考え方が一つの理想形として示されている。このことは、かつての大学設置基準大綱化以前の、教養教育と専門教育とが分化していた時代への先祖がえりを志向しているようにも捉えられるが、決してそうではなく、教養教育と専門教育とが連携しながら将来の "Specialization" を見据えた教育を展開していくことが求められているのであろう。しかし、学部を基礎的な単位とする高等教育機関にとって、"Late Specialization" への切り替えは教育カリキュラ

ムのみならず教育組織の大転換をも伴うものであるから、その実現は非常に困難であることも想像に難くない。本学の GLAP のように、新規の教育プログラムとして開発するしかないのが実際である。

こうした現代における教養教育の難しさに対して、本学では"Late Generalization"という考え方を提示し、学内で協議を進めている。これは、学部を基本的な単位とする大学において、専門性を身につけながら高学年次に教養を学ぶ仕組みを構築することは、既存システムの修正で済むことから合理的であるし、学修プロセスで考えてみても、自分自身のなかに一つの軸となる専門性を備えてから、多種多様な視点・考え方に触れることは有効と考えられる。本学の RLS における自由科目や副専攻制度は、"Late Generalization"を具体化する方法の一つとなっている。

本学が教育理念に掲げる「専門性に立つ教養人の育成」のために、学部を教学上の基本組織とした大学における教養教育、リベラルアーツはいかにあるべきか、終わりのない永遠のテーマのようにも感じられるが、今後も立ち止まることなく、その実現に向けて取り組んでいく。

文献

吉岡知哉. 2010.「大学運営の基本方針 2010 〜 2014」

立教学院史資料センター（編）. 2007.『立教大学の歴史』. 白峰社

立教大学全カリの記録編集委員会（編）. 2001.『立教大学〈全カリ〉のすべて —— リベラル・アーツの再構築』. 東信堂

第4部 「ブラックボックス化」を超えて

——大学教育と社会を巡る座談会記録——

　ここに掲載する記録は、企業等関係者、大学関係者、そして本書の基になった調査研究のメンバーによる座談会の記録である。この会の趣旨は、大学教育、特に新しい時代に求められ能力及びその育成に関し、企業等関係者と大学関係者が取り組みや考えを示し合い、コミュニケーションの可能性を探ることである。日時、場所及び具体的な出席者は次の通りである。

日　　時：2023年9月19日（火）10:30-12:30
場　　所：公益財団法人大学基準協会会議室
出席者：〈企業等関係者〉
　　　　　長谷川知子（一般社団法人 日本経済団体連合会常務理事）
　　　　　妹背正雄（一般財団法人 三菱みらい育成財団常務理事）
　　　　〈大学関係者〉
　　　　　杉本義行（成城大学学長）
　　　　　佐野充（中部大学副学長、人間力創成教育院長）
　　　　　武田誠（中部大学工学部教授、人間力創成教育院長補佐）
　　　　　出口良太（中部大学学生教育部次長、人間力創成教育院事務室）
　　　　　鶴見直城（中部大学学長室次長）
　　　　〈調査研究部会メンバー〉
　　　　　小林浩（リクルート『カレッジマネジメント』編集長）
　　　　〈司会〉
　　　　　山田礼子（同志社大学社会学部教授）

　　　　　　　　　　　　　　　　　　　　　　（敬称略・組織名順）

なお、記録の掲載にあたっては、冒頭で交わされた自己紹介の部分を略した。

1. 「生きた教育」、問題発見と解決の力

山田：今回この報告書[1]の中で、大学側で行っている様々な取り組みに関するアンケート調査のデータ、そして、一般的な企業と公務員や非営利組織の方へのアンケート調査で比べた時に、学習成果等において企業等の側が大学に期待するところと大学が力を入れているところに若干違いがあります。そういうところは、やはりコミュニケーションを密にすることで、違いを認識しながら良いものを見つけていけるかもしれませんし、あるいはお互いが率直に期待や、そしてできること、できないこと等も語り合う中で落としどころが見つかるところもあるかなと感じております。この調査研究から1年経っておりますので、今では少し違うかもしれませんが、その辺りについてお伺いをしたいと思います。

杉本：そうですね。この1年で、ChatGPTが話題となりましたが、大学院生、学生もかなり使っていると思います。今まで無かったことで、各大学がその利用について方針を明示するようなことが起きています。AIの利用という大きな変化の中で思っていることは、大学ではまさに正課、正課外の中で専門を教えたり、教養教育というものも学んでもらったりするのですが、いろいろなリアルな「経験」を大学が学生に対して提供するということが、これまで以上にかなり重要になってきているということです。もちろん、ただ単に経験というのではなくて、そこから学んでいかなければならないので、大学ができることはある意味で「計画された経験」とでもう言うべきものを用意することではないでしょうか。そして、学生によるリフレクション、つまり経験を学びにつなげていく仕組みが、これまで以上に重要になってきていると思います。

　もう一点。今から十何年前、企業と大学とでグローバル人材の育成に関するセミナーを開き、ディスカッションをした時に衝撃を受けたことを思い出します。何かと言えば、ある大手の飲料メーカーで人事関係の要職の

1　本書刊行のもととなった調査研究の結果を収めた『学士課程教育における現代社会で求められている課題に対応する能力育成に関する調査研究報告書』。以下この報告書に言及するときは、単に「報告書」と記載。

方が、「大学はグローバル、グローバルとかって言ってあたふたしている
みたいだけど、もっとちゃんと「研究のプロセス」を教えてください」とおっ
しゃったことです。つまり、問題を見つけそれに対して仮説を立てるという
こと、そして仮説の真偽については根拠付けをすることが社会でも重要
であることを指摘されたのです。これはもちろん、大学として身に付けて
ほしいと思っていることです。成城大学は文系の大学ですが、どんな学問
分野であっても「研究のプロセス」というのは共通で、まさに「仕事のプロ
セス」と同じではないでしょうか。そこをしっかりとやっていかなければ、
というふうに思っているところです。

武田：今の杉本先生のお話には共感します。私は卒業研究をとても大事にし
ているつもりです。やはり生きた教育というんですかね。私は都市の浸水
災害等を対象に研究をしているのですが、社会の問題に学生と一緒に取り
組んでいます。そのプロセスにおいて、学生に実力を身に付けてほしいと
思っています。

　関連して、アクティブ・ラーニングをどうするかということは、とても
大事だと思うのです。卒業研究は一つの大きなアクティブ・ラーニングだ
と思いますが、そのほかにも、中部大学には学生が活動できるプロジェク
トが沢山あるので、「それを教育活動としてつなげましょう」という話が
学内で議論されています。生きた教育、学生が活動できる教育というのは
とても大事だなと思います。

　もう一つ、入試で適切に目標を持った学生を入学させることも大事と思
いますし、入学前教育、初年次教育や、それらを専門教育につなげるため
にどうするかも大切なことだと思っています。

　これらについては、先生方も同じ意識だと思うのですが、やはり温度差
もあると思います。大学としてそこをしっかりと運営しマネジメントして
いくことは大事な話なんだろうと思っています。学生と直に接して教育す
るのは先生方なので、先生方の意識を一緒にしていくことは、地道な作業
ですが必要なことと思っています。どうするかはなかなか難しいとも思い
ますが。

山田：今、お2人からお話がありました経験をさせること、そして卒業研究ですね。卒業研究というのは非常に日本の大学教育における素晴らしい伝統だと思います。米国等の海外でもインディペンデントスタディやキャップストーンプログラムを除けばほとんどありませんから。例えば海外の大学、アメリカ等では卒業論文を書くことは基本的にないわけですよね。長く、日本の大学はアクティブ・ラーニングをできていないっていうような批判もありましたけれど。卒業研究、卒業論文は、究極なアクティブ・ラーニングでもありますから、演習とセットで考えてそれをどう改善するか、そして、海外も含めて広報するようにすれば違うのかなと思います。企業等から見た時に、卒

山田礼子（やまだ・れいこ）
（座談会座長）
同志社大学社会学部教授。カリフォルニア大学ロサンゼルス校教育学研究科社会科学・比較教育学専攻博士課程修了（Ph.D. in Education）。アメリカと日本を比較の対象とした実証研究を専門とし、近年ではアジア諸国と日本、ヨーロッパ、ドイツ、オーストリアと比較の対象を広げている。

業研究や卒業論文というものを一つの学生の成果として評価することはいかがでしょうか。

長谷川：卒業研究の評価を含め、「もっと大学の卒業要件を厳しくしたらよい」という意見は経団連でも以前から聞かれます。つまり、採用の時に重要なのは卒業証書ではなく、学生が大学4年間で何を学んだか、何を身に付けたかということなので、その一環として、卒業研究の成果を学生自らが語れる、そういう能力は非常に重要だと考えております。

　この図は、4年前に、大学と経団連が議論して作ったもので、Society 5.0の未来社会において企業が求める能力を示しています（図4-1）。4年たっておりますが、今でもこの内容自体は特に変わりないと思っています。

　さらに言えば、先ほどご指摘があったようにChatGPTが出てきて、いわゆる記憶する意味での知識の重要性が下がっているなか、2つの「そうぞう力」、つまり、イマジネーションとクリエーティビティーの重要性は

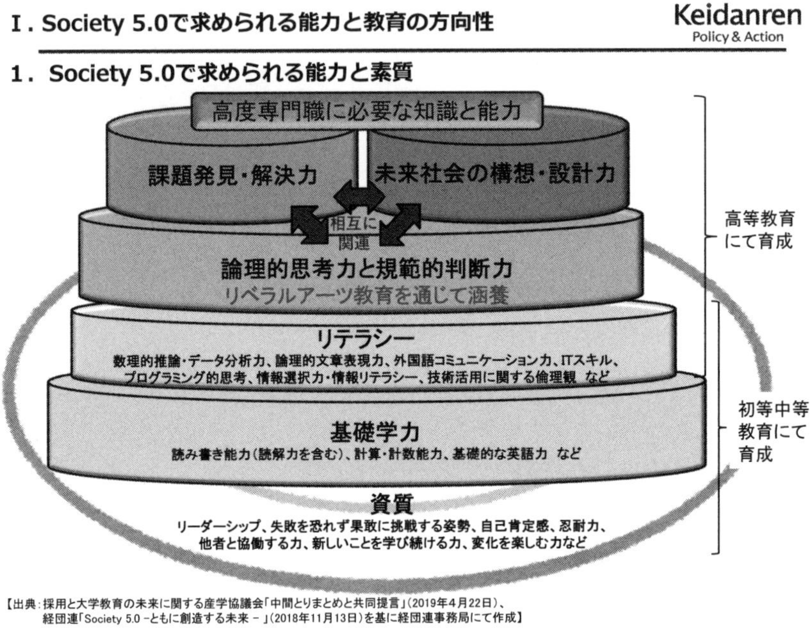

Ⅰ．Society 5.0で求められる能力と教育の方向性

Keidanren
Policy & Action

1．Society 5.0で求められる能力と素質

高度専門職に必要な知識と能力

課題発見・解決力　　未来社会の構想・設計力

相互に関連

論理的思考力と規範的判断力
リベラルアーツ教育を通じて涵養

高等教育
にて育成

リテラシー
数理的推論・データ分析力、論理的文章表現力、外国語コミュニケーション力、ITスキル、
プログラミング的思考、情報選択力・情報リテラシー、技術活用に関する倫理観　など

基礎学力
読み書き能力（読解力を含む）、計算・計数能力、基礎的な英語力　など

初等中等
教育にて
育成

資質
リーダーシップ、失敗を恐れず果敢に挑戦する姿勢、自己肯定感、忍耐力、
他者と協働する力、新しいことを学び続ける力、変化を楽しむ力など

【出典：採用と大学教育の未来に関する産学協議会「中間とりまとめと共同提言」（2019年4月22日）、
経団連「Society 5.0 －ともに創造する未来－」（2018年11月13日）を基に経団連事務局にて作成】

図4-1

　さらに高まっていると感じています。Society 5.0人材に求められるリテラシーをベースとして、「論理的思考力と規範的判断力」の上に「課題発見・解決力」と「未来社会の構想・設計力」が相互に関連して存在しているような能力構造が必要なのでしょう。

　ただ最近の産学協議会等における議論の傾向をご紹介しますと、よく言われるのは、「大学教育改革も重要だが、やはり今、求められている能力を本当に育成していくのならば、初等中等教育改革なしではありえない。いきなり大学に入って、論理的能力や課題発見力を磨いてくださいといっても、無理だろう」ということです。現在、経済界が一番重要視する素質に「主体性」がありますが、個人の主体性や自律性を重視しつつ多様性を尊重する教育にするためには、今の日本の初等中等教育のあり方を変える必要があります。金太郎飴的に同じ教育を全ての児童・生徒に行うのではなく、アクティブ・ラーニングやタブレット等による自律的、能動的学習

をもっと徹底していかなければならない。それには、既に取り組まれていますが、教員養成課程を抜本的に変えて、教員の素質・能力を変えていかなければならない。こうした論点が、非常によく聞かれるようになったのが最近の一つの特徴だと思います。

このウエディング・ケーキの図（図4-1）では、一番上に「高度専門職に必要な知識と能力」が入っています。これら全ての能力を「学部4年間で全て身に着けるのは無理だよね」という意見も最近はよく聞かれるようになりました。ですから、今年度の産学協議会の産学連携推進分科会のテーマは「大学院教育の充実」になっています。理工系では既に修士人材が、ある意味スタンダードになっていますが、それにとどまらず、博士人材をどうやって育成し、企業がどう採用・活用していくかという課題や、

長谷川知子（はせがわ・ともこ）
日本経済団体連合会常務理事。日本経済団体連合会においては、2010年頃より「教育問題委員会」（現「教育・大学改革推進委員会」）に参画し、人材育成や教育政策について国に提言するとともに会員企業にも呼びかけている。また、日本経済団体連合会の役員および国公私立大学の学長から構成される「採用と大学教育の未来に関する産学協議会」にも参画し、様々な課題について率直な意見交換を定期的に続けている。

文系については、学部教育が現在のスタンダードですので、文系修士人材をどのように企業が活用していくのか等について検討しています。

妹背：経団連の提言書等を拝見したり、今の長谷川さんのお話をお聞きしていますと、私が企業実務の中で感じてきたこととまったく同じだと思います。課題設定、仮説ベースの方向付けは、日常のビジネスのプロセスそのものだと言われた杉本先生のお話も、まさしくそのとおりだと感じております。

我々自身も、割と大きな問題について「非常に変化の激しい中で、この社会に立ち向かっていくにはどうするか」のような、大上段に振りかぶった議論をしがちです。けれども、日常の業務では、本社で幹部が考えて、それを現場は実行するだけ、みたいなことではないわけです。それぞれの

妹背正雄（いもせ・まさお）
一般社団法人三菱みらい育成財団常務理事。同財団は、2020年の三菱グループ150周年記念事業にあわせて2019年に設立された（活動期間は10年）。教育プログラムへの助成を主に行っており、大学教育への助成実績もある。

立場でそれぞれの人が、自分で課題を立てて考えて取り組んでいくこと、そしてそれがどれだけできるかどうかということが正直、強さそのものであると本当に感じております。あらゆる層で、そういうことができる人を育てていくのが重要だと思っております。

今、長谷川さんから初等中等教育のお話も出ましたが、まさに私どもの助成対象ともなっている高校で、総合的探究の時間が必修になっている等、中等教育も変わりつつあります。高等教育についても、企業は今の実際のところを知らないですよね。私も人事関係を長くやってきましたが、財団に着任して、助成プログラムの内容を先生方から聞き、実際に授業を見学させていただいて、今はこういうふうに教育を行っているのかということを改めて感じています。現役の人事担当の幹部も、今の大学教育について、あまりよく知らないと思います。「そうなんですか、随分やられているんですね」という感想をもらったりします。もちろん、財団の助成先は比較的熱心に取り組まれている所が多いので、全体としてどうなのかということはありますが、着実に変わってきている実感はあります。

2. 新しい「地頭」と経験価値の自覚化

山田：小林さん、中間の立場、大学と企業等の産業界も含めた、真ん中に立つ立場として見た時どうでしょうか。

小林：そうですね。よく最近聞かれるんですよ。大学の方からは、どうも入学者の質が変化していると。企業も、経営者とか人事部長とかから聞かれるのは、どうも大卒者の質が低下しているんじゃないかということです。マーチン・トロウを引用しながらよく説明していますが、その国の進学率

が15％未満だとエリート型の教育だとさ
れ、日本では1969年ぐらいまでです。こ
こにいる我々全てが多分このマス型といわ
れる15〜50％の間の世代。進学率が50％
以内は2009年ごろまでです。今は、なん
と50％超えてユニバーサルアクセス型と
いうことで、去年の大学進学率は56.6％で
す。公立小学校のクラスの半分以上が大学
に行くとなってくると、もうこれ、産業社
会に適応し得る全国民の育成になってきて
いまして、エリートから現場のリーダー、
そして今、全国民の育成というように大学
教育の役割が変わってきたといえます。

小林浩（こばやし・ひろし）
リクルート進学総研所長、
『リクルート・カレッジマネ
ジメント』編集長。2002年か
ら2004年まで経済同友会に
出向、その後リクルート進
学総研を立ち上げ、事例調
査をもとにエビデンスベー
スで様々な情報発信をして
いる。また2012年からは中
教審の委員も務めている。

　企業の人事部長とか保護者世代の人たち
に「1990年の進学率、どれぐらいですか」というと、大体皆さん35〜40％
ぐらいと答えます。でも、実は25％で、クラスの4人に1人しか大学行っ
ていなかったんです。なので、今人事部長とかやられてる方は、自分たち
が少数派であり大学に行くこと自体に価値があったのですが、その時代の
まま、まだ大学を見ているんです。「俺の時は勉強しなかったんだ」とか
「マージャンばかりやっていたんだ」とか、そういうことばかり言うわけ
です。大学に行くこと自体に価値があった当時と今は違います。今は、大
学で何を学んでどうなれるのかがとても重視されているのです。ここに少
しギャップがあるような気がします。

　昔も今も求められているのは「地頭」だとよく言われます。ただ、地頭
が何かをたぶん言語化できていないことが非常に問題です。以前の地頭っ
ていうのはいわゆる偏差値であって、偏差値の高い大学に行ければもうい
い。偏差値高い大学行って大企業入れば一生安泰で、55歳で定年になっ
てあとは豊かな老後が待っているという感じでした。今は社会の変化が激
しく、企業の寿命よりも人の人生が長くなったと言われています。定年も

65歳になり、さらに70になって、「いつになったら私たち年金もらえるのだろ」といった状況です。そうした中で、やはり一人ひとりが主体的・能動的になっていかないといけないわけで、いろいろアクティブ・ラーニングというのがいわれているのはそのためです。ここで、じゃあ地頭って何だっていうことになると、単なるリテラシー、学力だけでなくて、いわゆるコンピテンシーに関わっていて、レジリエンスっていうところも含めた資質・能力を指しています。

　ただ、学生も学生で、何を学んできたかについて自分のことを語らないんですよね。企業のほうはそれを引き出そうと思って「ガクチカ」っていうのを聞きます。学生時代に何に一番力を入れてきたっていったら、やはり成績だけだとなかなか横並びで見られない。A大学の優とC大学の優が同じかというと、なかなか同じではないので、ある意味それを企業が信用していません。だから、学生に自分が何に取り組んできたかを聞いて、過去の行動レベルで学生の力等を判断するというふうにしているのですね。理系の学生ならこんな研究やっていると自分のことを語りますが、文系はほとんど語らないのです。「ガクチカ」といわれると、皆アルバイトとかサークルの話をするので、コロナ禍になって「ガクチカ」がないということを言い出します。本当は大学ですごく学んでいるはずなのに、杉本学長がおっしゃったように、リフレクション、振り返りができてないのですね。経験価値を自覚化できていないわけです。そのために、企業側も「どうもまだ受け身の学生が多い」と思うようになっています。「指示待ち社員」という言葉がありますが、先ほど妹背さんがおっしゃったように、今はトップが「これやれ」って言って一斉に動く時代ではなく、現場レベルで一人ひとりが主体性を発揮する時代です。しかし、その主体性や当事者意識といったものが学生の言葉から伝わってこなくて、そこが理解されているのか、すり合っていないんじゃないかなっていう感じがしています。

3. 正課外活動がもたらすもの

山田：今おっしゃった、大学生がリフレクションできないっていうところに

ついてお伺いします。その辺りというのは、本当に大学もいろいろな試み
をしているのですが、なかなか学生が自分のものにできない。私もよく感
じるのですけが、今の学生さんは探究学習を初中等教育段階で受けている
から、それなりに自分のことは語れます。でも、ディスカッションした時に、
どうしても相手を尊重して本来の自分が言うべきことを言って相手とディ
スカッションできない。ある意味でリフレクションするという時に、どう
しても相手を見て同調してしまうという面がすごく強いような感じがしま
す。その辺りは、アクティブ・ラーニングを実践しても、その授業自体は
結局最終的な一つのゴールがあって、そのゴールに向かってこういうこと
をやりました、という感じになり、対話が緩やかなかたちで終わっている
ような感じがしています。それをどうしていくべきなのか。たぶん企業の
ほうから見ても、主張しディスカッションできる人でなければ、現場でな
かなか仕事できないのではないかということになると思うのです。

　そういう意味で言うと、スポーツの話なんですけども、スポーツ推薦で
入学してきた学生は、高校時代の経験から見ると学習経験の面では足りな
い場合があって特に英語等は時間がなくて学んでこなかったこともありま
す。ただ、人間力というべきなのか、スポーツをする中で判断力を獲得す
ることは大いにあります。だから多くは、卒業したら企業人として成功し
ているわけなのです。彼らが学んできたことというのは学力だけではなく、
ある意味で判断力だったり、スピードの中で一瞬にして決めなければいけ
ない力だったりするのですよね。そういう経験というものは、何から得る
ものなのでしょうか。

鶴見：うーん。例えばラグビーはコリジョンスポーツです。バレーとかテニ
スだったらネットがあって、身体と身体がぶつかり合うことってまずない
わけですが、ラグビーの場合はどうしても自分の体をたたきつけてまで前
に進まなければいけない。

　チーム全体として、少しずつでも前に進まなければならない中で、フォ
ワードがしっかり頑張ったからバックス頑張ろう、バックスがボール運ん

鶴見直城(つるみ・なおしろ)
中部大学学長室次長。中部大学ではラグビー部の部長も務めている。スポーツに取り組んだ学生が社会で活躍している姿を見てきており、そうした学生について企業関係者や社会全体がどのように捉えているかについても興味をもって座談会に参加。

だからスクラム頑張ろうという感じで、お互いがお互いを尊重できる。もちろんうまく歯車がかみ合わないと前に進めないので、そういった意味では全体活動だと言えます。ラグビーだけではないのでしょうが、スポーツをやっている学生たちは、チームプレーにしても個人プレーにしても、勝つことを意識している面があります。中部大学のラグビー部も目標はやはり高く持ち常に前を見て進もうということは言ってはいるので、そういった考え方というのは企業さんにとっても役に立つのではないかと思います。例えば忍耐力が強いとかの理由でラグビー部の学生を企業さんが求めているのだと思うのですが、そういった意味では本当に課外活動というのは、授業プラスアルファのところで非常に重要なのかなと思っております。

4. 「生きる力」のための教育

山田：佐野先生はご経験も長く、教養教育を変えていくべきというご意見もお持ちですが、先ほど小林さんがおっしゃったことについてどのようにお考えでしょうか。

佐野：まさしく杉本先生もおっしゃいましたし、鶴見さんもおっしゃいましたけれども、そこの部分を正課にどう取り入れていくか。特に初年次といいますか、いわゆる教養教育が今までやってこなかったことなんだろうと思っています。いわゆる教養教育は、もうスマホには勝てなくなってきている。つまり、例えば我々がある授業をやって評価する時に試験をやりますが、スマホ持ち込み可ならば知識に関するその試験はほとんど役立たないと思うんです。ですので、極端な話── 私の個人的観点ですが──語学も、もちろん学びたい人は一生懸命学べばいいけども、そうでない人には、

スマホの自動翻訳機の使い方を教えたほうがいいというのが私の考えです。これを実際に、私の大学の語学の先生に言いましたら「総スカン」喰らいましたけども、私の考えは変わっていません。

佐野充（さの・みつる）
中部大学副学長、人間力創成教育院院長、博士（理学）。中部大学の教育上の使命「豊かな教養」とともに、健全な身体、健全な精神、経済的に生きる力といった「生きる力」を重要視して教育に取り組んでいる。専門は、環境科学、環境経営。

それよりもやりたい、やらなければいけないことがいくつかありまして、それはまさしく小林先生が言われたり、杉本先生が言われたような、「経験」の部分をどのように授業の中に取り込んでいくかということではないでしょうか。私はそれを「生きる力」だと言っています。先ほども言ったように、体力面については、今まで、どこの大学もそうですが、体育の先生がしっかりとやってきました。今だったら、体育というよりどうやって健康に過ごすかを食育から始めて運動のところまでしっかりとやるわけです。自己管理も含めてですね。あとはやはり考え方ですね。それと、我々人間ですから、どうしても即物的に生きているので、お金のマネジメントもものすごく重要です。あまりにも私の考えていることは即物的かもしれませんが、そのあたりをしっかりとしないと人生100年時代、生きていけないのではないかと。実を言うと、今生まれた人たちは、たぶん100歳まで本当に生きるはずなので、22歳あるいは25歳ぐらいで就職したとすると、働く期間と、その後の期間を比べると、たぶんいろんな意味で、国の体制も含めて持たないのだろうと思います。日本は個人資産が2,000兆円あるうちの1,000兆円は、実は現預金なんです。まったく稼いでいないわけです。だから、それを例えば、日経平均でもS&P500でも放り込んでおけば、日経平均だったら、今なら5％ぐらいで年間回りますので、1,000兆円が5％だったら50兆円、毎年日本のGDPは増えるわけです。当然、税金が10兆円来ますので、もうGDPだけでも1割増えますし、税金ならもっと増える

わけです。そういうことを一人ひとりがやっていかないと駄目なんだと私
は思っている。

　人口減少時代の中で日本がしっかりと活力を持ってやっていくためには、
まさしく主体的に能動的に学ぶということです。何を学べばいいかという
と、やはり考え方の部分と、経済的に豊かに暮らすための稼ぐ力を身に付
けるということ。それを本当ならば僕は家庭教育でやらなければならない
のですが、日本では家庭で一切学ばないんですよね。そうすると大学、高
等教育というのは、全ての教育の集大成であるべきですからそこを担わな
ければならない。日本の大学教育とよその国の大学教育を比較し、全ての
教育の中で何が足りないか、日本の教育の中で何が足りないかをしっかり
と見ていかないといけない。

5.　金融教育と高大連携の課題

山田：ありがとうございます。先ほどもお話しされた金融リテラシーです
　　よね。これ、たまたま私の授業を履修していた社会人大学院生のテーマが
　　金融リテラシー教育なんですよ。それで金融リテラシー教育は、年齢が高
　　いほど効果があることが指摘されており、彼は研究を進めているのですが、
　　日本では初中等教育でもほとんどされていませんよね。されているとして
　　も家庭科の中で若干扱われるぐらいですし、家庭科の先生が金融リテラ
　　シーの専門家とは言えないわけなので、非常に浅くなる部分もあったりす
　　るという指摘が彼の研究にはございました。この点、例えば今回の調査の
　　中でも金融リテラシーについての概念は出てこなかったですね。

小林：教養教育という枠組みで聞いているから出てきていないという感じで
　　すね。

山田：教養教育の中にデータサイエンスとかは入るのですが、金融とかは
　　見えていませんでした。しかし、例えばこれを企業等の立場から見た時に、
　　新入社員が全員、株式投資がどういった効果がある等を理解している若者
　　が入ってくるとどうなのでしょうか。

長谷川：岸田政権は「資産運用立国」を掲げて、金融教育に力を入れよう

しています。金融庁に金融教育推進に関する「金融経済教育推進機構」を新たに立ち上げる予定です。そこには全国銀行協会や証券業協会も協力して、初等中等教育段階から、いかに金融リテラシー教育を行っていくかを検討することになっています。現状では、金融教育をやりたい銀行や証券会社があっても、大学のどこにアプローチしていいか分からないという問題がありますので、企業と大学のマッチング等もその機構で扱っていくと聞いております。これからというところだと思います。

　経団連では、これまで証券会社や金融機関の方から、「金融教育をやりたいと思っても、学校側から断られるんだよね」という話をよく耳にしてきました。つまり「お金の教育」というのはあまりにギラギラしていて、小学生や中学生に教えるものではないと考える先生方が多く、「やりたくてもできない」ということです。この話は都内の話ですが、そもそも地方に行けば、金融教育を行える企業が少ないという課題もあると思います。

　また、金融教育をやるにしても、基本的な金融リテラシーをどこで教えるのかという別の問題もあると聞いています。例えば、最近、ESGやサステナブルファイナンスへの関心が高いので大学で講座を開くと、多くの

学生が来てくれるそうです。しかし、会計や株式投資、資本市場の知識が
ゼロだと、ESG 投資のリターンはこうだと説明しても理解が難しいとおっ
しゃる声も耳にしたことがあります。

小林：ある企業経営者が大学で話をしたのですが、大学の先生がこの方を紹
介した時にすごくかたい表現を使ったので、せっかく面白い話をしようと
したのに、聞く学生のほうが構えてしまった、ということがあったようで
す。金融教育はアカデミックではない、あるいは学問とは直接関係がない
と思っている先生がいたりもしますがアンコンシャスバイアスがまだあっ
て、（企業側と大学の認識上の）ギャップを生むことにつながっているのでは
ないかと感じます。

山田：経済等の「学問とは何か」とかに関し、一つの理想像みたいなものが
日本の中で出来上がってしまって、そこをどうするかというところが、な
かなか難しい課題なのですよね。高校生で欧米、具体的には北欧等に留学
した子の場合、金融教育をやはり受けるんですよね。それが自分でスーパー
マーケットに行っていつも買い物する時に活きる、つまり、知識が身につ
くとともに経験になるから良かったと言ってきたことがあります。そして、
それが入試の時に、自分の探究的な経験として書いてきたりすることも多
いです。そういうところ、まだまだ日本の中で弱く、高校、中等教育と大
学教育の連携が少しできていないところといえるかもしれないですね。

6.　思考の習慣とコンセプトを与える教育

山田：大学関係者のところから、ぜひ企業等に知ってもらいたい大学の現状
ということで、取り組みとか悩みとかもございましたらぜひお伝えしてい
ただければと思います。杉本先生、何かございますか。

杉本：そうですね。我々は文系大学ということですが、データサイエンス教
育については割と早くて、2014 年ぐらいから検討を始め、IBM の東京基
礎研究所と連携して 2015 年には全学共通教育科目の中に入れました。

　　現在、数理・データサイエンス・AI 教育プログラム認定制度という国
の制度があります。リテラシーレベル、応用基礎レベル他という段階に分

かれていますが、本学は、リテラシーレベルと本年度には応用基礎レベルでも認定されました。全学共通教育科目には、その他にキャリア教育科目、国際交流科目などを含めて計6つの科目群で構成されています。

全学共通教育に関して私自身が課題として思うのは、特に教養教育があまりにも細分化されてしまったということです。つまり、科目にもよるのですが、歴史系だとか社会学系だとか。これに対し最近の傾向としては、やはりもっと総合的に学ぶ必要があるのでは、ということになって、本学の中にも総合科目というのが設けられるようになりました。例えば、「環境」というテー

杉本義行（すぎもと・よしゆき）
成城大学学長、経済学部教授、農学博士。自らの個性を尊重すると同時に、他者の個性の尊重し、多様性を受け入れる学風をもつ成城学園において、2022年4月より現職を務める。専門は、食料経済学、応用ミクロ経済学。

マの下でさまざまな学問を専攻する教員が出てきて講義をしておりまして、全体として同じテーマだけれども色々な見方ができるね、といったことになっております。こうした取り組みについても企業等の方には知ってもらいたいと思っています。

それとは別な話ですが、僕自身はミネルバ大学のカリキュラムデザインは非常に素晴らしいと思っています。つまり、あそこでやっていることというのは「考え方」の教育ですよね。Habits of Mind and Foundational Concept（HCs）というふうに呼ばれていますが、具体的にこういう考え方があるよっていう思考の習慣とコンセプトです。だいたい今では70か80くらいあると聞いていますが、それをいろいろな場面に適用して課題解決をします。学生は、HCsをまずオンラインで学び、リアルなPBLにHCsを適用し、専門分野に進むと、それを徹底的に使ってプロジェクトを遂行するというような教育がミネルバ大学で行われています。

実際、私はそこで学んで、今は日本で就職している人と話したことがあります。その人はミネルバ大学を終えた後に、イギリスの大学で修士号を

取って帰ってきた方です。「HCsって修士論文作るのに役に立ったんですか」との私の質問に対し、修士論文を書くためだけでなく、いろんな観点から思考をするということや、仲間と協働して課題解決する等にすごく役に立ったということでした。あの考え方（HCs）をもっと日本の大学教育の中に取り入れられたら良いと思っています。実は、日本では清泉女子大学の文学部地球市民学科でHCsを取り入れてると聞いています。自分の学長任期中には難しいとは思いますが、教養教育もそういう概念レベルの教育にシフトしていけたらと思います。

山田：大きなテーマがあって、それで色々な分野の先生方が支えていくということですね。アメリカではそれを「ラーニングコミュニティ」という考え方で扱っていて、特に共通教養教育で見られています。例えば「21世紀の文明」というテーマであったら、工学関係、音楽、歴史の専門分野の教員が集まって教育していくという感じです。杉本先生が今おっしゃったミネルバ大学は、非常に注目を浴びているところですが、「日本の大学の中では、なかなかできないのではないか」とおっしゃる先生もおられます。では、ハードルって何なのでしょうか。そういうコンセプトを、我々教員が持ってないっていうことでしょうか。

杉本：いや、持っていると思います。例えば私の専門の経済についていえば、経済の見方というのは幾つかあるわけですよね。ただ、非常に細かい議論に行く前に、深く考えるための見方みたいなものがあると思うのです。そしてそういうものというのはいろんな分野であるはずで、そこで共通した概念を学ぶというのはできなくない。だからまず、ミネルバで言うところのHCsを作り上げるというのが大事です。自分たちでつくるのか、ミネルバ大学を参考にするのかみたいな話になってきますが。

　そこでもう一つ重要なのは、それをどう授業に実装するか。つまり、学生たちがそれらを身に付けるための授業を行う教員をどうやって育てるかだと思います。

妹背：清泉女子大学の場合、文学部の地球市民学科で、まさにミネルバ大学の考え方を反映させた教育をしているのですが、入学定員が60人なん

ですよね。だからできている面もあるんです。共通のコンセプトブックというものがあって、それをそれぞれ専門の背景が違う皆さんがご自分なりに咀嚼して、それぞれの立場から同じ教科書を教えておられるんですよね。それって、大学の先生方にとってはなかなかやりにくいというか、やはりご自身の専門を語る時がベストだ、みたいなところがあるのではないでしょうか。

杉本：そういうのは苦手ですね。

山田：その（清泉女子大学の）先生方、何か研修を受けられたとかおっしゃっていましたか。

妹背：最初はそのミネルバ大学の人が来て研修を受けたというように聞いております。ただ、「これは学生のためにいいから、教員一人ひとりは自分の専門を語るだけでなく、ともにミネルバ大学のような教育をやろう」と先生方が合意に至ったことが、やはり前提としてある。

山田：なるほど。

武田：それをやるとすると、日常的な授業運営も議論しながらつくり上げていくんでしょうね。

妹背：はい。

杉本：そういう授業を「フォーラム」というシステムを用いて、要するにオンラインでやるんですよね。そのオンラインの時に、事細かに学生へフィードバックができる。つまり、「今、あなたが使ったのは（HCsの）2と3ですね」とか、そういうことまでやるのですが、いまの大学でたいていはそんなことまではできない。だから教員が合意していきながら教育を作っていかないと、たぶん2〜3年経つと誰もやらなくなってしまうのかなと思います。そういう意味で難しさはあると思いますが、アイデアとしては、今後向かっていくべきものなのかなとすごく感じます。

7. ニーズとシーズのブラックボックス化

山田：なるほど。今の件、いかがでしょう。いろんな新しい試みとかイノベーティブな試みも実際あるわけです。その辺り、例えば企業等の立場から見

たら、非常に喜ばしいことだとお考えだろうと思うのですが、どのように大学に期待されていますか。

長谷川：産学協議会で、様々な大学の方にプレゼンをしていただいたり、いろいろな機会に大学の方から説明していただいたりしておりますし、卓越大学院のような取り組みもあるとも聞き及んでおり、イノベーティブな取り組みが多数あることはよく存じています。他方、やはり企業側、特に人事部等採用に関わっている側にそうした情報が伝わってないという問題があります。経団連の役割もあると思いますが、他方、全国津々浦々への周知を経団連が行なうわけにもいきませんので、難しいところです。産学協議会で何回か提案しているのですが、各地方に経済団体があるので、そこと地域の大学の間で協議会を立ち上げて、先進的な取り組みが理解されるようにしていくのが良いのではないかと思います。見方を変えれば、地域ごとに求められる人材は違いますので、直接、地域の大学と企業の方々が協議するような枠組、つまり産学協議会の地域版のようなものを全国で立ち上げるのが良いのではないかと思っております。すでに九州経済連合会と九州地方の大学、それから北陸経済連合会と北陸地方の大学の間でそういう協議会が立ち上がっていて、成果も出ているという報告もいただいております。

　少し話題は違いますが、最近、リスキリングやリカレント教育に対するニーズが企業では高まっているものの、どうしても価格が手頃だということや、内容が分かりやすいということで、教育関連企業やコンサルタント企業が提供するプログラムに発注が集中してしまっています。大学側が提供している非常に高度なリカレントプログラムには、企業側は積極的に社員を出していない状況です。これもやはり、両者のニーズとシーズのブラックボックス化というか、インターフェースの無さが問題のように思います。経団連でアンケート取ると、企業側のニーズが高いリカレントプログラムはDX、あとはGXで、気候変動対策関係、サステナブルファイナンスやESG、あるいは環境に関する技術的な内容です。大学が実施している高度なプログラムをぜひ受講したいという意見もありますが、なかなか企業の

ニーズがマッチングされないのは、やはり大学側がどういうプログラムを提供しているかを企業の人事担当者が気軽に調べられない課題があるようです。大学のウェブサイトの構造が複雑なので、企業人からすれば、大学のプログラム内容を見つけるのが難しくなっています。また「マナパス」(「学びのパスポート」)を文科省が提供していますが、だいぶ改善されてきてはいるものの、企業側が本当に求めるものを完全にマッチングをさせるような機能にはなっていません。ですから、やはりそういうマッチング機能を持つ公的な機関が必要ではないかという議論を産学協議会ではしています。

山田：非常に重要なご指摘ありがとうございます。実は、この報告書にもはっきりそういうところが書かれております。まず、企業等が求めるものといっても、グローバル企業と中小企業、地方の企業、それから一般企業ではない公務員等の方々で全然違うんですよね。だから、大学教育の「成果」という時に、例えば公務員等の人たちは論理性とかそういうところは非常に大事にするけれどもグローバル化についてはそこまで関心はないわけで。そのあたりを大学が分かっていないところもあって、一斉に同じ方向を向くところもあるのだと思います。

　それからもう一つ、先日報道関係者から取材を受けた時に、ものすごく私もなるほどと思ったことがあります。「国民が理解してない」とよく指

摘されますが、理解していないのに「国民に大学からの説得がない」のではないかと指摘されました。大学はこういうことをやってきました、それでこういう取り組みをしています、大学も変わっていますと言っても、国民のほうはそれが理解できていない。理解にもいろんな層があると言われたんです。そうするとそれは、報道がどういうように間に入るかということも関係するかも知れませんが、大学のほうが、企業等も含めて、やはり発信するところが限られているという面もあるのかもしれません。その辺はどのようにしたらいいですかね。

小林：まず「国民」というのは広すぎます。よく大学の方は「社会全体に」と言うんですが、「社会全体」といわず、やはり発信するターゲットを絞っていったほうが良いかなという気はします。

山田：もう少し絞ると、保護者が分かっていないということ、保護者へのコミュニケーションのところで伝わってないという問題がありますか。

小林：そうですね。先ほども申しましたが、保護者って誰かというと、企業で働いている40代、50代の世代でしょう。そうすると、やはり昔のまま見ているので、昔と変わりましたよというのをきちんとエビデンスベースで伝えていく必要があります。頭で分かっているつもりでも実際の数字を見ると「全然違いますね」というような実感が伴った感じになってきますので。あと、依然として「産業界は」とか「大学は」と全体を一つにして語られることが多いですよね。「産業界」っていう「界」はないんです。重厚長大産業と、インターネット関係の企業は違いますし、地方の小企業と世界に展開している企業とでは必要とする人材面で全然違います。そこを一括りに「産業界が求める人材像」として大学が求めると間違ってしまうのだろうという気がします。

　大学は今800ほどあって、大学に行くこと自体が価値になった昔とは違っています。今は大学でどのように成長しているのか、何が身に付いたのかを、きちんと大学も説明していかなければならず、そのためには大学としてきちんとフラッグを立てて、強みとか価値・特徴みたいなものをきちんと発信していくのが大事なのかなと思います。「大学全体が変わって

いますよ」じゃ、きっと曖昧すぎて分からないはずで、さっきのミネルバ大学みたいな話ですが、特徴のある大学がこんなに沢山出てきていて、「大学も変わっているんですよ」と言うと、「なるほど」というふうに伝わるような気がします。

山田：その場合の具体的な方法としては、例えば産学連携プログラムを作るとかが考えられるかもしれません。

小林：長谷川さんがおっしゃったように、地域で産学協議会みたいのを作って、やられている大学さんもあります。地方の国立大学等はやはり、かなり危機感が強いので、地方の経営者を集めて、言い方を変えれば、「ファンクラブ」を作るみたいな形で理解を形成しようと取り組まれていたりします。国立でさえ危機感を持っているとなってくると、やはり、元々寄附行為でできて私塾から思いを込めて作っている私立大学にとって、個性や特長、育成する人材像の共有といった点は大事であって、広報の力というのも非常に重要なのかなと感じるところです。

8. 未来を構想する大学経営

佐野：小林さんがおっしゃられた広報ということ、杉本先生がおっしゃられた教育的立場の話は大事だと感じています。それと同時に思いますのは、大学にとって一番の壁は人口減少です。これに対してはいろんな対処策が考えられるのですが、やはりアメリカ的な大学経営を根本的に我々はまねしないといけないんだろうというのが私の立場です。つまりどういうことかと言うと、それはアメリカの大学教育が、結果的に卒業生の「生涯」によって評価されるものになっていることに関係しています。アメリカの大学は寄付金を多く集めていると言われますが、実は寄付金は生きている人間からは集まりません。当たり前です。生きている人間は、よほどの大金持ちは別として、基本的にはどれだけお金がかかるか分からないから寄付はしません。要は大学の寄付金を左右するのは、遺言遺贈をやってくれるかどうかなのです。在学生はもちろん卒業生に対してどこまで支援をしたのか、その人が財を成す支援を、リスキリングも含めて大学がどれだけ行っ

たかによって遺言遺贈されるか否かが決まってくるので、結果的に大学の教育がその人の生涯で評価されるシステムを持っている点が日本の私立大学とは全然違う。そしてもう一つ重要なのは、大学が集めた資金をどうやって投資するかが重視されることであり、大学は専門のカンパニーを持ってヘッジファンドに配分し運用していくわけです。その時に最も重要なのは、大学側が渡す A4 紙 1 枚程度のリポートです。将来の社会がどうなるか。それに対して最も重要な分野、あるいは重要なスキル、あるいはテクノロジーは何かということを大学側がちゃんと書いて渡すわけです。つまり大学が果たしてそこまでの未来構想がちゃんとできているかということが投資に直接結び付くわけで、A4 紙 1 枚のリポートがちゃんと書けるというのは、当然ですが、大学の教育に上手く反映されているはずなのです。つまり基金運用というのは何かと言うと、大学教育を持続的に改善するシステムなんですね。日本の大学はそんなことやってないわけです。

　何でこんなこと言うかというと、私、1988 年から 1990 年までスタンフォード大学にいたんですが、まさしくスタンフォード大学が（未来構想して資金を作った結果が）、シリコンバレーのグローイングアップのきっかけとなったからで、あの辺の地域全体を良くしながら世界的産業をつくることになったからです。いわゆる持続的に回転するためのシステムというのを学んでいかないと、結果的に少子高齢化の中で日本の大学はどんどんつぶれていく。だからそういう体制をちゃんとつくらないといけないのだと思うのです。

山田：それは大学が個別につくっていくべきものなのでしょうか。国等は…。

佐野：国ではないと思います。

山田：地域、地方自治体でもないですか。

佐野：でもない。

山田：大学でしょうか。

佐野：はい。私立大学が自らの力でやらないと駄目なんだと思います。

山田：たぶんアメリカの有名大学にはエンダウメント（寄付金）とかを運用するディベロップメントオフィサーが山のようにいらっしゃると思うんです

けど、日本にそのような大学はあるのでしょうか。

佐野：エンダウメントの運用の仕方のリポートが、どこかの大学から出ていましたが。やっぱり本格的な形で外部の人を入れて、一緒になってやっているという所は、あまり聞いたことがないですね。

9. 情報発信の課題

山田：もちろん教育的な中身、それをしっかり身につけて卒業させることで、学生の確保につながる面があるのかもしれませんけど。もう一つはやはり、それこそ企業等では当たり前かもしれませんけど、経営という視点です。日本では今まで IR というと、どちらかというと、「教学 IR」であったり、「評価 IR」であったりしてきましたけれど、もうアメリカの大学ではコロナ禍以降、「経営 IR」へと移ってきています。経営と IR、データということについては、企業等から見た時に、大学に期待することはありますでしょうか。

長谷川：情報を可視化してほしいと思います。まさに EBPM（Evidence-Based Policy Making）ですけれど、山田先生がおっしゃったとおり、データの開示が少ないと思います。経営分析に必要な情報もそうですが、よく指摘されるのは、まさに教育の価値、卒業後のキャリアや能力等に関する情報です。特に、大学院レベルのプログラムでは、そのプログラムを修了したら実際、何の能力が身につくのかの説明が欲しいと考える企業は多いです。もちろん定性的にはいろいろと説明が可能ですが、それだけではなくて「どこに就職したのか」、「どこに転職したか」にも関心がもたれています。もちろん企業側の問題もあります。これまでは大学での学びを適切に評価してきておらず、大学院等で学び直した人をきちんと評価し切れていないという問題もあります。アメリカの大学院等が開示しているデータを参考に情報を公表すると、企業側もそういうものをチェックして大学間の比較をしたりできるようになるのかなと思います。

妹背：それはもうおっしゃるとおりだと思います。

武田：在学している学生の情報は収集していますので開示できると思うのですが、就職した後の学生の情報はなかなか手に入らないような気がするの

武田誠（たけだ・まこと）
　中部大学工学部教授、人間力創成教育院院長補佐、博士（工学）。専門は水工学、都市耐水、環境水理学であり、土木関係の現場との関わり、土木業界の方々との関わりも深い。大学においては、初年次教育にも尽力。

です。卒業生の後追い調査をして、離職している学生がいれば、その人たちに対して何かサポートしたいという議論を学科内で進めています。でも、就職した学生がどれぐらいお金もらっているかというのは、なかなか大学側から求めにくいとも思います。そうした情報開示に関しては、やはり企業からしてもらうものでないかなと思うのですが。

山田：アメリカの場合は、ソーシャルセキュリティーカードがあって、あれで全部コントロールしているからやりやすい。でも日本では、マイナンバーカードがその役割をはたすのかどうか分かりませんが、もしやろうとしたら国が介入して企業に情報を差し出させる形になるので、そこまで行くかどうかという話になります。この辺り、非常に議論が多いところです。短期大学の場合、卒業生調査とかで連絡ができるので卒業生の情報を取得しやすい環境にあるといわれています。しかし、大きな大学は個別に同窓会組織があっても、それでできるとは思いませんから難しい問題です。

武田：大学から情報発信するという話はすごく大事だと思います。中部大学も幾つかの社会人向けプログラムがあるので、それは情報発信していると思うんですが、どこを調べていいか分からないという先ほどの話があるなら、そういう情報をまとめる機関はないでしょうか。要は大学と企業をまとめるような機関等のホームページ、プラットフォームみたいなものがあれば、そこを介して情報公開できる。地域と大学が連携しているといった共通テーマで情報を扱うようなホームページ等の仕組みがあると、すごく楽かなと思います。

長谷川：産学協議会では、リカレントプログラムについては、企業と大学をマッチングするためのサイトなり、プラットフォームを政府等の公的機

関が作って欲しいと提言しています。大学設置基準は18歳で入学した学生を主に想定しているため、いったん社会に出た社会人がまた戻ってきて、特に履修証明等のプログラムを短期間受けるのは、正規の大学教育ではないという位置づけです。そうすると、大学のウェブサイトは、大体、学部別なので、例えば経済学部のサイトに行ったら経済学部のプログラムの教育内容が見られますが、社会人向けの履修証明プログラムは紐づけられていないので見つけにくい。それを企業担当者に見つけろというのは無理な話です。

山田：なるほど。一つ、学生に関する情報をデータベースにしたものといえば、私立と国公立が別になった大学ポートレートがありますけれど、それが実際、情報公表として、皆さんが今おっしゃったような形で大学外の方が見ているかどうかもまた別の話としてあります。いろんな社会の人たちや企業の方々、それから高校の保護者等を考えても、この大学に行けばこういう資格が得られる、そしてこういう年収が平均的に得られるといった情報が一目で分かるものが欲しいという要望はたぶんあるでしょう。でも、そこまでは至っていない感じだと思います。そういう情報公表もこれから大事になってくるのかもしれないですね。

10. 各人が持つ多様な力

武田：明るい学生、要はコミュニケーションが取れる学生等は結構うまく就職していきます。でも、そうでない学生に対しては、しっかりと仕事ができる、研究ができるとしても少し評価が低いような気がします。この状況は良いのでしょうか。コミュニケーション力が豊かな人間が結局は就職状況が良いとなると、専門をしっかり教えるということが意味をなさなくなりますよね。それは本来あるべき姿とは違うような気もします。どうですか。

妹背：おっしゃるとおりだと思います。コミュニケーション力は大事ですけど、コミュニケーション力だけじゃないですから。そういうところにごまかされない目が必要だと思います。

武田：採用試験等で時間がかけられるのであれば、きちっとした評価ができ

るのでしょうが、短時間でその学生を評価すると、どうしてもそういうところが目立ってしまうのかなと思います。

長谷川：産学協議会の提言で、インターンシップ、特に就業体験型のインターンシップを推進していますが、そこではまさにそうしたご意見がありました。エントリーシートの「ガクチカ」で何をやったかや、30分の面接だけでは分からないことが、やはり1週間なり、職場でその学生と一緒に仕事をすることで見えてくるというご意見です。コミュニケーションは少し苦手だが、すごく真面目に取り組むタイプの学生だといったことが分かるようになるので、企業側も就業体験型インターンシップを評価しており、今後は増やしていく方向で検討していると思います。やはり採用の多様化というか、学生と企業の接点を多様化していくことが非常に重要ではないかと思っています。

出口：私、学生支援部署におりまして、普段から現場で学生と関わることが多いのですが、やはり学生の多様化というのは非常に進んでいます。合理的配慮が必要な学生も年々増えていると感じています。教育における合理的配慮という形で4年間大学が面倒を見ていく制度設計はされており、各先生方にも理解していただいている反面、課題なのは出口の部分ですよね。大学における教育では合理的配慮がなされてきたけれども、就職活動ではつまずくということがあり、本学のキャリア支援部署でも苦労しているようです。ユニコーン企業というんですかね、そうした企業を目指して行けるような、いわゆる「ギフテッド」と言われる個性豊かな学生というのは、その特徴を生かして就職も見つかり活躍できるというのは、ある意味、昔より容易な時代になってきたとは思います。一方で、大学全入時代において

出口良太（でぐち・りょうた）
中部大学学生教育部次長。理系、文系、文理融合など様々な学問分野をカバーし、リベラルアーツ教育などにも力を入れる中部大学にあって、事務職員として教育研究活動を下支えしている。座談会には、そうした事務職員の立場から参加。

色々な学生がいるなかで、配慮をして何とかその学生に寄り添う形で卒業をさせるというところまでは大学として行えるけれど、どうしても社会、企業の理解というものも必要になってくるでしょう。そういったところの協議というものも当然続けられている中でのますますの悩みというか。

山田：ほんとに大事なところです。どの大学も合理的配慮は施策としてしっかりしていかないとできません。学生たちの出口の問題もありますから。その辺りについて、協議会レベルで議論は進んでいるのでしょうか。

長谷川：もちろん、基本的には法定雇用もございますし、企業側も合理的配慮について努力をしているところです。やり方はいろいろですけれども、各社の人事担当の方とお話ししても、お互いに Win-Win といいますか、やはり学生が持っている能力を一番活かせる形で採用しお互いに良かったと思えるように工夫しているということです。合理的配慮を超えてと言ったらおかしいですけれども、すごく工夫をして取り組んでおられると思います。ただやはり課題はいろいろございます。障害者差別禁止法で、日常の場面で障害者に対して合理的配慮をすることが事業者にも義務付けられましたので、そのような配慮も含め企業はさらに取り組まなくてはならないと思います。

小林：入った後の組織がどのように一人ひとりにアダプティブしていくかについて、今の大学では、発達障害や LGBTQ 等の学生のインクルージョンが非常に広がっていると思います。これからの社会では多様性をいかに許容していくかっていうところが大事になってきて、企業側でもそれを行うことが生き残る方策の一つになると思います。

　実は今、新卒採用で計画を達成している企業は 4 割ぐらいしかないんですよ。6 割は企業も少子化で人が採れなくて困っているという状況になってきています。ですから、やはり、どのように一人ひとりが人生を設計していくかっていうところ、うちの会社に合うかどうかを組織としても見ているんです。優秀かどうかで言えば、合う合わないも結構マッチングという点が大きいと思いますので、そういうところも含めて、やはりどう自分自身でキャリアを作っていくかも考えたい時代かなと思います。

山田：インクルーシブ、それからダイバーシティーというところも含めた大きなテーマについては、大学、企業双方ともに課題があるともいえるかもしれません。

11.　コミュニケーションの媒介役

山田：最後ですが、大学基準協会に期待することは何かございますでしょうか。まず大学関係者から。

杉本：そうですね。私たちは、昨年度に大学基準協会の大学評価を受審したばかりなんですが、大学評価（認証評価）結果がありますよね。そういう評価にかかわるものを、もちろん大学自身がホームページに出したりしますけれど、大学基準協会のほうでもまとめて、社会にもっと大々的に公表していただくっていうのがいいかなという思いが一つあります。

　もう一つ、これはちょっと別の話になるかもしれませんけれど、日頃からの自己点検・評価作業自体をもう少し省力化できるようなあり方、まさにAIを使ってできる仕組みのようなものを期待したいなと思うところです。

山田：評価を受けるのが大変だったっていうことですね。

杉本：大変でした。

佐野：基準、認証評価の話をすれば、細かいことが少し多すぎるような気がします。もう少し簡素化していくと同時に、もう少し大くくりにするといいますか、先ほど述べたアメリカの大学経営の話のように、大学が自然に改善できるような形で評価するような形にしていただけると、もう少し労力も減るし、一方で未来志向型の考え方もできる。

　それから理系の大学院について、ご承知のとおり、アメリカの普通の大学院であれば、生活費が支給されて授業料免除で学べますので、日本のようにアルバイトしなくても学生は研究に専念できます。それは大学がちゃんと稼いでいるからできるわけです。そういうことまで含めて、ぜひ大学基準協会の中で考えていただければありがたいなというふうに思います。

武田：すみません。最後にということなので。他の大学もいろんなプログラ

ムをなされていることが理解できますので、今回の報告書のように大学基準協会が様々な取り組みをまとめているというのはすごく良いことだなと思います。大学人としてはありがたい話です。

妹背：一企業人として働いてきた中では、大学基準協会の存在であるとか、このような活動をしていること自体をまったく存じ上げませんでした。大学サイドに立ちながら、企業にも目を向けて双方のコミュニケーションを図っていこうという今回のような活動をしていただいていること自体、大変ありがたいことだと思います。ますますこういった活動、そして広報を強化していただけると良いのではないかなと思います。

山田：はい。ありがとうございました。ここで座談会を終わりたいと思います。どうもありがとうございました。

第5部　資料編

〈資料1〉アンケート調査票（大学）

公益財団法人 大学基準協会

学士課程教育における現代社会で求められている
課題に対応する能力育成に関するアンケート調査
調査票

※　　以下では、原則として学士課程教育に関する令和4年度時点の内容をお答えください。

※　　　　　　　　　　は、プルダウンから選択肢を選んでお答えください。

※　　　　　　　　　　は、記述式です（字数制限なし）。具体例が多数の場合、代表的なものをお答えください（5つほどまで）。

※　　用語解説を付しています。設問中の語にも適宜用語集へのリンクを張っております。

Ⅰ. 大学の基本情報

Q1.　　大学名

Q2.　　設置形態の別

　　　　　1. 国立大学法人　　　　2. 公立大学・公立大学法人
　　　　　3. 私立（学校法人）　　 4. 私立（株式会社）

Q3.　　学部・研究科数　　　　※学部・研究科を名称としていない場合は、同等組織
　　　　　学部　　　　　　　　　 研究科

Q4.　　在学生数　　　　　　　　※令和4年5月1日時点
　　　　　学部　　　　　　人　　 研究科　　　　　 人

Q5.　　直近で受審した(※)機関別認証評価機関

　　　　　1. 大学基準協会　2. 大学改革支援・学位授与機構　3. 日本高等教育評価機構
　　　　　4. 大学教育質保証・評価センター　5. 大学・短期大学基準協会

　　　　　※　令和4年度受審中を含む。

Q6.　　上記評価の受審年度（西暦）　　　　　　年

Q7.　　設置する学部について、分野(※)の種類（該当するものをすべて選択し〇をつけてください）

A)	人文科学		B)	社会科学
C)	家政		D)	教育
E)	芸術		F)	理学
G)	工学		H)	農学
I)	医学・歯学		J)	薬学
K)	I)及びJ)以外の保健分野		L)	商船
M)	その他			

　　　　　※　文部科学省学校基本調査における「学科系統分類表」を参考に分類してください。

　　　　　文部科学省サイト　https://www.mext.go.jp/content/20200330-mxt_chousa01-001412325_4.pdf

II. 学士課程教育における能力育成について

Q1. 21世紀型リベラルアーツ教育 に関するキーワードについてQ1-1.～Q1-3.にお答えください。

　Q1-1. 貴大学において重要視する度合いを選択肢より選んで回答してください。

　Q1-2. 提示されているキーワードに関する科目があるか教えてください（開講検討中を含む）。

　Q1-3. Q1-2.の科目に関し、差し支えなければ科目名を教えてください。

Q1-1.の選択肢
（とても重要 4）（重要 3）（あまり重要でない 2）（重要でない 1）

カリキュラム関連		Q1-1. (重要度)	Q1-2. (科目有無)	Q1-3. (科目名(例))
A)	データサイエンス			
B)	DX			
C)	STEAM			
D)	文理融合			
E)	SDGs			
F)	ELSI(Ethical, Legal and Social Issues, 倫理的・法的・社会的課題)			

思考・能力・人材育成目標関連		Q1-1. (重要度)	Q1-2. (科目有無)	Q1-3. (科目名(例))
G)	異文化理解			
H)	批判的思考(クリティカル・シンキング)			
I)	公共性・社会性・市民性(シチズンシップ)			
J)	行為主体性(エージェンシー)			
K)	システム思考			
L)	デザイン思考			
M)	起業家精神(アントレプレナーシップ)			

Q2. 学生に21世紀型リベラルアーツ教育を提供するためにどのような取り組みが必要と考えていますか。あてはまるものすべてに○をつけてください。

A)　教育研究上の目的の見直し

B)　学位授与方針(DP)の見直し

C)　教育課程の編成・実施方針(CP)の見直し

D)　専門教育カリキュラムの見直し

E)　共通教育・教養教育カリキュラムの見直し

F)　副専攻制度の導入・修正

G)　学科、コース等の教育単位の見直し(新設、改組を含む)

H)　既存の科目シラバスの学習成果にQ1.でキーワードとして
　　あげられている項目や能力に関する記述を追加

I)　Q1.でキーワードとしてあげられている項目に関する、
　　またはQ1.でキーワードとしてあげられている能力獲得を
　　主眼とした新規科目の開講

J)　その他(以下の記述欄に具体例をお答えください)

K)　新たな取り組みが必要とは考えていない

→J)記述欄

以下Q3.~Q7.は、Q2.でK)以外を回答した場合にお答えください。

K)を選択した場合は、Q8.にお進みください。

Q3. 学生に21世紀型リベラルアーツ教育を提供するために実施している具体的な取り組みがあれば、その有無を教えてください。

A)	教育研究上の目的の見直し
B)	学位授与方針(DP)の見直し
C)	教育課程の編成・実施方針(CP)の見直し
D)	専門教育カリキュラムの見直し
E)	共通教育・教養教育カリキュラムの見直し
F)	副専攻制度の導入・修正
G)	学科、コース等の教育単位の見直し(新設、改組を含む)
H)	既存の科目シラバスの学習成果にQ1.でキーワードとしてあげられている項目や能力に関する記述を追加
I)	Q1.でキーワードとしてあげられている項目に関する、またはQ1.でキーワードとしてあげられている能力獲得を主眼とした新規科目の開講
J)	その他

取り組みの具体的な内容について教えてください。

Q4. Q3.で選択した各種の取り組みについて、見直し等の実施にむけた実質的な検討はどこが行いましたか。
具体例として教えていただけるものがあれば回答してください(複数選択可。回答者が把握している範囲でかまいません)。

		全学	学部横断的組織	教養教育・共通教育担当組織(センター等)	学部・学科	その他
A)	教育研究上の目的の見直し					
B)	学位授与方針(DP)の見直し					
C)	教育課程の編成・実施方針(CP)の見直し					
D)	専門教育カリキュラムの見直し					
E)	共通教育・教養教育カリキュラムの見直し					
F)	副専攻制度の導入・修正					
G)	学科、コース等の教育単位の見直し(新設、改組を含む)					
H)	既存の科目シラバスの学習成果に1.でキーワードとしてあげられている項目や能力に関する記述を追加					
I)	Q1.でキーワードとしてあげられている項目に関する、またはQ1.でキーワードとしてあげられている能力獲得を主眼とした新規科目の開講					
J)	その他					

Q5. Q4.の具体例として教えていただけるものがあれば回答してください(回答者が把握している範囲でかまいません)。

Q6. Q3.~Q5.で何らかの取り組みを実施していると回答した場合、その取り組みに着手するに至った理由(動機やこれまでの教育に見出した課題等)として教えていただけるものがあれば回答してください。

Q7. 学生に21世紀型リベラルアーツ教育を提供するための取り組みの開始時期は次のうちどれですか。
具体的に教えていただけるものがあれば回答してください（回答者が把握している範囲で構いません）。

　　　1. 2010年度以前
　　　2. 2011年度〜2015年度
　　　3. 2016年度〜2021年度
　　　4. その他※

※取り組みによって開始が異なる場合は「4. その他」を選び、それぞれについて以下にお答えください。

Q8. 21世紀型リベラルアーツ教育提供に関する学内の意識形成のためのFD等を実施していますか。FD等の実施時期、頻度、定例開催
かどうかについては気にせず、1回でも実施した場合は「〇」と回答の上、具体例を教えてください。

具体例

Q9. 学生に21世紀型リベラルアーツ教育を提供するために、学内の組織改革または仕組みの変更を行いましたか。行った場合は「〇」と
回答の上、その具体例および実現のための学内プロセスを教えてください。

具体例　（記入例：＊＊委員会を設置して検討し、〇〇年度に××センターを設置）

Q10. 学生に21世紀型リベラルアーツ教育を提供するための取り組みで成果のあがっているものがあれば教えてください。

Q11. 学生に21世紀型リベラルアーツ教育を提供するための取り組みで苦労した点があれば教えてください。

Ⅲ. 連絡先

アンケートの回答内容等について問いあわせる場合の連絡先をご記載ください。

お名前
所属・役職
連絡先電話番号
メールアドレス

Ⅳ. その他

回答内容について、取り組みやお考えを本協会が理解するにあたって参考となる資料（組織機構図等）があれば、
回答時にあわせてご提供ください。

質問は以上です。
ご協力ありがとうございました。大学基準協会あて（kenkyu@juaa.or.jp）にお送りください。

〈資料2〉アンケート調査(大学)素集計

対象大学数、回答数及び回答率

対象数	787
回答数	374
回答率	47.5%

設置形態の別

国立大学法人	52	13.9%
公立大学・公立大学法人	47	12.6%
私立(学校法人)	273	73.0%
私立(株式会社)	2	0.5%
合計	374	100.0%

学部及び研究科数
学部

1学部	103	27.5%
2〜4学部	150	40.1%
5学部以上	121	32.4%
合計	374	100.0%

研究科数

1研究科	111	29.7%
2〜4研究科	130	34.8%
5研究科以上	91	24.3%
0、無回答	42	11.2%
合計	374	100.0%

在学生数

学部

1～499人	35	9.4%
500～999人	49	13.1%
1,000～1,999人	69	18.4%
2,000～2,999人	46	12.3%
3,000～4,999人	54	14.4%
5,000～9,999人	70	18.7%
10,000人～	43	11.5%
無回答	8	2.1%
合計	374	100.0%

研究科

1～24人	64	17.1%
25～49人	56	15.0%
50～99人	51	13.6%
100～199人	50	13.4%
200～999人	59	15.8%
1,000人～	46	12.3%
0人、無回答	48	12.8%
合計	374	100.0%

直近で受審した機関別認証評価機関

大学基準協会	220	58.8%
大学改革支援・学位授与機構	59	15.8%
日本高等教育評価機構	73	19.5%
大学教育質保証・評価センター	10	2.7%
大学・短期大学基準協会	0	0.0%
無回答	12	3.2%
合計	374	100.0%

上記の受審年度

2015	23	6.1%
2016	59	15.8%
2017	51	13.6%
2018	25	6.7%
2019	30	8.0%
2020	48	12.8%
2021	89	23.8%
2022	37	9.9%
2023	2	0.5%
無回答	10	2.7%
合計	374	100.0%

設置する学部について、分野の種類（該当するものをすべて選択し〇をつけてください）

	A)人文科学	B)社会科学	C)家政	D)教育	E)芸術
〇	187	206	68	155	42
	50.0%	55.1%	18.2%	41.4%	11.2%
×	13	13	29	17	34
	3.5%	3.5%	7.8%	4.5%	9.1%
無回答	174	155	277	202	298
	46.5%	41.4%	74.1%	54.0%	79.7%
合計	374	374	374	374	374

	F)理学	G)工学	H)農学	I)医学・歯学	J)薬学
〇	75	114	53	65	48
	20.1%	30.5%	14.2%	17.4%	12.8%
×	31	27	31	32	38
	8.3%	7.2%	8.3%	8.6%	10.2%
無回答	268	233	290	277	288
	71.7%	62.3%	77.5%	74.1%	77.0%
合計	374	374	374	374	374

	K)その他保健	L)商船	M)その他
○	141	2	82
	37.7%	0.5%	21.9%
×	19	39	27
	5.1%	10.4%	7.2%
無回答	214	333	265
	57.2%	89.0%	70.9%
合計	374	374	374

Q1. 21世紀型リベラルアーツ教育に関するキーワードについてQ1-1.～Q1-3.にお答えください。

Q1-1. 貴大学において重要視する度合いを選択肢より選んで回答してください。

	A)データサイエンス	B)DX	C)STEAM	D)文理融合	E)SDGs
とても重要 4	246	160	116	126	185
	65.8%	42.8%	31.0%	33.7%	49.5%
重要 3	104	166	180	162	153
	27.8%	44.4%	48.1%	43.3%	40.9%
あまり重要でない 2	14	32	52	61	24
	3.7%	8.6%	13.9%	16.3%	6.4%
重要でない 1	2	5	13	13	2
	0.5%	1.3%	3.5%	3.5%	0.5%
無回答・無効	8	11	13	12	10
	2.1%	2.9%	3.5%	3.2%	2.7%
合計	374	374	374	374	374

	F) ELSI	G)異文化理解	H)批判的思考	I)公共性・社会性・市民性	J)行為主体性
とても重要 4	125	210	164	154	116
	33.4%	56.1%	43.9%	41.2%	31.0%
重要 3	179	139	168	176	179
	47.9%	37.2%	44.9%	47.1%	47.9%
あまり重要でない 2	51	14	23	25	49
	13.6%	3.7%	6.1%	6.7%	13.1%
重要でない 1	5	4	4	5	8
	1.3%	1.1%	1.1%	1.3%	2.1%
無回答・無効	14	7	15	14	22
	3.7%	1.9%	4.0%	3.7%	5.9%
合計	374	374	374	374	374

	K)システム思考	L)デザイン思考	M)起業家精神
とても重要 4	97	92	76
	25.9%	24.6%	20.3%
重要 3	183	180	196
	48.9%	48.1%	52.4%
あまり重要でない 2	69	75	72
	18.4%	20.1%	19.3%
重要でない 1	8	9	14
	2.1%	2.4%	3.7%
無回答・無効	17	18	16
	4.5%	4.8%	4.3%
合計	374	374	374

Q1-2. 提示されているキーワードに関する科目があるか教えてください（開講検討中を含む）。

	A)データサイエンス	B)DX	C)STEAM	D)文理融合	E)SDGs
○	323	198	157	161	277
	86.4%	52.9%	42.0%	43.0%	74.1%
×	39	144	182	179	76
	10.4%	38.5%	48.7%	47.9%	20.3%
無回答	12	32	35	34	21
	3.2%	8.6%	9.4%	9.1%	5.6%
合計	374	374	374	374	374

	F) ELSI	G)異文化理解	H)批判的思考	I)公共性・社会性・市民性	J)行為主体性
○	200	330	255	262	157
	53.5%	88.2%	68.2%	70.1%	42.0%
×	143	31	93	87	172
	38.2%	8.3%	24.9%	23.3%	46.0%
無回答	31	13	26	25	45
	8.3%	3.5%	7.0%	6.7%	12.0%
合計	374	374	374	374	374

	K)システム思考	L)デザイン思考	M)起業家精神
○	164	187	216
	43.9%	50.0%	57.8%
×	170	150	128
	45.5%	40.1%	34.2%
無回答	40	37	30
	10.7%	9.9%	8.0%
合計	374	374	374

Q2.　学生に21世紀型リベラルアーツ教育を提供するためにどのような取り組みが必要と考えていますか。あてはまるものすべてに○をつけてください。

	A)教育研究上の目的の見直し	B)学位授与方針（DP）の見直し	C)教育課程の編成・実施方針（CP）の見直し	D)専門教育カリキュラムの見直し	E)共通教育・教養教育カリキュラムの見直し
○	147	180	239	222	334
	39.3%	48.1%	63.9%	59.4%	89.3%
×	59	42	22	40	9
	15.8%	11.2%	5.9%	10.7%	2.4%
無回答	168	152	113	112	31
	44.9%	40.6%	30.2%	29.9%	8.3%
合計	374	374	374	374	374

	F)副専攻制度の導入・修正	G)学科、コース等教育単位の見直し	H)既存の科目シラバスの学修成果に記述を追加	I)関連する能力獲得を主眼とした新規科目の開講	J)その他	K)新たな取り組みが必要とは考えていない
○	124	149	190	208	31	27
	33.2%	39.8%	50.8%	55.6%	8.3%	7.2%
×	76	64	32	31	96	111
	20.3%	17.1%	8.6%	8.3%	25.7%	29.7%
無回答	174	161	152	135	247	236
	46.5%	43.0%	40.6%	36.1%	66.0%	63.1%
合計	374	374	374	374	374	374

Q3. 学生に21世紀型リベラルアーツ教育を提供するために実施している具体的な取り組みがあれば、その有無を教えてください。

	A)教育研究上の目的の見直し	B)学位授与方針（DP）の見直し	C)教育課程の編成・実施方針（CP）の見直し	D)専門教育カリキュラムの見直し	E)共通教育・教養教育カリキュラムの見直し
○	74	122	148	161	272
	19.8%	32.6%	39.6%	43.0%	72.7%
×	113	87	77	77	41
	30.2%	23.3%	20.6%	20.6%	11.0%
無回答	187	165	149	136	61
	50.0%	44.1%	39.8%	36.4%	16.3%
合計	374	374	374	374	374

	F)副専攻制度の導入・修正	G)学科、コース等教育単位の見直し	H)既存の科目シラバスの学修成果に記述を追加	I)関連する能力獲得を主眼とした新規科目の開講	J)その他
○	84	109	87	119	30
	22.5%	29.1%	23.3%	31.8%	8.0%
×	119	104	111	97	123
	31.8%	27.8%	29.7%	25.9%	32.9%
無回答	171	161	176	158	221
	45.7%	43.0%	47.1%	42.2%	59.1%
合計	374	374	374	374	374

Q4.　Q3. で選択した各種の取り組みについて、見直し等の実施にむけた実質的な検討は
どこが行いましたか。具体例として教えていただけるものがあれば回答してくだ
さい（複数選択可。回答者が把握している範囲でかまいません）。

【全学】

	A)教育研究上の目的の見直し	B)学位授与方針（DP）の見直し	C)教育課程の編成・実施方針（CP）の見直し	D)専門教育カリキュラムの見直し	E)共通教育・教養教育カリキュラムの見直し
○	58	89	96	68	159
	15.5%	23.8%	25.7%	18.2%	42.5%
×	34	28	27	33	26
	9.1%	7.5%	7.2%	8.8%	7.0%
無回答	282	257	251	273	189
	75.4%	68.7%	67.1%	73.0%	50.5%
合計	374	374	374	374	374

	F)副専攻制度の導入・修正	G)学科、コース等教育単位の見直し	H)既存の科目シラバスの学修成果に記述を追加	I)関連する能力獲得を主眼とした新規科目の開講	J)その他
○	50	69	53	72	9
	13.4%	18.4%	14.2%	19.3%	2.4%
×	46	35	37	36	48
	12.3%	9.4%	9.9%	9.6%	12.8%
無回答	278	270	284	266	317
	74.3%	72.2%	75.9%	71.1%	84.8%
合計	374	374	374	374	374

【学部横断的組織】

	A)教育研究上の目的の見直し	B)学位授与方針（DP）の見直し	C)教育課程の編成・実施方針（CP）の見直し	D)専門教育カリキュラムの見直し	E)共通教育・教養教育カリキュラムの見直し
○	25	40	45	38	89
	6.7%	10.7%	12.0%	10.2%	23.8%
×	38	34	34	35	31
	10.2%	9.1%	9.1%	9.4%	8.3%
無回答	311	300	295	301	254
	83.2%	80.2%	78.9%	80.5%	67.9%
合計	374	374	374	374	374

	F)副専攻制度の導入・修正	G)学科、コース等教育単位の見直し	H)既存の科目シラバスの学修成果に記述を追加	I)関連する能力獲得を主眼とした新規科目の開講	J)その他
○	36	43	23	38	5
	9.6%	11.5%	6.1%	10.2%	1.3%
×	44	38	39	34	42
	11.8%	10.2%	10.4%	9.1%	11.2%
無回答	294	293	312	302	327
	78.6%	78.3%	83.4%	80.7%	87.4%
合計	374	374	374	374	374

【教養教育・共通教育担当組織（センター等）】

	A)教育研究上の目的の見直し	B)学位授与方針（DP）の見直し	C)教育課程の編成・実施方針（CP）の見直し	D)専門教育カリキュラムの見直し	E)共通教育・教養教育カリキュラムの見直し
○	20	24	33	21	140
	5.3%	6.4%	8.8%	5.6%	37.4%
×	42	41	38	41	25
	11.2%	11.0%	10.2%	11.0%	6.7%
無回答	312	309	303	312	209
	83.4%	82.6%	81.0%	83.4%	55.9%
合計	374	374	374	374	374

	F)副専攻制度の導入・修正	G)学科、コース等教育単位の見直し	H)既存の科目シラバスの学修成果に記述を追加	I)関連する能力獲得を主眼とした新規科目の開講	J)その他
○	24	18	27	53	4
	6.4%	4.8%	7.2%	14.2%	1.1%
×	48	42	39	34	41
	12.8%	11.2%	10.4%	9.1%	11.0%
無回答	302	314	308	287	329
	80.7%	84.0%	82.4%	76.7%	88.0%
合計	374	374	374	374	374

【学部・学科】

	A)教育研究上の目的の見直し	B)学位授与方針(DP)の見直し	C)教育課程の編成・実施方針(CP)の見直し	D)専門教育カリキュラムの見直し	E)共通教育・教養教育カリキュラムの見直し
○	50	89	101	127	81
	13.4%	23.8%	27.0%	34.0%	21.7%
×	33	23	22	22	33
	8.8%	6.1%	5.9%	5.9%	8.8%
無回答	291	262	251	225	260
	77.8%	70.1%	67.1%	60.2%	69.5%
合計	374	374	374	374	374

	F)副専攻制度の導入・修正	G)学科、コース等教育単位の見直し	H)既存の科目シラバスの学修成果に記述を追加	I)関連する能力獲得を主眼とした新規科目の開講	J)その他
○	36	69	50	63	5
	9.6%	18.4%	13.4%	16.8%	1.3%
×	46	31	31	32	43
	12.3%	8.3%	8.3%	8.6%	11.5%
無回答	292	274	293	279	326
	78.1%	73.3%	78.3%	74.6%	87.2%
合計	374	374	374	374	374

【その他】

	A)教育研究上の目的の見直し	B)学位授与方針（DP）の見直し	C)教育課程の編成・実施方針（CP）の見直し	D)専門教育カリキュラムの見直し	E)共通教育・教養教育カリキュラムの見直し
○	1	4	5	4	8
	0.3%	1.1%	1.3%	1.1%	2.1%
×	43	44	45	43	46
	11.5%	11.8%	12.0%	11.5%	12.3%
無回答	330	326	324	327	320
	88.2%	87.2%	86.6%	87.4%	85.6%
合計	374	374	374	374	374

	F)副専攻制度の導入・修正	G)学科、コース等教育単位の見直し	H)既存の科目シラバスの学修成果に記述を追加	I)関連する能力獲得を主眼とした新規科目の開講	J)その他
○	2	5	9	9	1
	0.5%	1.3%	2.4%	2.4%	0.3%
×	48	44	43	41	42
	12.8%	11.8%	11.5%	11.0%	11.2%
無回答	324	325	322	324	331
	86.6%	86.9%	86.1%	86.6%	88.5%
合計	374	374	374	374	374

Q7. 学生に 21 世紀型リベラルアーツ教育を提供するための取り組みの開始時期は次の
うちどれですか。具体的に教えていただけるものがあれば回答してください（回
答者が把握している範囲で構いません）。

2010 年度以前	34	9.1%
2011 年度～2015 年度	26	7.0%
2016 年度～2021 年度	204	54.5%
その他	54	14.4%
無回答	56	15.0%
合計	374	100.0%

Q8. リベラルアーツ教育提供に関する学内の意識形成のための FD 等を実施しています
か。FD 等の実施時期、頻度、定例開催かどうかについては気にせず、1 回でも実
施した場合は「○」と回答の上、具体例を教えてください。

○	142	38.0%
×	188	50.3%
無回答	44	11.8%
合計	374	100.0%

Q9. 学生に 21 世紀型リベラルアーツ教育を提供するために、学内の組織改革または仕
組みの変更を行いましたか。行った場合は「○」と回答の上、その具体例および
実現のための学内プロセスを教えてください。

○	149	39.8%
×	174	46.5%
無回答	51	13.6%
合計	374	100.0%

〈資料 3〉アンケート調査項目一覧（企業等）

（問 1）現在、多くの大学では持続可能な社会の実現を目指す人類共通の諸課題への積極
的な取り組みを展開する上で、重要な役割を果たすと思われる能力や資質の向上
を目指した「21 世紀型リベラルアーツ教育」という枠組みを展開しようとしてい
ます。以下は、大学が推進しようとしている 21 世紀型リベラルアーツ教育の中に
含まれると思われるキーワードを提示しています。企業、各種団体等で働く立場
から見た場合、以下の項目を重要視する度合いについて下記の 4 段階の中からお
選びください。

1. 重要でない　2. あまり重要でない　3. 重要　4. とても重要

1　　　データサイエンス
2　　　DX
3　　　STEAM
4　　　文理融合
5　　　SDGs
6　　　ELSI
　　　　（Ethical, Legal and Social Issues、倫理的・法的・社会的課題）
7　　　異文化理解
8　　　批判的思考（クリティカル・シンキング）
9　　　公共性・社会性・市民性（シチズンシップ）
10　　　行為主体性（エージェンシー）
11　　　システム思考
12　　　デザイン思考
13　　　起業家精神（アントレプレナーシップ）

（問 2）企業、各種団体等で働く立場から見た場合大学の 4 年間の学部教育の成果として
期待する項目を重要視する度合いについて下記の 4 段階の中からお選びください。

1. 重要でない　2. あまり重要でない　3. 重要　4. とても重要

1　　　英語能力
2　　　英語以外の外国語能力

3　　　グローバルな知識・視野
4　　　異文化理解能力
5　　　異文化コミュニケーション力
6　　　異文化協働力
7　　　専門分野での知識
8　　　専門分野を基礎とした応用力
9　　　異分野の知識や関心
　　　　（自分の専門分野とは異なる幅広い分野の知識や関心）
10　　データ分析力
11　　AI 活用力
12　　行動力
13　　未知なことや新しいことへの挑戦意欲
14　　プレゼンテーション力
15　　論理的思考力
16　　問題発見力
17　　問題解決力
18　　新しい分野や領域への柔軟な対応力
19　　倫理性
20　　協働する力

（問 3）企業、各種団体等で働く立場から見た場合これから 4 年制大学卒業生を採用する
　　　　際に重要視する度合いについて下記の 4 段階の中からお選びください。この項目
　　　　には知識、能力、コンピテンシー、資質、リテラシー等が含まれています。

1.重要でない　　2.あまり重要でない　　3.重要　　4.とても重要

1　　　英語能力
2　　　英語以外の外国語能力
3　　　グローバルな知識・視野
4　　　異文化理解能力
5　　　異文化コミュニケーション力
6　　　異文化協働力
7　　　専門分野での知識
8　　　専門分野を基礎とした応用力
9　　　異分野の知識や関心
　　　　（自分の専門分野とは異なる幅広い分野の知識や関心）

10　データ分析力

11　AI 活用力

12　行動力

13　未知なことや新しいことへの挑戦意欲

14　プレゼンテーション力

15　論理的思考力

16　問題発見力

17　問題解決力

18　新しい分野や領域への柔軟な対応力

19　倫理性

20　熱意・意欲

21　ストレス耐性

22　リーダーシップ

23　学び続ける力

24　協働する力

（問 4）あなたが所属する企業、団体等が 4 年制大学卒業生を採用する時、上記の学生が身につけた資質・能力ついて、主としてどのような形式で評価していますか。あなたが知っている範囲ですべてお答えください（複数回答可）。

1　個別面談・面接

2　大学の成績

3　エッセイ・小論文

4　グループ討議

5　プレゼンテーション等提案活動

6　民間テスト・検定

7　大学の評価指標に基づいたレーダーチャート等の資料

8　資格試験の結果

9　作品等の成果物がわかるポートフォリオ

10　その他

（問 5）あなたの所属する企業、団体等が、これからの大学の学士課程教育の成果として
　　　　期待する項目を重要視する資質・能力について、大学にどのように伝えています
　　　　か。あなたが知っている範囲ですべてお答えください（複数回答可）。

　　　　1　　　　地域の連携コンソーシアム等で共有
　　　　2　　　　採用実績が多い大学と共有
　　　　3　　　　大学が入った業界団体内での共有
　　　　4　　　　HP や印刷物等での発信
　　　　5　　　　特定の研究室や教員と共有
　　　　6　　　　大学ではなく学生への説明会
　　　　7　　　　その他

〈資料4〉アンケート調査素集計（企業等）

属性		回答数	％
1	従業員1,000人以上の会社勤務の人事担当者	250	33.3
2	従業員1,000人未満の会社勤務の人事担当者	250	33.3
3	公務員・非営利団体職員の人事担当者	250	33.3
	全体	750	100.0

性別		回答数	％
1	男性	661	88.1
2	女性	89	11.9
	全体	750	100.0

年齢	回答数	％
平均値		53.49
最小値		30.00
最大値		69.00
全体	750	100.0

職業		回答数	％
1	会社勤務（一般社員・事務系）	93	12.4
2	会社勤務（一般社員・技術系）	41	5.5
3	会社勤務（管理職・事務系）	185	24.7
4	会社勤務（管理職・技術系）	59	7.9
5	会社経営（経営者・役員）	122	16.3
6	公務員・非営利団体職員	250	33.3
	全体	750	100.0

所属企業、団体等の規模		回答数	％
1	従業員1,000名以上	385	51.3
2	従業員1,000名未満	365	48.7
	全体	750	100.0

仕事内容（複数選択可）		回答数	％
1	人事（採用）	493	65.7
2	人事（労務管理）	482	64.3
3	企業、団体等内の教育・研修	380	50.7
	全体	750	100.0

（問 1）現在、多くの大学では持続可能な社会の実現を目指す人類共通の諸課題への積極
　　　　的な取り組みを展開する上で、重要な役割を果たすと思われる能力や資質の向上
　　　　を目指した「21 世紀型リベラルアーツ教育」という枠組みを展開しようとしてい
　　　　ます。以下は、大学が推進しようとしている 21 世紀型リベラルアーツ教育の中に
　　　　含まれると思われるキーワードを提示しています。企業、各種団体等で働く立場
　　　　から見た場合、以下の項目を重要視する度合いについて下記の 4 段階の中からお
　　　　選びください。

1.重要でない　2.あまり重要でない　3.重要　4.とても重要

キーワード	データサイエンス		DX		STEAM		文理融合		SDGs	
	回答数	%	回答数	%	回答数	%	回答数	%	回答数	%
選択肢1	73	9.7	83	11.1	115	15.3	114	15.2	78	10.4
選択肢2	170	22.7	171	22.8	314	41.9	294	39.2	161	21.5
選択肢3	382	50.9	339	45.2	269	35.9	285	38.0	342	45.6
選択肢4	125	16.7	157	20.9	52	6.9	57	7.6	169	22.5
全体	750	100.0	750	100.0	750	100.0	750	100.0	750	100.0

キーワード	ELSI		異文化理解		批判的思考		公共性・社会性・市民性		行為主体性	
	回答数	%	回答数	%	回答数	%	回答数	%	回答数	%
選択肢1	87	11.6	85	11.3	87	11.6	45	6.0	71	9.5
選択肢2	184	24.5	209	27.9	257	34.3	139	18.5	238	31.7
選択肢3	350	46.7	357	47.6	323	43.1	384	51.2	353	47.1
選択肢4	129	17.2	99	13.2	83	11.1	182	24.3	88	11.7
全体	750	100.0	750	100.0	750	100.0	750	100.0	750	100.0

キーワード	システム思考		デザイン思考		起業家精神	
	回答数	%	回答数	%	回答数	%
選択肢1	67	8.9	82	10.9	111	14.8
選択肢2	196	26.1	289	38.5	313	41.7
選択肢3	384	51.2	297	39.6	267	35.6
選択肢4	103	13.7	82	10.9	59	7.9
全体	750	100.0	750	100.0	750	100.0

（問 2）企業、各種団体等で働く立場から見た場合大学の 4 年間の学部教育の成果として期待する項目を重要視する度合いについて下記の 4 段階の中からお選びください。

1. 重要でない　　2. あまり重要でない　　3. 重要　　4. とても重要

キーワード	英語能力		英語以外の外国語能力		グローバルな知識・視野		異文化理解能力		異文化コミュニケーション力	
	回答数	%	回答数	%	回答数	%	回答数	%	回答数	%
選択肢 1	85	11.3	112	14.9	58	7.7	68	9.1	75	10.0
選択肢 2	190	25.3	323	43.1	130	17.3	192	25.6	179	23.9
選択肢 3	325	43.3	275	36.7	419	55.9	370	49.3	373	49.7
選択肢 4	150	20.0	40	5.3	143	19.1	120	16.0	123	16.4
全体	750	100.0	750	100.0	750	100.0	750	100.0	750	100.0

キーワード	異文化協働力		専門分野での知識		専門分野を基礎とした応用力		異分野の知識や関心		データ分析力	
	回答数	%	回答数	%	回答数	%	回答数	%	回答数	%
選択肢 1	72	9.6	32	4.3	31	4.1	46	6.1	26	3.5
選択肢 2	217	28.9	118	15.7	108	14.4	144	19.2	94	12.5
選択肢 3	365	48.7	379	50.5	383	51.1	430	57.3	430	57.3
選択肢 4	96	12.8	221	29.5	228	30.4	130	17.3	200	26.7
全体	750	100.0	750	100.0	750	100.0	750	100.0	750	100.0

キーワード	AI 活用力		行動力		未知なことや新しいことへの挑戦意欲		プレゼンテーション力		論理的思考力	
	回答数	%	回答数	%	回答数	%	回答数	%	回答数	%
選択肢 1	60	8.0	19	2.5	27	3.6	27	3.6	21	2.8
選択肢 2	219	29.2	55	7.3	114	15.2	127	16.9	91	12.1
選択肢 3	374	49.9	378	50.4	382	50.9	409	54.5	407	54.3
選択肢 4	97	12.9	298	39.7	227	30.3	187	24.9	231	30.8
全体	750	100.0	750	100.0	750	100.0	750	100.0	750	100.0

キーワード	問題発見力		問題解決力		新しい分野や領域への柔軟な対応力		倫理性		協働する力	
	回答数	%	回答数	%	回答数	%	回答数	%	回答数	%
選択肢1	13	1.7	15	2.0	19	2.5	18	2.4	20	2.7
選択肢2	78	10.4	68	9.1	86	11.5	81	10.8	64	8.5
選択肢3	401	53.5	379	50.5	434	57.9	407	54.3	404	53.9
選択肢4	258	34.4	288	38.4	211	28.1	244	32.5	262	34.9
全体	750	100.0	750	100.0	750	100.0	750	100.0	750	100.0

（問 3）企業、各種団体等で働く立場から見た場合これから 4 年制大学卒業生を採用する際に重要視する度合いについて下記の 4 段階の中からお選びください。この項目には知識、能力、コンピテンシー、資質、リテラシー等が含まれています。

1.重要でない　　2.あまり重要でない　　3.重要　　4.とても重要

キーワード	英語能力		英語以外の外国語能力		グローバルな知識・視野		異文化理解能力		異文化コミュニケーション力	
	回答数	%	回答数	%	回答数	%	回答数	%	回答数	%
選択肢1	93	12.4	108	14.4	57	7.6	67	8.9	72	9.6
選択肢2	221	29.5	343	45.7	175	23.3	213	28.4	216	28.8
選択肢3	315	42.0	256	34.1	391	52.1	367	48.9	360	48.0
選択肢4	121	16.1	43	5.7	127	16.9	103	13.7	102	13.6
全体	750	100.0	750	100.0	750	100.0	750	100.0	750	100.0

キーワード	異文化協働力		専門分野での知識		専門分野を基礎とした応用力		異分野の知識や関心		データ分析力	
	回答数	%	回答数	%	回答数	%	回答数	%	回答数	%
選択肢1	71	9.5	41	5.5	35	4.7	45	6.0	30	4.0
選択肢2	223	29.7	138	18.4	112	14.9	158	21.1	132	17.6
選択肢3	352	46.9	386	51.5	391	52.1	392	52.3	405	54.0
選択肢4	104	13.9	185	24.7	212	28.3	155	20.7	183	24.4
全体	750	100.0	750	100.0	750	100.0	750	100.0	750	100.0

キーワード	AI 活用力		行動力		未知なことや新しいことへの挑戦意欲		プレゼンテーション力		論理的思考力	
	回答数	%	回答数	%	回答数	%	回答数	%	回答数	%
選択肢1	58	7.7	20	2.7	24	3.2	27	3.6	17	2.3
選択肢2	241	32.1	57	7.6	82	10.9	130	17.3	97	12.9
選択肢3	345	46.0	379	50.5	405	54.0	423	56.4	418	55.7
選択肢4	106	14.1	294	39.2	239	31.9	170	22.7	218	29.1
全体	750	100.0	750	100.0	750	100.0	750	100.0	750	100.0

キーワード	問題発見力		問題解決力		新しい分野や領域への柔軟な対応力		倫理性		熱意・意欲	
	回答数	%	回答数	%	回答数	%	回答数	%	回答数	%
選択肢1	21	2.8	19	2.5	20	2.7	17	2.3	19	2.5
選択肢2	82	10.9	83	11.1	78	10.4	91	12.1	74	9.9
選択肢3	405	54.0	377	50.3	441	58.8	416	55.5	357	47.6
選択肢4	242	32.3	271	36.1	211	28.1	226	30.1	300	40.0
全体	750	100.0	750	100.0	750	100.0	750	100.0	750	100.0

キーワード	ストレス耐性		リーダーシップ		学び続ける力		協働する力	
	回答数	%	回答数	%	回答数	%	回答数	%
選択肢1	18	2.4	21	2.8	17	2.3	16	2.1
選択肢2	94	12.5	122	16.3	91	12.1	55	7.3
選択肢3	396	52.8	437	58.3	412	54.9	408	54.4
選択肢4	242	32.3	170	22.7	230	30.7	271	36.1
全体	750	100.0	750	100.0	750	100.0	750	100.0

（問 4）あなたが所属する企業、団体等が 4 年制大学卒業生を採用する時、上記の学生が身につけた資質・能力ついて、主としてどのような形式で評価していますか。あなたが知っている範囲ですべてお答えください（複数回答可）。

評価形式	回答数	％
個別面談・面接	643	85.7
大学の成績	155	20.7
エッセイ・小論文	174	23.2
グループ討議	254	33.9
プレゼンテーション等提案活動	191	25.5
民間テスト・検定	139	18.5
大学の評価指標に基づいたレーダーチャート等の資料	58	7.7
資格試験の結果	155	20.7
作品等の成果物がわかるポートフォリオ	57	7.6
その他	18	2.4
全体	750	100.0

（問 5）あなたの所属する企業、団体等が、これからの大学の学士課程教育の成果として期待する項目を重要視する資質・能力について、大学にどのように伝えていますか。あなたが知っている範囲ですべてお答えください（複数回答可）。

伝達形式	回答数	％
地域の連携コンソーシアム等で共有	193	25.7
採用実績が多い大学と共有	208	27.7
大学が入った業界団体内での共有	144	19.2
ＨＰや印刷物等での発信	194	25.9
特定の研究室や教員と共有	135	18.0
大学ではなく学生への説明会	310	41.3
その他	42	5.6
全体	750	100.0

終章（あとがき）

　本書の出版を企画した際に、その説明において大学評価研究所が 2021 年度から 2022 年度にかけて行った「学士課程教育における現代社会で求められている課題に対応する能力育成に関する調査研究」は、新しい能力育成という課題を大学がどう受け止め、取り組んでいるかを明らかにした。また同時に、大学と社会とが、継続的にコミュニケーションを重ねる重要性も浮き彫りにした。本調査研究がこうした研究成果に至ったことは、それ自体として意味のあることであるが、さらに大学やその卒業生の活躍先である企業、団体等の社会において、継続的な議論や取り組みを促すためには、さらなる大学評価研究所からの発信が重要である。」とした。結果として、より社会や大学への発信を促進するべく、本書の出版が進められることになった。

　本書は、2022 年に公表された上記の調査研究の報告書を基本としつつも、第 1 部の理論的な部分を「21 世紀の教養教育」という共通の概念で深掘りしたこと、第 2 部の調査研究の結果においては、報告書でカバーできなかった部分を加えたこと、報告書では事例としてインタビューした大学のインタビュー内容等を概要で掲載しているが、大学自らの言葉で説明をしたわけではなかった。本書の第 3 部では、インタビューに応じていただいた大学を中心に、大阪大学、静岡大学、豊田工業大学、立教大学の各大学の事例内容が執筆者によって詳細に説明されている。第 4 部には、本書で「大学と企業との対話」を深める目的で、新たに企画し、実施した座談会の内容が収められている。

　以下に本書の構成を示し、次に第 1 部と第 4 部について説明を加えたい。

第 1 部　教養教育・リベラルアーツを巡って

　第 1 章　教養教育を巡る議論の流れ―論点と課題―

　第 2 章　21 世紀型リベラルアーツ教育の現状と展望

　第 3 章　一般教育の意義と大学に求められる教育

270

　第1部では、生和氏がこれまでの教養教育をめぐる議論の流れを振り返りながら、そこから導きだされる論点と課題を整理している。「専門教育が時代の変化や社会的要請に対応しやすいのに対し、教養教育の教育目標は必ずしも明確ではない。」としたうえで、氏は「各大学は、教養教育の系譜を辿りながら、社会的動勢に意を払い、未来を見据えながら、独自性のあるリベラルアーツ教育を展開することが、21世紀の教養教育の実質化にとって重要な課題であろう。」と主張している。独自性のあるリベラルアーツ教育は何であるかを各大学がそのミッションと3つのポリシーに基づいて熟考することは、重要な姿勢であると思われる。

　第2章を担当された石井氏は、現代を「Volatility（変動性）、Uncertainty（不確

実性）、Complexity（複雑性）、Ambiguity（曖昧性）という4つの単語の頭文字をとった造語である VUCA 時代とみなし、「これからの大学教育―特に教養教育―は、いったいどのような人間の養成を目指せばいいのであろうか。」という問題意識を提示している。そのうえで、1.「何を教えるか」、すなわち教育の内容（contents）の問題、2.「どう教えるか」、すなわち教育の方法（method）の問題、3.「いつ教えるか」、すなわち教育の時期（timing）の問題、4.「誰が教えるか」、すなわち教育の担い手（educator）という4つの視点から「21世紀型リベラルアーツ教育」の構築に向けた展望を示されている。その内容については第2章を参照していただきたいが、いずれも、大学がこの間の教育改革を通じて問い直してきたことでもあり、今後も継続して問い直していかねばならない内容であろう。

　さて、部会が行った調査結果からは、大学側がこの間大学教育改革を進め、行ってきた教育改革特に21世紀型教養教育とその成果をどう学生に身に着けさせるかという内容が、学生の受け入れ先である企業等の社会に伝わっていない、そして同時に企業等の社会の側から大学に期待することも、逆に大学の側に伝わっていないという課題が浮かびあがってきた。こうした現状は、第2部の各章を読んでいただければ、大学が重要視している教育の内容や獲得させるべく行っている取り組みと企業が期待している教育内容や成果との間に若干の齟齬が生じていることが確認できる。この要因としては、大学側と産業界等の社会との間のコミュニケーションがそれほど密に行われていないのではということが考えられた。そこで、「企業側である社会と大学側のコミュニケーション」をはかる目的で座談会が開かれた。その意味では、調査部会による調査結果がもたらした成果の一つとして大学側と企業等の社会の側のコミュニケーションの不足という課題を認識し、双方の対話を始めるべく新たなステップへとつながったことにもなり、こうした対話は継続して行っていってほしいと期待している。

　2時間にも及んだ座談会では、忌憚なく率直な内容が話し合われ、双方にとって生産的な議論となったと思う。すべての内容をカバーすることは難しいが、問題発見と解決の力を醸成する「生きた教育」が不可欠であるという

内容については、大学、企業ともに共通した価値であると同時にこれからの大学教育にとって大いに期待するところが確認された。さらには、経験や価値を自覚化することの重要性、それらは社会においても、働くうえでも「生きる力」になる基盤でもあり、そうした教育の実行と普及が期待されていることも共有された。社会や日本を取り巻く世界の環境の変化が激しいなかで、大学教育と人材養成ニーズをマッチングしていくことは、グローバル化の観点からも欠かせないことも話し合われた。また、企業等社会の側からは、卒業生の能力、大学教育を通じて、何が身に付いたのかといった情報の可視化を促進することへの要望も提示された。こうした情報の発信により、企業等社会の側も卒業生や社会人で学びなおした人達の評価にもつながるという。大学の迅速な情報発信は、喫緊の課題といえるであろう。

　調査報告書での内容から浮かびあがった新たな課題をもとに座談会を実施し、それを本書に組み入れたことで、より社会への発信としての価値につながるのではないかと本書の企画主体である大学評価研究所関係者及び執筆者一同は期待している。

　最後に執筆に協力していただいた執筆者の皆様、インタビューに応じていただいたうえで、その後執筆をして下さった大学関係者の皆様、そして座談会に参加し、活発な議論を進めてくださった皆様にはこの場を借りて御礼を申し上げたい。

山田礼子

索　引

執筆者一覧（掲載順）

山田礼子[※]　（同志社大学社会学部教授・高等教育・学生研究センター長）

生和秀敏[※]　（広島大学名誉教授、広島都市学園大学顧問）

石井洋二郎[※]　（東京大学名誉教授、中部大学特任教授・創造的リベラルアーツ
センター長）

田代守　（公益財団法人大学基準協会事務局次長）

堀井祐介[※]　（大阪大学国際共創大学院学位プログラム推進機構学位プログラ
ム企画室教授）

杉森公一[※]　（北陸大学高等教育推進センター長・教授）

小林浩[※]　（リクルート進学総研所長・リクルート『カレッジマネジメント』
編集長）

杉山康司　（静岡大学グローバル共創科学部教授・大学教育センター長）

村上正行　（大阪大学全学教育推進機構教育学習支援部教授・スチューデン
ト・ライフサイクルサポートセンター副センター長）

江口建　（豊田工業大学一般教育分野教授・次世代文明センター長）

山下王世　（立教大学副総長・文学部教授）

石田和彦　（立教大学総長室教学改革課長）

※座談会出席者の情報については 208 ページを参照ください。
2024 年 3 月末日時点
※…本書の基礎となった大学基準協会大学評価研究所「学士課程教育における現代社会で求められ
ている課題に対応する能力育成に関する調査研究」（2021 年 11 月～ 2023 年 3 月）の調査研究員（部
会長：山田礼子氏）

JUAA 選書　　第19巻

21 世紀型リベラルアーツと大学・社会の対話

2024年4月30日　　初　版第1刷発行　　　　　　　　　　　　　　　　〔検印省略〕
定価はカバーに表示してあります。

監修　大学基準協会
編者ⒸＩ山田礼子　／発行者　下田勝司　　　　　　　　　　印刷・製本／中央精版印刷

東京都文京区向丘 1-20-6　　　郵便振替 00110-6-37828　　　　　　　　　　発　行　所
〒 113-0023　TEL (03) 3818-5521　FAX (03) 3818-5514　　　株式
会社 東 信 堂
Published by TOSHINDO PUBLISHING CO., LTD.
1-20-6, Mukougaoka, Bunkyo-ku, Tokyo, 113-0023, Japan
E-mail : tk203444@fsinet.or.jp　http://www.toshindo-pub.com

ISBN978-4-7989-1904-1　C3037 Ⓒ YAMADA Reiko

「JUAA 選書」発刊の辞

　戦後間もない昭和二二年七月八日、大学が自主的にまた相互に援助し合いながら教育研究水準を高めていくという方式の確立を目指して、国立・公立・私立の大学の代表の参集を得て大学基準協会が創設された。

　この時期以降高度経済成長期を経て、わが国は、産業、経済、社会文化のあらゆる分野で飛躍的発展を遂げていったが、これに符合するかのように大学も量的拡大を果たし大学「大衆化」という状況を現出させるに至った。

　今日、世界の政治経済の動向はめまぐるしく転変し、また環境破壊・飢餓・貧困等は益々深刻の度を深めておりこうした諸課題に各国が地球規模で対処することが急務とされている。一方、わが国においては、産業の空洞化が叫ばれる中、学術研究、科学技術の発展の基盤整備の必要性がつとに指摘されるとともに、産業構造、社会構造の変化に起因する多様な価値観の対立や社会的矛盾を解決するための総合的・学際的な学問研究を創造していくことへのコンセンサスが図られつつある。こうした時代の到来をむかえ、わが国大学も、国内外に山積した様々な課題を処理し、また学術の振興と政治経済、社会文化の発展に充分寄与することのできる有能な人材を育成していく必要に迫られている。

　そのような状況を背景に、「学問の自由」という普遍的価値を基本に社会の要請等も視野に入れつつ、大学が切磋琢磨し合いながら教育研究の質を高めていくという大学基準協会の役割があらためて見直されてきている。

　そこで、大学基準協会は、こうした社会的使命を全うさせる一環として、二一世紀におけるあるべき大学像を展望し、大学評価システムとこれを取りまく諸制度や教育課程、教育方法に関わる調査研究を恒常的に行っていくとともに、その成果を大学関係者並びに大学の教育研究に関心を抱く人々に広く公表することを通じて、大学の置かれている今日的状況、協会の現在活動について理解を求めるという新たな活動に着手することとなった。「JUAA選書」は以上のような目的に基づいて企画・発刊するものであり、これを今後とも継続的に刊行していくことにより、大学基準協会が負っている社会的付託にこたえていきたいと考えている。

平成七年五月十五日

財団法人　大　学　基　準　協　会
会長　　青　木　宗　也

東信堂

※定価：表示価格（本体）＋税　〒113-0023　東京都文京区向丘1-20-6　TEL 03-3818-5521　FAX03-3818-5514
Email tk203444@fsinet.or.jp　URL:http://www.toshindo-pub.com/

東信堂

東信堂

学びと成長の講話シリーズ

高校生の学びと成長に向けた大学選び
―偏差値もうまく利用する

高校生の学びと成長に向けた大学選び ―偏差値もうまく利用する	溝上慎一	九〇〇円

学びと成長の講話シリーズ

①アクティブラーニング型授業の基本形と生徒の身体性	溝上慎一	一六〇〇円
②学習とパーソナリティ ―「あの子はおとなしいけど成績は いいんですよね」をどう見るか	溝上慎一	一六〇〇円
③社会に生きる個性 ―自己と他者・拡張的パーソナ リティ・エージェンシー	溝上慎一	一五〇〇円
④インサイドアウト思考 ―創造的思考から個性的な 学習・ライフの構築へ	溝上慎一	一五〇〇円
⑤幸福と訳すな！ウェルビーイング論 ―自身のライフ 構築を目指して	溝上慎一	一五〇〇円

アクティブラーニング・シリーズ

①アクティブラーニングの技法・授業デザイン	安永 悟 編	一六〇〇円
②アクティブラーニングとしてのPBLと探究的な学習	溝上慎一 編	一六〇〇円
③アクティブラーニングの評価	石井英真 編	一六〇〇円
④高等学校におけるアクティブラーニング：理論編（改訂版）	溝上慎一 編	一六〇〇円
⑤高等学校におけるアクティブラーニング：事例編	溝上慎一 編	二〇〇〇円
⑥アクティブラーニングをどう始めるか	成田秀夫	一六〇〇円
⑦失敗事例から学ぶ大学でのアクティブラーニング	亀倉正彦	一六〇〇円

若者のアイデンティティ形成 ―学校から仕事へのトランジションを切り抜ける	ジェームズ・E・コテ& チャールズ・G・レヴィン著 河井亨・溝上慎一訳	三二〇〇円
大学生白書2018 ―今の大学教育では学生を変えられない	溝上慎一	二八〇〇円
アクティブラーニングと教授学習パラダイムの転換	溝上慎一	二四〇〇円
学生を成長させる海外留学プログラムの設計 ―［収録］緊急座談会「コロナ禍における海外留学・国際教育の現状と展望」	河合塾編著	二三〇〇円
グローバル社会における日本の大学教育 ―全国大学調査からみえてきた現状と課題	河合塾編著	三八〇〇円
大学のアクティブラーニング ―全国大学調査からみえてきた現状と課題	河合塾 著	三二〇〇円
「学び」の質を保証するアクティブラーニング ―3年間の全国大学調査から	河合塾編著	二〇〇〇円

※定価：表示価格（本体）＋税　　〒 113-0023　東京都文京区向丘 1-20-6　TEL 03-3818-5521　FAX03-3818-5514
Email tk203444@fsinet.or.jp　URL:http://www.toshindo-pub.com/

東信堂

※定価：表示価格（本体）＋税　　　　〒113-0023　東京都文京区向丘 1-20-6　TEL 03-3818-5521　FAX03-3818-5514
Email tk203444@fsinet.or.jp　URL:http://www.toshindo-pub.com/

韓国高等教育改革下の大学開放政策の展開	金 明姫	四二〇〇円
——韓国名誉学生制度による大学の知の変容		
韓国のキリスト教主義高等教育機関の形成	松本麻人	三六〇〇円
——教育統制下における「協調」戦略		
韓国大学改革のダイナミズム	馬越 徹	二七〇〇円
——ワールドクラス《WCU》への挑戦		
韓国の才能教育制度	石川裕之	三八〇〇円
——その構造と機能		
韓国の現代学校改革研究	申 智媛	四二〇〇円
——一九九〇年代後半の教師たちを中心とした新しい学校づくり		
カンボジア「クルー・チャッタン」の時代	千田沙也加	四五〇〇円
——ポル・ポト時代後の初等教育		
イスラーム教育改革の国際比較	日下部達哉編著	二七〇〇円
バングラデシュ農村の初等教育制度受容	日下部達哉	三六〇〇円
インドネシアのイスラーム基礎学習の組織的展開	中田有紀	三三〇〇円
——学習テキストの創案と普及		
中央アジアの教育とグローバリズム	嶺井明子編著	三二〇〇円
	川野辺敏編著	
インドの無認可学校研究	小原優貴	三二〇〇円
タイの人権教育政策の理論と実践	馬場智子	二八〇〇円
——人権と伝統的多様な文化との関係		
マレーシア青年期女性の進路形成	鴨川明子	四七〇〇円
トランスナショナル高等教育の国際比較——留学概念の転換	杉本 均編著	三六〇〇円
チュートリアルの伝播と変容	竹腰千絵	二八〇〇円
——イギリスからオーストラリアの大学へ		
[第三版]オーストラリア・ニュージーランドの教育	青木麻衣子編著	二〇〇〇円
——グローバル社会を生き抜く力の育成に向けて	佐藤博志編著	
戦後オーストラリアの高等教育改革研究	杉本和弘	五八〇〇円
オーストラリアのグローバル教育の理論と実践	木村 裕	三六〇〇円
——開発教育研究の継承と新たな展開		
オーストラリアの教員養成とグローバリズム	本柳とみ子	三六〇〇円
——多様性と公平性の保証に向けて		
オーストラリア学校経営改革の研究	佐藤博志	三八〇〇円
——自律的学校経営とアカウンタビリティ		
オーストラリアの言語教育政策	青木麻衣子	三八〇〇円
——多文化主義における「多様性と」「統一性」の揺らぎと共存		

※定価：表示価格（本体）＋税　　　〒 113-0023　東京都文京区向丘 1-20-6　TEL 03-3818-5521　FAX03-3818-5514
Email tk203444@fsinet.or.jp　URL:http://www.toshindo-pub.com/

東信堂

※定価：表示価格（本体）＋税　〒113-0023　東京都文京区向丘1-20-6　TEL 03-3818-5521　FAX03-3818-5514
Email tk203444@fsinet.or.jp　URL:http://www.toshindo-pub.com/